U0576183

商的近似数

教学研究

黄伟红 著

SHANG DE

JINSISHU

JIAOXUE YANJIU

浙江工商大学出版社
ZHEJIANG GONGSHANG UNIVERSITY PRESS

·杭州·

图书在版编目(CIP)数据

商的近似数教学研究 / 黄伟红著. — 杭州：浙江
工商大学出版社，2022.10
ISBN 978-7-5178-5108-0

Ⅰ. ①商… Ⅱ. ①黄… Ⅲ. ①小学数学课－教学研究
Ⅳ. ①G623.502

中国版本图书馆 CIP 数据核字(2022)第 164008 号

商的近似数教学研究

SHANG DE JINSISHU JIAOXUE YANJIU

黄伟红 著

责任编辑	杨凌灵
责任校对	夏湘娣
封面设计	朱嘉怡
责任印制	包建辉
出版发行	浙江工商大学出版社
	(杭州市教工路 198 号　邮政编码 310012)
	(E-mail:zjgsupress@163.com)
	(网址:http://www.zjgsupress.com)
	电话:0571 - 81902049,88831806(传真)
排　　版	杭州朝曦图文设计有限公司
印　　刷	杭州宏雅印刷有限公司
开　　本	787mm×1092mm　1/16
印　　张	11.25
字　　数	274 千
版 印 次	2022 年 10 月第 1 版　2022 年 10 月第 1 次印刷
书　　号	ISBN 978-7-5178-5108-0
定　　价	30.00 元

版权所有　侵权必究

如发现印装质量问题,影响阅读,请与营销与发行中心联系调换

联系电话　0571 - 88904970

总　序

　　"一课研究团队"在2014年1月出版了"一课研究丛书·图形与几何系列",丛书受到了广大读者的欢迎。2014年7月,一课研究团队的骨干教师人数由原来的不到一百人,增加到了三百多人,团队成员通过线上线下的反复研讨,终于在2017年12月,开始出版"一课研究丛书·数与代数系列"了。这标志着一课研究团队又将在"数与代数系列"上开启新的征程,团队成员将陆续出版自己的专著,与广大读者交流、切磋,以期小学数学教学改革更加深入。

　　为什么要编写这套"一课研究"丛书? 编写"一课研究"丛书,主要目的是试图减轻一线老师备课、上课、研究课的工作负担;有效促进教师的专业发展;试图给小学数学教学研究者提供启示。如果问:如何真正促进数学教师的专业发展? 有人可能会回答说,要"实践—认识—再实践—再认识"。说得很正确,但任何一个专业要发展都应该如此。也有人说,要"多读书,多交流"。说得很对,但这对所有专业的发展都管用。还有人说,要"多实践,多反思"。说得也很有道理,但没有数学教师专业发展的特点。而我们认为,通过数学课例研究,促进专业发展——这是具有数学教师职业特点的专业发展之路。数学教师主要通过一节一节课的教学体现出自己的专业水平,学生主要通过一节一节数学课的学习而成长。可见,对一节一节课进行研究的重要性怎么强调都不会过分。数学教师通过一节一节课的研究定能提高自己的专业水准,而研究出的成果又可以让同行分享,并有可能减轻同行的工作负担。正是基于上面的这些想法,我们才花比较多的时间与精力编写这套丛书,希望同行们能够从中得到一些启迪。

　　主要从哪些方面对一节课展开研究? 顾名思义,"一课研究"丛书是对一节课一节课的系列研究,其中的每本书都是围绕小学数学教学中某一领域的一节课(或几节相关的课)进行多视角的系统研究而形成的。研究的内容主要根据"教师的教、学生的学"的需要来选择,主要维度如下:

　　1.数学知识维度。数学教师要上好一节课,就应该比学生知道更多关于这节课的数学知识,即"上位数学知识"(或称本体性知识)。它是指超越了小学数学一节课的内容,在初中、高中(或中等师范学校)以及大学数学中出现的相关数学知识。很显然,没有上位数学知识,老师是无法上好一节课的,但只有上位数学知识也远远不够,还必须能够从中获得教学的启示。也就是说,要把围绕一节课的上位数学知识与小学数学紧密结合,指导小学数学教学。这一维度的研究主要解决老师在知识上的"一桶水"问题。

2. 课程标准维度。 从理论上说，一个老师有了数学知识以后，首先要关注的就是课程标准。这是因为数学课程标准是一个规定了数学学科的课程性质、目标、内容和实施建议的教学指导性文件。对一节课展开研究应该从最高的纲领性文件入手，明确这节课的目标定位。对丛书中所涉及的每一节课，作者都查阅了自20世纪初到现在的一百多年中，所有的数学课程标准(或教学大纲)，从标准的视角，展现出一节课的历史沿革过程，以及从中获得的启示。

3. 教材比较维度。 数学教材为学生学习一节课的内容提供了基本线索和知识结构，它是重要的数学课程资源。丛书对一节课的教材从多个角度进行比较研究。从时间的角度看，进行了纵向与横向的比较研究：纵向比较研究是对不同时期出版的教材进行比较，特别是对同一个出版社或同一个主编不同时期编写的教材进行多角度比较，从历史的沿革中感悟一节课不同时期教材的编写特点；横向比较研究是对同一时期出版的多种不同版本教材进行比较。从地域的角度看，进行了国内外教材的比较。教材比较研究可以帮助上这节课的教师开阔视野，找到更多有价值的课程资源。

4. 理论指导维度。 我们知道，没有实践的理论是空虚的，没有理论的实践是盲目的。要上好一节课，自然需要理论的指导。奇怪的是我们虽然有许多的教育理论，但要真正系统地指导一节课的时候，特别是要指导一节课进入实践操作时，却又常常是困难的。丛书在数学教育理论指导课堂教学方面做了探索，努力做到让理论进入课堂教学实践，使得实践者能够真正感受到理论的力量。

5. 学生起点维度。 学生是学习的主体，要进行一节课的教学，自然要研究学生的起点。丛书不仅阐述了了解学生起点的方法，而且还围绕一节课的学习，对学生起点情况进行分析与研究，以便更好地进行教学设计。

6. 教学设计维度。 有了上述五个维度的研究后，我们就可以进入教学设计的研究维度。丛书首先对一节课的教学设计进行综述，就是对散见在多种重要杂志和专著上的教学设计成果进行整理(比如，查阅《小学数学教师》《小学教学》《小学教学设计》《教学月刊》等刊物自创刊以来的全部内容)，明确这节课迄今为止能够查阅到的所有研究成果。然后再根据学生的情况和多个不同的角度设计出新的教学过程。这些新的教学设计都是经过课堂教学实践的，可以直接为一线老师所用。

7. 课堂教学维度。 有了教学设计就可以进入课堂教学研究。这一维度主要是对一节课进行课堂教学的观察与评价。丛书将阐述如何从多个角度了解教师与学生的情况，如何对教师的教与学生的学进行观察与评价。

8. 课后评价维度。 课后评价维度是指在学生学习了一节课以后，对学生的学习情况进行了解与评价。丛书主要从多角度对学生的学习情况进行测评，包括如何进行课后测查与访谈,如何对学生容易掌握的内容和容易出错的地方进行调查与研究,等等。

丛书中每本书的作者会根据课的具体内容与特点有所侧重地选择全部或部分维度展开研究。不同的作者在写作风格上也可能略有不同,所以每本书既有自己的个性又有丛书的共性。

由于水平所限,丛书中一定存在许多不足甚至错误,敬请读者批评指正。

朱乐平

2022 年 8 月于杭州

目　录
CONTENTS

1 上位数学知识研究

现在是大数据时代,"用数据决策、用数据管理、用数据创新",已成为公共管理和国家治理的重要原则。数据充斥着人们生活的方方面面,有了数据的帮助,很多事情就能说得简单明了。在日常生产和生活中,有时需要精确计算,需要用精确数,有时不需要精确计算,只需要一个大致的结果,这时就会用到估算,需要用近似数。比如一本书的价格为 25.6 元,一个班级有 35 名学生,马拉松全程大约 42 千米,我国的国土面积大约有 960 万平方千米,等等,像这样的精确数和近似数在生活中大量使用。精确数让人一目了然,非常明确,但是对于大概的数据需要根据实际情境具体使用。数学学习是与生活紧密联系的,正因为近似数与精确数同样重要,存在于生活的角角落落,因此在数学教学中估算越来越受到重视,各个国家不同版本的教材中都有估算与近似数的内容编排。

> **思考**
>
> 你知道跟估算相关的知识点有哪些吗? 它们之间又有怎样的联系?

那么什么是精确数? 什么是估算、估计? 什么是近似数? 它们之间有怎样的联系? 近似数取值的方式有哪些? 翻看国内小学各教材版本,发现近似数的教学涵盖第一学段到第二学段,在 2012 年浙教版教材七年级上册第 2 章有理数中,有近似数的内容,主要是从生活中的例子引出近似数,并介绍精确度与误差,如图 1-1 所示。

图 1-1 浙教版 2012 年七年级上册第 57 页准确数与近似数概念描述

图 1-1 的节前语中,64 这个数与曾侯乙编钟的实际个数完全符合。像这样与实际完全符合的数称为准确数(accurate number)。在节前语中,3、8 这两个数也是准确数。153.4、20.2、2 400 这三个数是通过测量或估计得到的,它们与最大编钟和最小编钟的实际高度,以及制造编钟的实际年代比较接近,但不完全符合。像这样与实际接近的数称为近似数(approximate number)。图 1-2 为浙教版 2012 年七年级上册中关于近似数概念的描述。

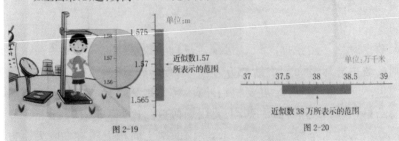

对近似数,人们常需知道它的精确度.一个近似数的精确度可用四舍五入法表述.一个近似数四舍五入到哪一位,就说这个近似数精确到哪一位.如上面第(2)题,身高 1.57 m 是千分位上的数四舍五入到百分位的结果,它

精确到百分位(或精确到0.01),表示实际身高大于或等于1.565m,而小于1.575m(如图2-19),同样,近似数38万是千位上的数四舍五入到万位的结果,所以说它精确到万位(如图2-20)。

图 1-2　浙教版 2012 年七年级上册第 57 页接第 58 页近似数概念举例描述

1.1　上位数学知识解读

1.1.1　精确数

精确数亦称精确值,是数学的基本概念之一,是一个数的最原始数据,没有经过约分、化简,或者四舍五入等任何运算之前的表达方法。一个数若能准确地表示某一个量,则这个数就称为该量的精确数,例如 10 个苹果的 10、25 瓶矿泉水的 25 都是精确数。精确数没有误差,如某三角形的底为 a,高为 h,那么它的面积是 $\frac{1}{2}ah$。其中 $\frac{1}{2}$ 就是精确数,它是没有误差的。精确数常用整数或分数表示,但也可使用小数或无理数表示。如 1 角 = 0.1 元,这个 0.1 即是精确数,边长为 a 的正方形的对角线长度为 $\sqrt{2}a$。此处的 $\sqrt{2}$ 也是精确数。

生活中往往需要精确计算,它是为解决实际问题而进行的数值计算,需要得到与实际情况完全符合的准确数,如购物时该付多少钱,就是需要精确计算才能回答的问题。

1.1.2　估计

估计是对事物做推断、估量、预测、推想等,是一种介于推理和猜想之间的心理活动,是日常生活中最频繁的一类思维活动,带有很强的实用性和广泛性,常用"大约、接近、附近、之间"等术语表示。在生活实际中,现实问题情境的不确定性、方法策略的多样性、结果的开放性使得估计活动成为一种多层次、多水平的创造性活动,要正确估计,往往需要在一定的理论和实际背景下,综合推理、猜想和判断,同时估计会通过估算求得结果。

1.1.3　估算

估算通俗地说就是"先估再算",意思是大致推算,近义词是预算、估计,是根据具体条件及有关知识对事物的数量或算式的结果作出的推断或估计,采用的方法是把参与计算的数据近似地看作一个可估算的数字,然后估算其结果。如参加一次旅游,大概需要多少费用? 就是一个需要通过估算来解决的问题。

估算是中小学数学的教学内容,2001版课标中强调了估算的重要性,原因有两个:一是与数学应用有关,毕竟日常生活中经常遇到的是估算而不是精算;二是源自对数意识(数感)的重视,事实上,估算涉及理解数字大小、小数与分数系统、修正调整数字的能力,而这些能力均包含在数意识的几项特征中。研究显示,一个好的估算者至少拥有三种策略(Sowder,1992):重组(改变数字数据以方便心算);转换(把原有结构转变成更易处理的形式);调整(计算中及计算后,可调整估计值至较接近的近似值)。

在数学上,估算是计算能力的重要组成部分,是人们追求计算简捷的产物,这种简捷一方面会带来算法的个性化与多样化,一方面又需要建立在相应的运算能力基础之上。相对于精确计算来说,估算的复杂性体现于估算方法的多样性以及针对具体问题具体解决上,它要在计算之前,先对题中的数据进行加工,这一步较灵活,可以估大,也可以估小,没有严格的原则。比如 34 可以估成 35,也可以估成 30,然后再根据题意列式计算,得到的结果不是唯一的,只要结论一致即对。学生学习估算有一定困难,原因在于学生是在已习惯精确计算的基础上开始学习估算,因此在遇到一个需要解决的问题时,自然会采用已经熟悉的精确计算,且一些学习内容又与学生熟悉的知识和经验缺少联系。基于此,在估算教学中,不能仅把重点放在估算方法或策略上,估算的过程应当涵盖计算的简捷性、方法的多样性以及根据实际问题具体解决的系统性。

1.1.4 近似数

生活中很多事物的数量并不需要一个准确的数字来描述,而是用和这个客观数字接近的大约数来表示即可。近似地表示一个量的准确值的数叫作这个量的近似数或近似值,可以说,近似数是随着准确数的发展而发展起来的。近似数是不完全精确的笔算或口算,是先计算其结果,然后按要求取近似值,答案通常是唯一的,对计算结果的精确程度有一定的要求。近似数和准确数之间的关系可以用"精确度"来表示,不同的精确度要求就会得到不同的结果,简单地说,精确度越高,近似数越接近准确数,精确度越低,近似数越偏离准确数。在计算过程中通常用两种方法来描述精确度,一种方法是利用保留的数位来描述精确度,一般记作"精确到"某一个数位,比如,保留到百分位记作精确到 0.01;另一种方法是利用有效数字来描述近似数与准确数的接近程度,如一组准确数字中,从左边第一个非零数字开始,到最右边保留的末尾数字止,其中的每一位数字都可以称为有效数字,这里的每一位数字包括 0,不管是中间的 0 还是末尾的 0。比如,小数 3.107 中 3、1、0、7 都是有效数字;0.269 中 2、6、9 是有效数字。需要注意的是精确度不能简单地省略末尾的 0,如在比较近似数 3.180 和 3.18 的精确度中,3.180 的精确度是 0.001,而 3.18 的精确度是 0.01,两者的精确度是不一样的,不能简单地把 3.180 后面的 0 去掉。一个近似数的精确度通常有以下两种表述方式一是用四舍五入法表述,一个近似数四舍五入到哪一位,就说这个近似数精确到哪一位,从左边第一个不是零的数字起,到末位数字为止,都叫作这个数的有效数字;另外还有进一和去尾两种方法,用有效数字的个数表述。

思考

你知道常见的四舍五入法是怎样规定的？它又是在哪个时期出现的？

四舍五入法是省略尾数求近似值的一种方法。如果尾数的最高位数字是 4 或者比 4 小，就把尾数舍去，即"四舍"；如果尾数的最高位数字是 5 或者比 5 大，就把尾数舍去并且在它的前一位进 1，即"五入"，这种取近似数的方法叫作四舍五入法，得到的近似值与原数联结时，应用"≈"这个符号。

在 2000 多年前，我国就已经使用"四舍五入法"来计算近似值了，可以说是最早使用"四舍五入法"计算数值的国家。

我国公元前 2 世纪的《淮南子》一书就采用四舍五入法了，《九章算术》里也采用了四舍五入的方法，在用比例法求各县应出的车辆时，因为车辆是整数，他们就采用四舍五入的方法对演算结果加以处理。公元 237 年魏国的杨伟编写《景初历》时，已对这种四舍五入法做了明确的记载："半法以上排成一，不满半法废弃之。""法"在这里指的是分母，意思是说，分子大于分母一半的分数可进 1 位，否则就舍弃不进位，这种方法是通过将保留的末尾数字后面的数字与 5 进行比较来确定最终的近似值。公元 604 年的《皇极历》出现后，四舍五入的表示法更加精确："半以上为进，以下为退，退以配前为强，进以配后为弱。"在《皇极历》中，求近似值如果进一位或退一位，一般在这个数字后面写个"强"或"弱"字，意思是它比所记的这个数字多或不足，这种四舍五入法，和现在的完全相同。

进一法是一种近似数的截取方法，是去掉多余部分的数字后，在保留部分的最后一个数字上加 1，这样得到的近似值为过剩近似值（即比准确值大）。在现实生活中，手机话费的计算、停车场停车费的收取、快递货物的运费计算都是运用这种方法取近似值的。比如，我们的停车费是按照小时单位计算所花费的费用，如果停车时间是 4.27 小时就要按照 5 小时的费用进行结算；在寄送快递时，一件物品首重 2 公斤内是 12 元，超出部分按照每公斤 2 元计算，一件商品 6.31 公斤的收费是 12＋5×2，运费共计 22 元，其中 5 公斤就是商品总重 6.31 减去首重 2 公斤剩下的 4.31 公斤的近似值。又如将 2.5 千克香油分装在容量为 0.4 千克的瓶子里，求需要多少个瓶子？计算结果是 6.25 个，按四舍五入法取近似值，需要 6 个瓶子，但 6 个瓶子只能装 2.4 千克，剩下的 0.1 千克还需要 1 个瓶子，所以需要 7 个瓶子。

去尾法是一种近似数的截取法，也称为不足近似值法，这种方法就是把保留的末尾数字后面的数字全部去掉得到近似数，是取其整数部分常用的数学取值方法。用去尾法得到的近似数总比准确值小。生活中用这种方法比较多的是城市居民每个月的水费计量，比如本月一户居民用水量是 7.35 吨，本月就收取 7 吨的水费，剩余部分计算到下个月进行收费即可。又如，每件儿童衣服要用布 1.2 米，现有布 17.6 米，求问可以做这样的衣服多少件？结果得 14.66……如果按照四舍五入法截取近似值，那么应该得 15 件，但是剩下的布只能做 0.6 件，不够做成完整的一件，就采取去尾法，即 14 件。这样的例子有很多，在实际生活中，去尾法应用在把一个数的尾数省略后，不管尾数最高位上的数字是几，都不要向它的前一位进一而得到一个整数。

相对而言,去尾法和进一法与实际生活的联系更为紧密,它们一般用在商只能用整数表示的实际问题里。

1.1.5 估算与近似数

思考

你知道估算与近似数之间有怎样的联系? 最新版人教版教材中又是怎样编排的?

估算和近似计算的结果可以是接近准确得数的某一个数,也可以是包含准确得数的某个区间的两个端点。近似计算对计算结果的精确程度有一定的要求,计算结果的绝对误差和相对误差不允许超出某个界限,近似数的答案通常是唯一的,估算的答案则不唯一,只要在合理的范围内即可。估算一般要用到四舍五入的近似计算做工具,四舍五入是估算的一种策略,但是估算不仅仅是四舍五入,估算需要学生经过观察、猜想,并结合生活背景分析,四舍五入往往是一种程序性知识,有客观的步骤,教学一旦牵涉估算(估计),就会涉及近似数的教学,而近似数可以独立教学。以最新版人教版教材为例,近似数与估算教材内容整理如表 1-1 所示。

表 1-1 最新版人教版近似数和估算例题教学内容

册数	单元	页码	教材立意	素材选择	特色方法
二下	万以内数的认识	第91页	近似数	生活情境(对运动员人数用精确数和近似数两种说法)	数值与直观感受接近
		第96页	估算(近似数)	生活情境(买电话机和电吹风500元够吗?)	把两种单价都往小估得到近似数,再与准确数比较
三上	万以内的加法和减法(一)	第15页	估算(近似数)	生活情境(学生同时看电影坐得下吗?)	把学生数往小估得到近似数,再与准确数比较
	万以内的加法和减法(二)	第43页	估算(近似数)	生活情境(妈妈大约需要准备多少钱?)	与收营员应收钱比较,体会灵活选择合适计算策略解决问题
	多位数乘一位数	第70页	估算(近似数)	生活情境(学生买门票钱够吗?)	把因数看成和它接近的整十数得到近似数进行计算;第一次引入"≈"

册数	单元	页码	教材立意	素材选择	特色方法
三下	除数是一位数的除法	第29页	估算（近似数）	生活情境 （每天住宿费大约多少钱？）	明确"大约"不需要准确计算，可以估算
		第30页	估算（近似数）	生活情境 （18个纸箱够装吗？）	把数据看成和它接近的整十数，得到近似数再进行计算
	两位数乘两位数	第49页	估算（近似数）	生活情境 （一共需要多少盒酸奶？）	在笔算准确结果前先估算，得到近似数，再判断准确结果比估算结果小
四上	大数的认识	第13页	近似数	生活情境（张阿姨说的18万步是怎么得出来的？李阿姨说的22万步又是怎么得出来的？）	第一次出现"近似数"字样，教学用"四舍五入法"求近似数
		第21页	近似数	没有情境 （给出数省略亿后面尾数）	比亿大的数通过省略尾数求近似数
	三位数乘两位数	第48页	估算（近似数）	生活情境 （某城市到北京有多少千米？）	在笔算准确结果前先估算，得到近似数，再说明用笔算比较准确
	除数是两位数的除法	第71页	近似数	没有情境 （直接出示用约等号连接的算式）	口算和估算结合
四下	小数的意义和性质	第53页	近似数	生活情境 （求豆豆身高的近似数）	求小数的近似数时，根据保留的数位不同确定精确度
		第53页	近似数	科普知识 （木星离太阳的距离是多少亿千米？）	明确把一个大数保留一定的位数，先进行改写，再根据要求求近似数
五上	小数乘法	第11页	近似数	科普知识 （狗约有多少亿个嗅觉细胞？）	用四舍五入法取积的近似值
		第15页	估算（近似数）	生活情境 （妈妈带100元购买商品后，剩下的钱够买鸡蛋吗？）	通过机器人提问以及两个小朋友估算得到结果，比较两种估算方法的不同之处

续　表

册数	单元	页码	教材立意	素材选择	特色方法
五上	小数除法	第 32 页	近似数	生活情境 （羽毛球每个多少钱？）	用四舍五入法取商的近似值
		第 39 页	近似数	生活情境 （求装油需要的瓶子和用丝带能包装几个礼盒）	用"进一法、去尾法"求商的近似数
	多边形面积	第 98 页	估算（近似数）	借助方格图估算叶子面积	估测不规则图形的面积

由表 1-1 可以看出，在 2022 年人教版小学教材中，到五年级上册已经完成了对近似数的所有例题教学。近似数一共出现 18 个学习内容，其中近似数依附在估算中的有 10 个内容，近似数独立教学的有 8 个内容，当近似数出现在估算内容中时，更多的是在解决生活中的实际问题，因此往往有情境，近似数需要参与运算；当单独教学近似数时，更多的是作为一个数，如二年级下册第 91 页、四年级上册第 13 页和第 21 页、四年级下册第 53 页、五年级上册第 11 页中的内容，都是作为一个数据进行教学，但是也有通过计算取近似数的内容，如四年级上册第 71 页、五年级上册第 32 页中的内容，且近似数内容基本用在计算和解决问题中，在五年级上册内容中还编排了图形与几何类内容的估算。

1.2　上位数学知识对教学的启示

通过上述对上位知识的梳理，我们明白近似数与精确数、估计（估算）之间有着密切的联系。近似数可以单独教学，也会出现在估计（估算）教学中。

1.2.1　近似数启蒙教学：从数到数符合学生认知规律

在人教版（2011 年）教材中，近似数第一次出现在二年级下册"万以内数的认识"第 91 页中，教材借助现实生活中运动员人数，通过电视中主持人和电视观众的两种说法，让学生意识到可以把 9985 人看作"将近 10000 人"，并配合数直线，使二年级小朋友直观感知 9985 接近 10000，从而体会将 9985 这个比较大的准确数看成近似数 10000 的合理性以及方便性，初步感知近似数与准确数之间的关系；同时教材明确提出"近似数""准确数"的术语，并给出了近似数的优点——更容易记住，让学生明白将准确数估成近似数的必要性，体现了近似数的学习价值。教材这样的安排，充分考虑学生对数的认知规律以及学习起点，因为在一二年级的学习中，学生接触的"数"和"算"，基本是精确的，现在要从精确转向近似，需要有一定的价值取向来支撑，这种价值取向，体现在教学中就是要让学生感受到产生并运用近似数的好处，这需要借助学生熟悉的生活场景。

学生对数的认识从百以内扩充到万以内，这是学生认数的一次飞跃，对刚刚接触万以内数的学生来说，特别是对 9985 这样的数，在学生的认知中还是比较大也比较复杂的，所以给出一个取整的数"10000",学生一看就特别容易记住,也会更喜欢这样简单的数,在教材配套练习中,出现把一个准确数通过取整看成接近的整十、整百、整千数,这让第一次学习近似数的学生一下子就喜欢上这样简单易记的近似数。而学生第一次认识近似数,纯粹是从"数"到"数",没有出现估算,这样的教学更为单纯,不必考虑"算",降低了学习难度,易于学生理解和掌握,同时也符合学生数学学习的一般规律,先认"数"(近似数),再学"算"(估算)。

1.2.2　近似数展开教学:估算(近似数)解决问题策略难以把握

> **思考**
>
> 为什么学生喜欢准确计算而不喜欢估算?估算教学因何而难?

估算并不是简单的近似值计算,而是为了达成问题解决而选择的一种无须精确计算的有效策略。用估算解决问题,往往需要根据实际情境,通过大估小估把准确数看作接近的整十、整百、整千数等,也就出现了近似数,然后再根据这些近似数进行计算,也就是先估后算。这里的近似数往往不是用四舍五入法、进一法和去尾法得到的,也就是说这些整十数、整百数、整千数的获得没有具体可以参照的程序,而是需要根据实际问题情境实际解决,因此估算教学往往是学生学习的难点,学生对估算策略往往把握不准。具体表现如下。

一是生活中的估算与学生已有认知结构有一定距离。生活中估算的运用,多在购物大概要多少钱、电影院座位够不够、行车走路的时间、投资经营的成本与利润、测量中的估计等等方面,这些都与学生的生活经验相差甚远,他们在生活中用到估算的机会不多,因此学生估算意识薄弱,用估算解决问题往往成为学生学习困惑之处。

二是问题指向性不明确,学生把握不准。在需要用估算解决的问题中,常常会出现如下一些术语,如"大约""接近""大概""能不能""够吗""坐得下吗"等等,前面三个词语出现时,学生比较多会自觉考虑用估算,但后面三个词语出现时,学生就把握不清,解决这类问题时更喜欢用精确计算。确实,在需要用估算解决的问题表述中,不一定非得含有"大约"之类的词语,关键要看问题的目标与情境的思考是否可以估算,新课程标准想要培养学生的估算意识与能力,而不是用"大约"等词汇"强迫"学生估算。但是学生面对这样的情境往往把握不准,原因如下。

(1)差不多的问题,估算和精确计算都在用。

比如,2022年人教版数学教材三年级上册"万以内的加法和减法(一)",第15页例4是这样的:科技馆的影院有445个座位。一到三年级来了223人,四到六年级来了234人,六个年级的学生同时看电影坐得下吗?这道题目要求用估算,教材呈现的方法是这样的:223>220,234>230,220+230=450,223+234一定大于450,450大于445,得出结论坐不下。而在三年级下册"小数的初步认识"第97页例4中,题目是这样的:观察上页商店图,小丽有10元钱,买了1个文具盒,还想买一本笔记本和一支没有橡皮头的铅笔,她的钱够吗?如果把没有橡皮头的铅笔换成有橡皮头的铅笔,钱够吗?(文具盒每个6.8元,笔记本每本2.5元,没有橡皮头的铅笔每支0.6元,有橡皮头的铅笔每支1.2元)这道题目,教材要求用准确计算,方法一:先计算一本笔记本和一支没有橡皮头的铅笔一共多少钱,10-6.8=3.2(元),

2.5＋0.6＝3.1(元)，3.1＜3.2，小丽钱够了。如果把没有橡皮头的铅笔换成有橡皮头的铅笔，2.5＋1.2＝3.7(元)，3.7＞3.2，所以钱不够。方法二：先算买了笔记本后还剩多少钱，3.2－2.5＝0.7(元)，0.7＞0.6，买没有橡皮头的铅笔够了，0.7＜1.2，买有橡皮头的铅笔不够。仔细对照这两道题，第一题的问题是求"坐得下吗"，第二个问题是求"钱够吗"，差不多问法第一题要估算，第二题却是精确计算，这对于辨析能力弱的学生来说，无疑又是云里雾里。因此在出现类似的问题时，学生索性就都用精确计算来解答，老师也很难强有力地说服学生用估算或是准确计算。

(2)估算的思维含量大于精确计算中的思维含量。

在上面例题中要解决"坐得下"的问题，如果用精确计算，实际就是比较"223＋234"的计算结果与"445"的大小，计算比较简单，结果为457，学生立刻就能得到"坐不下"的结论。如果使用估算，要思考的内容就烦琐得多了，需要针对223和234各找到一个接近的整十数，且这个整十数到底是估大还是估小，是要受问题结论制约的。就如教材中呈现的学生思考的方法，把223看作220，把234看作230，其实都是把准确数往小估了，然后发现220＋230＝450，再与445进行比较，说明把学生人数往小估都超过科技馆影院的座位数，从而得出"坐不下"的结论。在计算过程中，虽然看起来把两个整十数相加是简单了，但是思考过程却是繁杂了，因此同样能解决问题，学生自然更愿意选择简单的方法，这正是学生碰到估算问题时，宁可使用精确计算，也不愿意去使用估算的原因所在。

1.2.3　近似数取值方法：三种方法出现年段不同

> **思考**
>
> 你知道人教版教材中取近似数的三种方法哪种出现最早吗？教材又是怎样安排的？

在求近似数时往往用四舍五入法、进一法和去尾法，其中四舍五入法是一种操作性程序，学生只要记住"尾数的最高位数字是4或者小于4，则去掉尾数，若尾数的最高位数是5或者大于5，则舍去尾数，并且在它的前一位进1"即可，操作起来比较方便；进一法和去尾法是需要根据实际问题实际处理的，但显然也比估算更为简单，学生更易于理解。用四舍五入法求近似数，既可以用在对一个数求近似数，也可以用在对一个计算结果求近似数，还可以用在对问题解决的结果取近似数，但是用进一法和去尾法求近似数，一般用在解决问题中，且计算结果往往是整数的实际问题中。

这三种方法，在人教版教材中最早出现的其实是进一法和去尾法，在二下"有余数的除法"这单元中，出现"22个学生去划船，每条船最多坐4人。他们至少要租多少条船？"学生通过计算知道22÷4＝5(条)……2(人)，教材通过小精灵的话语提醒学生关注"至少"是什么意思，还说明"还多出2人应该再租一条船，一共要租6条船"。这个问题是进一法第一次出现在学生学习中，虽然教材没有明确告知这是"进一法"，但是对于这样的安排学生非常容易理解，因为这跟学生已有知识以及生活经验非常接近，在"做一做"中出现"有10元钱，买3元一个的面包，最多能买几个？"这又是典型的用"去尾法"解决的问题，学生很容易理解买了3个面包后，多出来的1元钱无法再买一个面包，自然就舍去，所以用这10元钱最多能买3

个。当然，这里的结果"6条船和3个面包"并不是近似数，而是根据生活经验自然而然对商的结果进行处理，因此在教学中也无须渗透近似数内容。只是这里的进一和去尾是根据余数来进行，但是余数的大小不影响进一法和去尾法的使用，归根结底是只要有余数，那就要么用进一法，要么用去尾法。

在人教版教材四年级上册第一单元"大数的认识"中，正式出现了"四舍五入法"，这里主要是教学省略某一数位后面的尾数，让学生明白一个大数通过四舍五入法可以省略"百后面、千后面、万后面"的尾数，从而把一个精确数变成一个整百、整千、整万数，并明确告诉是"舍"还是"入"，要看省略的尾数部分的最高位上的数是小于5还是等于5或大于5，把"四舍五入法"操作性的程序完整呈现，然后再学习用四舍五入法求小数的近似数、积的近似数、商的近似数，同时在求商的近似数中再次出现用进一法和去尾法解决问题。

1.2.4　商的近似数：三种方法同时使用

思考

在商的近似数教学中，三种取近似数的方法是怎样安排的？

在人教版五年级上册"小数除法"单元中，教材用五个例题完成对小数除以整数、小数除以小数、整数除以整数、整数除以小数的教学。例6是用四舍五入法解决小数除法的实际问题，题目是这样的：爸爸给王鹏买了一筒羽毛球，一筒有12个，这筒羽毛球19.4元，每个大约多少钱？教材安排根据学生求积的近似数学习经验，指出"在实际应用中，小数除法所得的商也可以根据需要用四舍五入法保留一定的小数位数，求出商的近视数"，让学生的认知结构顺利接轨，最后通过机器人的话语说明求商的近似数的方法，是计算到比保留的小数位数多一位再将最后一位"四舍五入"。这样的安排，教材的意图是要学生掌握求商的近似数的方法，呈现的方式是把计算与解决问题有机糅合，但最终的落脚点不是解决问题而是在计算上，且是对计算结果，也就是商的结果进行处理上。但是在例10中，教材安排的意图是要让学生能用小数除法解决问题，题目是这样的：(1)小强的妈妈要将2.5千克香油分装在一些玻璃瓶里，每个瓶最多可以盛0.4千克，需要准备几个瓶？(2)王阿姨用一根25米长的红丝带包装礼盒，每个礼盒要用1.5米长的丝带，这些红丝带可以包装几个礼盒？在这里再次出现用进一法和去尾法解决问题，只是要借助除法计算的结果，学生能根据实际情况，用进一法或者去尾法对除得的商进行处理。

由此可见，商的近似数这块内容，是小学阶段求近似数中综合性的内容，也是三种方法集中体现的唯一内容。因此，怎样把这样一个综合性的内容做一个整合，让学生能对三种方法有更深的认识与感受，能体会三种方法各自的适用性以及它们之间的联系与区别，是一线教师值得深思的一个问题。

2 课程标准(教学大纲)研究

2.1 国内课程标准(教学大纲)的教学要求

思考

你知道近似数与估算的内容什么时候开始出现在小学数学教材中的吗?

自 20 世纪以来,在这一百多年中,我国颁布了很多课程标准(教学大纲)。仅在 20 世纪,关于小学数学,我国就颁布了20 余个课程标准(教学大纲);2001 年,我国颁布了《全日制义务教育数学课程标准(实验稿)》;2011 年,教育部又颁布了《义务教育数学课程标准(2011年版)》。在这些课程标准(教学大纲)中,关于"近似数与估算"是怎样安排的? 是从来就有,还是后续才出现? 是出现后就一直存在还是中间有间断?"商的近似数"又是在哪年提出来的? 想要回答这些问题,就需要对这一百多年来的课程标准(教学大纲)进行梳理。

2.1.1 国内课程标准(教学大纲)的教学要求与变化

思考

你知道近似数与估算的内容进入小学后,不同阶段又会有怎样的变化? 不同阶段的要求又是什么? 你觉得在同一时期不同学制中要求一样吗?

阶段一:1902 年—1929 年　没有近似数和估算相关要求

在 20 世纪初的 1902 年,我国就颁布了《钦定蒙学堂章程》《钦定小学堂章程》,之后又在 1904 年颁布了《奏定初等小学堂章程》《奏定高等小学堂章程》。1912 年颁布了《小学校教则及课程表》,1916 年颁布了《国民学校令施行细则》《高等小学校令施行细则》,1923 年颁布了《新学制课程标准纲要・小学算术课程纲要》(俞子夷起草),1929 年颁布了《小学课程暂行标准・小学算术》。近 30 年时间,一共颁布了 9 个课程标准(教学大纲),但在这些课程标准(教学大纲)中都没有提出与"近似数和估算"相关的教学要求。

阶段二:1932 年—1941 年　首次提出估计调查要求及近似值

在 1932 年颁布的《小学各科课程标准・算术》中,首次出现了和"近似数与估算"相关的要求,这个标准在"第一、二学年的作业要项"的第二十二点中提出"儿童生活中所用物品的调查和估价",在"第三、四学年的作业要项"的第三十七点中提出"家庭学校所用物品的成本、工价、时值的估计调查",1936 年颁布的《小学算术课程标准》仅仅在"第一、二学年的作业要项"第二十一点中提出"儿童生活中所用物品的调查和估价",但三、四年级中不再提出相关要求。在 1941 年颁布的《小学算术科课程标准》中,在第六学年"万到万万各数的认识"的要目中,提出"分数化小数的计算(除不尽的小数应视单位的大小用近似值)",这是课程标准中第一次出现"近似值"字样。

阶段三:1948 年—1950 年　近似数和估算教学再次成为空白

1948 年颁布的《算术课程标准》和 1950 年颁布的《小学算术课程暂行标准(草案)》中,没有出现近似数与估算的任何教学要求与内容。

阶段四:1952 年—1978 年　近似数教学成为常态

1952 年颁布的《小学算术教学大纲(草案)》中在第五学年的第二学期中提出"用整数除整数商小数,四舍五入法",这是教学大纲中第一次出现"四舍五入法"字样。

1956 年颁布的《小学算术教学大纲(修订草案)》中的第六学年第一学期,在小数除法教学内容中首次正式提出了"求近似商",这使得当所得的商不是有限小数或者循环小数时,可以用商的近似数,使得运算结果有了更合理的表达。

1963 年《全日制小学算术教学大纲(草案)》中有三个年级都有相应教学要求,分别是:在四年级第二学期小数除以整数教学中,提出"商的四舍五入";在五年级第一学期整数学习中,提出"数的近似值、加减法的估算、乘除法的估算"要求;在六年级第一学期小数乘、除法教学中出现求"积和商的近似值"。

1978 年颁布的《全日制十年制学校小学数学教学大纲(试行草案)》是五年制的内容,分别在三年级第一学期"多位数的读法和写法"中出现求"数的近似值",在四年级第一学期"小数的四则运算中"出现求"积和商的近似值"。

由此可见,从 1952 年开始,近似数教学成为常态,并且根据学制不同,安排在不同的年段中,有时会出现 2 次,有时会出现 3 次,但估算教学还没有受到重视,仅在 1963 年的大纲中出现。

阶段五:1986 年—2000 年　五年制和六年制内容中均有求近似数内容

1986 年到 2000 年颁布的 5 个课程标准(教学大纲)均分五年制和六年制。1986 年 4 月 12 日,第六届全国人民代表大会第四次会议通过的《中华人民共和国义务教育法》规定,国家实行九年制义务教育,于是在 1988 年的教学大纲中首次出现"九年制义务教育全日制"字样。

1.1986 年《全日制小学数学教学大纲》

五年制:分两个年段进行教学。分别是:三年级第一学期在"多位数的读法与写法"中提出"能根据需要把一个数用四舍五入法省略尾数,求出它们的近似数";四年级第一学期在"小数的四则计算"中要求"能够熟练地进行小数四则计算,会用四舍五入法截取积、商的近似值"。

六年制:也是分两个年段进行教学。分别是:把"多位数的读法和写法"编排在三年级第二学期,但是与五年制三年级第一学期"多位数的读法与写法"中的要求一致,也是"能根据需要把一个数用四舍五入法省略尾数,求出它们的近似数";另外在五年级第一学期"小数乘除法"中要求"能够熟练地进行小数乘、除法的计算,会用四舍五入法截取积、商的近似值"。

2.1988 年《九年制义务教育全日制小学数学教学大纲(初审稿)》

这个标准对每个年级不再分第一学期和第二学期,而是把整个学年的要求集中呈现。

五年制：在三年级要求"会根据要求把一个数用四舍五入法省略尾数，写出近似数"；在四年级要求"会用四舍五入法截取积、商的近似值"。

六年制：在三年级要求"学会乘、除法的简单估算"；在四年级要求"会根据要求把一个数用四舍五入法省略尾数，写出近似数，并学会乘除法的简单估算"；在五年级要求"会用四舍五入法截取积、商的近似值"。

3.1992年《九年制义务教育全日制小学数学教学大纲（试用）》

五年制：在三年级要求"会根据要求把一个数用四舍五入法省略尾数，写出近似数"，同时要求能"对乘、除计算进行简单估算"，但注明估算内容为选学内容，不作为共同要求，也不作为考试内容；在四年级要求能"求小数的近似值，会用四舍五入法截取积、商的近似值"。

六年制：在三年级提出"乘、除法计算的简单估算"要求，但是该内容也是作为选学内容；在四年级再次提出"乘、除计算的简单估算"要求，但还是作为选学内容，会"根据要求把一个数用四舍五入法省略尾数，写出近似数"；在五年级要求"会用四舍五入法截取积、商的近似值"。

4.1994年《关于印发中小学语文等23个学科教学大纲调整意见的通知》

这一年没有颁布新的教学大纲，而是沿用了1992年《九年制义务教育全日制小学数学教学大纲（试用）》，只是对其中一部分内容做调整，比如有些内容改为选学内容，删除一些较难的学习内容等，但是关于估算与近似数内容没有做任何调整。

5.2000年《九年制义务教育全日制小学数学教学大纲（试用修订版）》

总体上明确"估算在日常生活中有广泛的应用，在各年级应适当加强估算"，强调学生要具有估算意识和初步的估算能力。

五年制：在三年级，要求能"对大数目进行估算，会根据要求把一个数用四舍五入法省略尾数，写出近似数"；在四年级，要求"会用四舍五入法截取积、商的近似值"。

六年制：与五年制要求相同，只是内容出现的年段分别延后一年。在四年级，要求"对大数目进行估算，会根据要求把一个数用四舍五入法省略尾数，写出近似数"；在五年级，要求"会用四舍五入法截取积、商的近似值"。

思考

2001版和2011版课标中对估算与近似数的要求与之前相比呈现的方式一样吗？你觉得会有怎样的改变？

阶段六：2001年—2011年 分学段提出教学要求

1.2001年《全日制义务教育数学课程标准（实验稿）》

2001年，教育部正式颁布了《基础教育课程改革纲要（试行）》，大力推进基础教育课程改革，根据此纲要制定了《全日制义务教育数学课程标准（实验稿）》。

实验稿取代了此前的教学大纲，课标不再像以前的教学大纲那样分年段叙述目标，而是分学段提出相关要求。

第一学段：

①结合现实素材感受大数的意义，并能进行估计；

②能结合具体情境进行估算，并解释估算的过程；

③掌握必要的运算（包括估算）技能。

第二学段：

①结合现实情境感受大数的意义，并能进行估计；

②在解决具体问题的过程中，能选择合适的估算方法，养成估算的习惯；

③掌握必要的运算（包括估算）技能。

2. 2011 年《义务教育数学课程标准（2011 版）》

在对十年的课改进行总结和反思的基础上，2011 年又颁布了《义务教育数学课程标准（2011 版）》，对课程的基本性质与理念进行了较大修订，从"双基"扩展到"四基"，并提出了十个核心词，对"近似数与估算"的内容也有改进。

第一学段：

①在生活情境中感受大数的意义，并能进行估计；

②能结合具体情境，选择适当的单位进行简单估算；

③在对运算结果进行估算的过程中，理解估算的意义，发展数感。

第二学段：

①结合现实情境感受大数的意义，并能进行估算；

②在解决问题的过程中，能选择合适的方法进行估算，理解估算的意义。

思考

2001 版和 2011 版课标不再像以前的教学大纲那样分年级叙述目标，而是分学段提出要求，你认为这样安排体现了怎样的理念？

2.1.2 国内课程标准（教学大纲）研究对教学的启示

梳理我国一百多年来二十多个课程标准（教学大纲），发现"近似数与估算"的教学内容主要包括：数的近似值、加减法的估算、小数的近似值、积和商的近似值、乘除法的简单估算。相应教学内容，在五年制小学一般安排在三、四年级，六年制小学一般安排在三、四、五年级，而在人教版 2000 版和 2011 版教材中安排在二、三、四、五年级。从中我们可以得到以下启示。

（1）近似数与估算的教学内容从变化到稳定。

在 20 世纪最初的 9 个课程标准（教学大纲）中均未提及"近似数与估算"相关教学内容与要求；即使在 1932 年颁布的《小学各科课程标准·算术》和 1936 年颁布的《小学算术课程标准》中提出了"估价、估计"要求，但是在 1948 年颁布的《算术课程标准》和 1950 年颁布的《小学算术课程暂行标准（草案）》中也不再提出，也就是估算教学再次中断。1956 年颁布的《小学算术教学大纲（修订草案）》中"第六学年第一学期"第一次提出了"求近似商"的教学内容，开启了求近似数教学时代；从 1963 年颁布的《全日制小学算术教学大纲（草案）》开始，近似数与估算的教学要求一直比较稳定地出现在课程标准（教学大纲）中。可见这块内容的呈现是从无到有，从中断再到稳定出现的螺旋上升的过程。

（2）2000 年之前的估算教学并不受重视。

在 2000 年之前的课程标准（教学大纲）中，只有 6 个课程标准（教学大纲）中提到估算，并且要求较低。一是 1932 年颁布的《小学各科课程标准 · 算术》中提出"儿童生活中所用物品的调查和估价"和"家庭学校所用物品的成本、工价、时值的估计调查"；二是 1936 年颁布的《小学算术课程标准》中提出"儿童生活中所用物品的调查和估价"；三是 1963 年《全日制小学算术教学大纲（草案）》中提出"加减法的估算、乘除法的估算"要求；四是在 1988 年《九年制义务教育全日制小学数学教学大纲（初审稿）》中要求"学会乘、除法的简单估算"；五是 1988 年《九年制义务教育全日制小学数学教学大纲（初审稿）》中要求"学会乘、除法的简单估算"；六是在 1992 年《九年制义务教育全日制小学数学教学大纲（试用）》中，五年制和六年制内容中都有"乘、除计算进行简单估算"要求，但注明估算内容为选学内容，不作为共同要求，也不作为考试内容。由此可见，当时虽然意识到估算在生活中的实际需求，但是还没有达成共识，所以就出现估算在课程标准（教学大纲）中有时有，有时无，有些还作为选学内容的现象。

（3）近似数教学内容相对稳定。

1956 年颁布的《小学算术教学大纲（修订草案）》中首次正式提出了"求近似商"，它的出现，使得"近似数"的教学内容在小学数学中站稳了脚跟，我们发现在之后的课程标准（教学大纲）中，始终有这块内容，后续从 1963 年《全日制小学算术教学大纲（草案）》开始，到 2000 年《九年制义务教育全日制小学数学教学大纲（试用修订版）》中，始终用"商的近似值"字样。即使是 2001，2011 版的课标中，"近似数"的教学要求也变化不大，也就是说这块内容在课程标准（教学大纲）中的地位一直是稳固的。从出现近似数开始，"四舍五入法"一直是取近似数的方法，但是在 2000 年以前的课程标准（教学大纲）中，没有提及"进一法"和"去尾法"，近似数的取值也没有用在图形与几何类教学中。

（4）近似数与估算的教学要求由固定向灵活转变。

1988、1992、1994 年的课程标准（教学大纲）中，对近似数的要求基本相同，但是估算的内容逐渐增多，要求最多的是"对乘、除法计算的简单估算"，并且以选学为主。但是随着经济技术不断发展，人们生活水平不断提高，估算在日常生活中的应用越来越广泛，到了 2000 年《九年制义务教育全日制小学数学教学大纲（试用修订版）》中，提出"对大数目进行估算"，这也是后续课改中数学与生活紧密联系的一大体现，表达了估算的教学价值。到 2001 年《全日制义务教育数学课程标准（实验稿）》中，提出"能结合具体情境进行估算，并解释估算的过程""在解决具体问题的过程中，能选择合适的估算方法，养成估算的习惯"，此时的估算，需要根据具体的情境和实际问题灵活选择合适的方法，已经不是简单的"四舍五入法"了。在《义务教育数学课程标准（2011 版）》中，指出了"能结合具体情境，选择适当的单位进行简单估算，体会估算在生活中的作用"和"在解决问题的过程中，能选择合适的方法进行估算"，与 2001 版标准比，增加了"选择适当的单位"，这是估算方法灵活性的又一体现。从 2001 和 2011 这两个课程标准中我们可以发现，在重视笔算的同时明显加强了口算和估算，在课标（实验稿）中"估算"一词出现了 27 次之多，课标（2011 版）也将估算作为发展学生数感和应用意识、培养学生运算能力和推理能力的重要手段。由此看出估算在课程标准（教学大纲)中所占的分量由轻到重,估算内容的重要性逐渐凸显。

> **思考**
>
> 这样梳理的大纲对你有启示吗? 你还能从中得到哪些启示?

2.2 国外课程标准(教学大纲)的教学要求

当今,教育的全球化趋势不断增强,共同的全球化时空发展背景使各国的课程与学业评价改革在价值诉求上出现了某种程度上的趋同性,也就是说,各国在适合本土化的前提下,在不同时期对课程标准都有不同的改革与修订,这样的过程也是不断进行数学教育国际比较的过程。近年来,世界上许多国家修订、颁布的数学课程标准,将"联结"(connect)作为数学课程的重要组成部分,或作为数学课程标准的重要理念之一。数学联结包含不同数学主题间的内部联结,即数与量、几何、统计与概率等方面的内部联结;也包含数学与其他领域、学生生活经验等的外部联结。例如,美国的全美数学教师理事会提出了学前期至十二年级的学生应掌握的联结的标准,新加坡的小数数学教学大纲中提出"识别和运用数学理念间的联结,以及数学和其他学科的联结"是学校数学教育的目标之一。梳理了我国一百多年来课程标准(教学大纲)中的近似数与估算内容,其他国家课程标准对这块内容又有怎样的要求呢? 梳理和比较不同国家课程标准,可以给我们带来很多启示与思考。

> **思考**
>
> 你觉得国外的课程标准会是怎样的? 是分年级叙述的,还是分学段叙述的?

2.2.1 加拿大课程标准的教学要求

在加拿大,教育是由联邦、省和地方政府共同监督的,因为没有国家教育部,每个省的教育部可制定各自的课程及评价标准,但并非各省各地区都有自己的课程标准,而是许多省或地区建立了共同的课程标准。

加拿大现有四种课程标准,每种课程标准中都有近似数与估算的内容。

1.《西北部教育协定组织课程标准(WNCP)

介绍了数学的关键过程是沟通、联结、数学心算和估算、解决问题的能力、推理、技术和可视化。在一年级要求利用参照物来估计数量20的大小;在二年级要求使用参照物来估计100的数量;在三年级要求使用参照物来估计1000的数量;在五年级要求会运用估算技巧。

2.加拿大《安大略省课程标准》

这个课程标准划分为7个进程,分别是问题解决、问题解决策略的选择、推理和证明、反思、选择工具和计算策略、内在的联结、表征、交流。标准强调数学学习过程中的问题解决能力至关重要且是数学教学的中心,因为问题解决能力能支持学生的批判性思维(估计、评估、分类、假设、识别关系、建立假说、提供合理证明的观点、做出判断)。同时,该课程标准表明,选择适当的工具与选择的计算策略同样重要,学生可以选择一系列方法来解决问题,如从书写程序(或算法)到心算与估算,指出心算需要很强的数感,估算需要对数位的深刻理解,且心算与估算对于判断问题解决的方法,对数字的取整与分解,使用计算器等是否恰当具有重要的作用。

3.《魁北克省的数学标准》

魁北克省的数学标准将数学学习内容划分为五个分支:算术、几何、测量、统计、概率。在算术的四则运算中,指出通过各种情况下运用数的四则运算的布置,使学生学会估算、心算或笔算。测量内容的学习包括比较和估计大小。在课程结构的第三个周期,要求会估算、测量或计算一些度量值,包括长度、面积、体积、角度、容积、质量、时间和温度。

4.《大西洋地区数学课程》

这个课程中,各个数学分支的课程总目标又通过数字概念、数量和运算关系、模式和关系、形状和空间、数据管理和概率统计具体提出,并且目标的提出是分三段进行的,分别是1~3年级一段,4~6年级一段,7~9年级一段。在1~3年级的总目标中,"数字概念"的总体目标中提出构建和表示数字的含义,并且具备探索和应用有关整数估算策略的能力;"数量和运算关系"的总目标中提出在问题情境下,运用估算估计并判断整数问题的结果。在"形状和空间"的总目标中,1~3年级中提出在日常生活情境下,估计和决定使用什么测量单位,发展对相对单位大小的感知力;在4~6年级中,提出在有关问题情境下估计使用哪些测量概念和技能,并在其中应用这些概念和技能,选择和使用适当的测量工具和单位。在"数据管理和概率统计"总目标中,1~3年级有探究机会大小问题,并在游戏和其他日常生活中估计概率;在4~6年级中,要求能通过估计概率、进行实验、模拟实验,对日常生活中的一些情况的概率进行探索、解释并提出假设。

2.2.2 澳大利亚课程标准的教学要求

2011年3月8日,澳大利亚公布了国家级的全国统一的课程政策文件——《澳大利亚课程——数学》,这个课程标准明确指出数学有其自身的价值和美,数学课程试图让学生欣赏到数学推理的美。课标内容包括数与代数、测量与几何、概率与统计,对数学学习的精通程度"理解、熟练、问题解决、推理"这四个层次贯穿于三个内容的学习中。

在该标准的5年级的"熟练"层次中,要求能使用恰当的测量单位计算周长和面积,利用估计检查答案计算的合理性。在具体内容的"数与代数"中,明确提出使用估计及四舍五入法检查答案计算的合理性,具体包括认可估计在检查计算方面的重要性、应用心算策略来估计计算所得的结果,例如估计超市购物的花费。

在6年级的"理解"层次中,要求会用不同的方式表示小数和分数并描述它们之间的联系,会做出合理的估算。在具体内容的"测量与几何"中,提出建立学生对绘图中翻转和旋转的理解以及对旋转对称的理解,目的是用度量来测量、估计和比较角度,能认识到角的大小,目的是对360°以内的角度做出合理的估算,或是使用量角器以得到最接近的度数。在具体内容的"概率与统计"中,提出估计组织者和参与者的相对利益,重复进行随机试验,意识到用大量实验得到的结果更接近预测值。

在7年级的"数与代数"内容中,才提出对一个特殊数字的小数位进行四舍五入,能使用四舍五入法估算整数和小数的运算结果,并理解四舍五入法的使用惯例。

2.2.3 法国课程标准的教学要求

法国中小学的所有教学大纲、周课时、学年课时都是由教育部统一制定的,每5—7年修订一次。小学教育有5年,第一年是预备课程(也称第11级);第二年(第10级)、第三年(第9级)称为基础课程;第四年(第8级)、第五年(第7级)称为中等课程。学前及小学课程共分为三个阶段,第一阶段是学前课程,第二阶段是第一年的预备课程和基础课程的第一年,第三阶段是基础课程的第二年和中等课程的第一年和第二年。每一个阶段的课程标准要求都是先分四部分进行说明,且每个阶段内容有所区别,第二阶段包括"数字与计算、几何、量值和度量、数据的收集与整理",而第三阶段则为"数和计算、几何、尺寸和测量、数据的收集和整理",在此基础上又会通过表格的形式对每一部分内容分课程提出具体要求,这是为教学小组或者教学团队组织学习提供标准。初中分4年完成,根据学前和小学对层级的排序,那么这四年分课程分别按照6、5、4、3级的顺序学习。总体上看,法国从小学到初中分9年完成,这样看来,初中的6级相当于我们的六年级,而5、4、3级就相当于我们的7年级、8年级和9年级。

梳理发现,在第二阶段"数据的收集与整理"中就提出"使用通常的度量单位,估计、度量大小"。在第三阶段"数和计算"内容中,有"小数与分数"的内容,在这里明确提出"会把小数近似到整数、十分位、百分位"。通过这一阶段的学习,学生能够估计计算的量值,了解如何组织、整理数字或几何信息,来证明和评估结果的正确性。同时在中等课程第二年,为教学团队组织学习过程提供的标准中,明确提出在带有刻度的直线上确定数的位置,能够比较、排序使用10、100、1000……和0.1、0.01、0.001……能对一个小数进行分解,给出精确到个位、十分位、百分位的近似数;在中等课程的第一年"量值和度量"中明确提出根据参照曲面和网格来度量或估计一个图形的表面积。在中学学习的第6级中,继续学习小数的近似值,要求能够读出一点的坐标或给出一个范围,给出小数保留到个位、十分位、百分位下的近似值(过剩或不足),并对 $\frac{7}{3}$ 做如下解释,它可以看作7的 $\frac{1}{3}$,它乘3可得到7,它是一个近似值为2.33的数,并说明以分数表示的商,是可以更方便地给出真值的近似值的,这与我们的小数除法学习中把商写成小数的形式,当无法整除时可以一定的要求保留一定的数位一致。

2.2.4 日本课程标准的教学要求

2008年1月日本通过了《关于幼儿园、小学、初中、高中和特殊学校的数学课程标准的改善》之提案,即制定《数学课程标准》(简称《标准》),2009年作为过渡期,2011年4月1日起全面实施小学和初中的各科《标准》。日本小学六年制,初中三年制。小学算术标准注意学年间的内容衔接,并进行适当的反复指导,让学生在学习新知识的同时复习旧知识,温故而知新,学年间的内容分为"A 数与计算、B 量与测量、C 图形及 D 数量关系"四部分,并通过"算数活动"对上述四项所表示的具体事项进行指导。在标准的目标中,将计算分为三类,即笔算、心算和估算,要求在重视掌握笔算能力的同时根据目的估算、计算结果,对计算的方法和结果做出正确判断,这样的做法其实是注重将这三种算法相结合,并适当应用,从而加深学生对计算的理解,提高计算的正确性和速度,近似数与估算分四个学年进行教学。

(1)在第二学年的"算数活动"中,提出了估算周围物体的长度和体积,能用测量单位测量它们,要求在测量之前,首先估计其大小,再选择测量单位和工具,培养学生的估计和估算能力,为初中概率和统计的学习奠定基础。

(2)在第三学年的"B量与测量"中,提出能够估计长度和质量,根据目的选择单位和计算器,会测量长度和质量,并说明估计是指对测量物体的大致推断,也为以后的概率与统计学习打下基础。

(3)在第四学年的"A数与计算"中,提出理解近似数,在这里重点强调前几年只是了解和估计,但在第四学年要求会应用。近似数的学习,是在理解约数的基础上,了解四舍五入的方法,并根据目的会用之。在这学年增加了方法的判断,要求将心算灵活应用于笔算和估算。主要包括:

a. 了解运用理解近似数的情形;

b. 了解四舍五入;

c. 根据目的估计四则运算结果。

(4)在第六学年的"B量与测量"中,提出认识周围物体的大概形状,会求它们的大约面积。

2017 年 3 月,日本文部科学省颁布了最新的《小学校学习指导要领》(简称《新要领》),它的总体目标是通过数学教学,培养学生运用数学思维进行思考的能力。《新要领》提倡积极引入具体物体、图、式、表等让学生进行思考和说明,促使学生表达并交流自己的想法,互相学习,并要创造机会让学生享受数学,体验到数学的乐趣和益处。《新要领》在四年级的"A数与计算"中提出通过有关概数的教学,让学生了解四舍五入和估算四则运算的结果,学生在切实掌握笔算技能的同时,能估算计算结果,并对计算方法和结果做出适当判断。

2.2.5 新加坡课程标准的教学要求

新加坡与我国有着相似的文化渊源,其在小学数学教育方面的成就尤其突出。新加坡小学数学大纲指出:"数学是发展和提高人的逻辑思维能力、空间想象能力以及分析和抽象能力的重要工具。"我们可以从两个方面来解读这句话:一方面,数学被看成发展和提高学生能力的工具;另一方面,说明学生在学习和应用数学的过程中能发展计算、推理、思考和问题解决等能力。近似数与估算的内容安排如下。

(1)在 2 年级"长度、质量和体积"中,要求学习估计和测量。

(2)在 4 年级"1000000 以内数"的教学中,要求将数四舍五入到十位或百位,并教学约等号(≈)的使用;在"三位小数"的教学中,要求将小数四舍五入到最近的整数、十分位和百分位,这就是我们通常所说的将一个小数保留到整数、一位小数和两位小数;在"加法和减法"内容中,要求估算得到的结果,以检查计算结果的合理性;在"乘法和除法"内容中,要求将计算结果四舍五入到要求的精确度,以及估算得到的结果以检查计算结果的合理性;在"角"的学习中,要求能估算和测量角的度数。可见,在 4 年级的学习中,估算与近似数的教学分量还是比较重的。

（3）在 5 年级"千万以内的数"的教学中，提出将数四舍五入到千位；在"四则运算"中，再次提出将计算结果四舍五入到要求的精确度，以及估算得到的结果以检查计算结果的合理性。

（4）在中学 1 年级的"O 水准数学课程"中，我们可以看到在"数和四则运算"中，明确提出近似计算和估算，内容包括将数四舍五入到要求的小数位数或有效位数，估算结果，掌握四舍五入的概念和舍位误差。我国现行课程标准的 7 年级，在"有理数"章节中，也继续学习近似数与估算，新加坡的这个安排与我国非常相似。

2.2.6　美国课程标准的教学要求

美国教育行政是典型的地方分权制，在这一教育体制下，美国各州具有较大的自主权，往往根据自己的实际情况设置课程标准，进行灵活的教学，因此也引发了各种问题，这是制定全国统一课程标准的重要原因。2000 年全国数学教师理事会颁布了《学校数学的原则和标准》，对学习领域进行了统一划分。根据东北师范大学周瑞老师 2009 年的硕士学位论文《中美义务教育阶段数学课程标准的比较研究》，我们可以发现：在第一学段数与代数——数的运算内容中，提出使用各种方法和工具进行计算，包括用实物运算、心算、估算，用笔算以及用计算器算等。在第二学段数与代数——数的运算内容中，提出发展并使用整数估算策略，并判断这些结果的合理性，发展并使用与学生的经历相关的分数和小数的估算策略；整数的计算可以用心算、估算、计算器与笔算，并提到了判断估算结果的合理性。在第二学段空间与图形——测量内容中，提出理解度量是近似的，采用不同单位会影响度量的精度，选择和使用一些参照物来进行估算，发展估计不规则图形的周长、面积和体积的能力。

2010 年颁布的《统一州核心课程标准》是建立国家课程标准的又一次尝试。该课程标准在 3 年级的"运算与代数思维"中，提出用心算评估答案的合理性和包括凑整的估算策略；在"度量与数据"中，提出解决关于时间区间、液体体积以及物体质量的度量和估计问题，要求在测量的过程中进行估计，体现对估算能力的渗透，培养了数感。在 4 年级的"运算与代数思维"中继续提出用心算评估答案的合理性和包括凑整的估算策略；在"数与十进制运算"中，要求利用对位值的理解对多位数进行四舍五入。在 5 年级的"运算与代数思维"内容中，提出在数字表达中使用圆括号、方括号、花括号，并能用这些符号估算；在"数与十进制运算"中，提出利用对位值的理解对小数进行四舍五入；在"数与运算"内容中，提出利用中介分数或分数的数值意义来估算（心算）和评估结果的合理性。

2.2.7　英国课程标准的教学要求

英国的国家数学课程是以命令形式公布的法定文件，对数学教学和学生的数学学习具有规定性指导作用，也为全国性考试评估提供依据，但是国家数学课程对教材编写并不具有约束力，学校可以根据实际需要对教材做出选择。根据李家贝 2016 年的硕士学位论文《中英小学数学新课程标准比较研究》，可以发现英国第一学段为 1～2 年级，第二学段为 3～6 年级。英国教育部对数学课程在 1991 年和 1999 年之间做了三次修改，1999 年之后修改的数学课程标准形成了学习计划、达成目标和学习评价三方面内容。2014 年 12 月,英国教育部颁布了最新的国家课程标准,目标编排如图 2-1 所示。

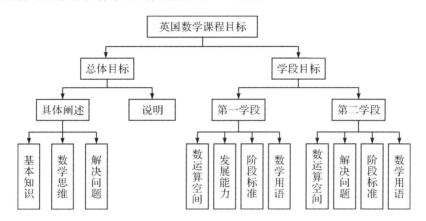

图 2-1　英国小学数学课程标准目标编排图解

在第一学段"数的认识"二年级法定内容中,要求能辨认一位数和二位数每个数字的位值,用不同的方式表示估计数字,包括数轴。

在第二学段"数的认识"三年级法定内容中,要求找到大于或小于 10、100 的数;用不同的方式辨认估计数,估算并解决问题。在四年级法定内容中要求找到大于或小于 1000 的数,能用不同的方式辨认估计数,接近 10、100、1000 的估计数。在非法定内容中,要求能够估计和用四舍五入。在六年级法定内容中,提出用任何精度估计数。

在第二学段"数的运算"三年级法定内容中,提出用估算检验计算的合理性;在五年级法定内容中提出准确估算和检验;在六年级法定内容中提出解决情境中四则运算问题(多步)并能估算。在非法定内容中提出近似值,要求能熟练计算小数和转换,并能四舍五入到三位小数。

在第二学段"测量"四年级法定内容中,提出找到图形的面积,估计、比较和计算不同的单位,包括英镑和便士;在五年级法定内容中又有估计不规则形状面积,估计体积和容积,用标准单位估计、比较和计算体积,包括立方厘米和立方米,并延伸到其他单位。

2.2.8　国外课程标准(教学大纲)研究对教学的启示

思考

　　通过以上对七个国家课程标准(教学大纲)的梳理,你知道国外对于近似数与估算这块内容的教学与我国的差异吗?从中你又得到哪些启示?

从以上七个国家课程标准(教学大纲)对于近似数和估算的教学要求中,我们可以看到这样的一些共性。

(1)各国都重视估算与近似数教学。

数学与生活紧密联系,在现实生活中,人们要处理大量的、变化的信息,口算、估算使用是非常频繁的,因此各国对估算教学都比较重视。各国估计数量和大小、估算知识主题的出现比我国晚,而近似数与有效数字出现相对较早,多个国家的近似数与有效数字教学横跨3个阶段(小学、初中、高中)。

(2)估计教学渗透在不同年级中。

如加拿大《西北部教育协定组织课程标准(WNCP)》在一、二、三年级要求学生利用参照物来估计不同数量的大小;日本《数学课程标准》在第二、第三、第四、第六学年都对估算与近似数提出不同的要求;新加坡小数《大纲》的二、四、五年级对估算与近似数提出不同的要求;美国的《统一州核心课程标准》在三、四、五年级提出了近似数与估算的要求;法国教学大纲的第二、三学段都提出近似数与估算要求;英国课程标准的第二、三、四、五年级对近似数与估算都有不同的要求。由此可见,在小学阶段,对估算与近似数教学,各国都是呈螺旋式分布在不同年级中。

(3)估算内容比较广。

各国估算与近似数教学内容的安排非常广泛。一是在"统计与概率"中。如:加拿大《大西洋地区数学课程》1~3年级中在游戏和其他日常生活中估计概率,在4~6年级中,要求能通过估计概率、进行实验、模拟实验,对日常生活中的一些情况的概率进行探索、解释并提出假设;澳大利亚的《澳大利亚课程——数学》,在6年级的"统计和概率"中,提出估计组织者和参与者的相对利益,重复进行随机试验,意识到用大量实验得到的结果更接近预测值。二是在"测量与几何"中。如:加拿大魁北克省的《魁北克省的数学标准》中要求会估算、测量或计算一些度量值,包括长度、面积、体积、角度、容积、质量、时间和温度;澳大利亚的《澳大利亚课程——数学》,在6年级提出建立学生对绘图中翻转和旋转的理解以及对旋转对称的理解,目的是用度量来测量、估计和比较角度,能认识到角的大小,目的是对360°以内的角度做出合理的估算,或是使用量角器以得到最接近的度数;法国的课程标准在中等课程的第一年明确提出根据参照曲面和网格来度量或估计一个图形的表面积;日本的《数学课程标准》在第二学年的"算数活动"中提出估算周围物体的长度和体积,在第三学年提出能够估计长度和质量,根据目的选择单位和计算器,会测量长度和质量,并说明估计是指对测量物体的大致推断,在第六学年提出认识周围物体的大概形状,会求它们的大约面积;新加坡的课程标准在2年级"长度、质量和体积"中提出学习估计和测量;美国的《学校数学的原则和标准》提出理解度量是近似的,采用不同单位会影响量的精度,选择和使用一些参照物来进行估算,发展估计不规则图形的周长、面积和体积的能力,其《统一州核心课程标准》在三年级中提出解决关于时间区间、液体体积以及物体质量的度量和估计问题,要求在测量的过程中进行估计,体现对估算能力的渗透,培养了数感;英国的课程标准在第二学段四年级法定内容中,提出找到图形的面积,估计、比较、计算不同的单位,包括英镑和便士,在五年级法定内容中又有估计不规则形状面积,估计体积和容积,用标准单位估计、比较和计算体积。由此可见,估算在图形与几何教学中也发挥着重要的作用,有助于进一步发展学生的数感和量感。三是在"数与计算"中。每个国家的课程标准中都有提到,如:法国的课程标准中非常详细地要求"会把小数近似到整数、十分位、百分位",要求能够读出一点的坐标或给出一个范围,给出小数保留到个位、十分位、百分位下的近似值(过剩或不足),并对 $\frac{7}{3}$ 做如下解释,它可以看作 7 的 $\frac{1}{3}$，它乘 3 可得到 7，它是一个近似值为 2.33 的数，并说明以分数表示的商，是可以更方便地给出真值的近似值的；日本的数学课程标准和《新要领》中对近似数、四舍五入都提出了明确要求；新加坡的课程标准中要求将数四舍五入到十位或百位，将小数四舍五入到最近的整数、十分位和百分位，并教学约等号（≈）的使用；等等。

（4）注重估算学习实效。

梳理这七个国家的课程标准，可以很明显发现，各国都非常重视估计在检查计算方面的重要性。如：加拿大的《安大略省课程标准》指出估算需要对数位的深刻理解，且心算与估算对于判断问题解决的方法，对数字的取整与分解，使用计算器等是否恰当具有重要的作用；《澳大利亚课程——数学》提出估计在检查计算方面的重要性、应用心算策略来估计计算所得的结果等；美国课程标准提出发展并使用整数估算策略，并判断这些结果的合理性，发展并使用与学生的经历相关的分数和小数的估算策略；英国课程标准分别在四年级、五年级提出用估算检验计算的合理性；等等。当然，这里的检验结果可以用在计算上，更多的是解决问题。可以说，重视数学的应用与实践是当前课程改革的一大趋势，而在计算或问题解决中，通过估算来检验结果的合理性是学生对自我学习反思的一种有效策略，这也是学生自主学习、独立思考、合作探究，增强问题意识，提高解决实际问题能力的机会，是创新人才素质的核心所在。

3　教材研究

　　教材该怎么编、怎么用,很大程度上取决于教材的功能定位。20世纪80年代以前的中小学教材,大都以知识的讲述为主,体现的主要是知识传承功能;从20世纪90年代开始编写的义务教育教材,观察、思考、讨论等活动逐渐增多,愈益重视探究引导功能。随着课程改革的不断深化,教材的功能越来越丰富。深入研究和准确把握教材的功能定位,对于教材编写和使用都具有重要意义。杨启亮将教育史上的教材观分为知识观的教材观和智慧观的教材观两类。20世纪以前的教材观基本是知识观的教材观,即以教材呈现的知识本身为目的,教学就是把教材上的知识教给学生,而这些知识是经典的、权威的、不容置疑的。20世纪中叶以后,智慧观的教材观渐成潮流,这种教材观将教材上的知识视为教学的材料,掌握这些知识本身不是目的,而是将这些知识作为供学生思考和探究的素材,作为实现智慧提升和全面发展的途径和手段。

　　自20世纪以来,在这一百多年中,我国在不同时期出现了不同的小学数学教材,仅2001年以来,我国经全国中小学教材审定委员会审核通过的小学数学教材就有6套,这些教材风格不同、特色鲜明、内涵丰富。通过对不同时期、不同版本小学数学教材的比较分析研究,能使教师了解不同版本教材的编排体系,从不同角度理解和把握教学内容,能明确教材各自的优、缺点,为更好地解读教材、重组教材、用好教材提供参考,从而使教师在教学设计时,可以更好地汲取不同版本的长处,领悟教材提供的教与学的过程和方法,明确教材的思路及其内在的逻辑关系,并以此作为理解教材的一个重要方面和设计教学过程的重要依据,这也正是实现教学过程最优化的重要内容和手段。

　　在对商的近似数进行的教材研究中,主要是对教材进行纵向比较研究和横向比较研究。所谓纵向比较研究,主要是从历史的角度,对不同时期的教材做比较研究,这里的关注点是具有历史性和代表性的教材;所谓横向比较研究,则是对同一时期不同版本的教材进行比较研究,这里的关注点是教材的系统性、典型性和变化性。

　　在具体对比研究的过程中,主要针对教材中"商的近似数"一课的编排结构、问题情境、素材选取、编写体例、文本特色、呈现形式、练习设计等展开,寻找不同教材的共性和个性,使教材更好地服务于教学。

3.1　教材纵向比较

　　翻看不同时期的教材中"商的近似数"一课,会发现不同时期版本的教材带有不同时代的烙印,本着具有历史性和代表性的标准,接下来将以人民教育出版社出版的教材(以下简称"人教版")为例开展教材的纵向研究。本文选取的教材分别是人教版1983年、2003年和2022年的三套小学数学教材。这三套教材都是六年制教材,在此节内容中,主要选取"商的近似数"一节内容进行比较。

思考

对这三个时期的教材进行比较,可以选择哪些角度呢?

3.1.1 教材结构比较

1.教学年级

虽然三个时期的教材前后经历了近 40 年,但是三个时期的教材把商的近似数都安排在五年级上册,并且在小数除法教学之后。

商的近似数是小学阶段数与运算内容中的最后一块近似数教学内容。在各套教材编排中,对于四则运算,教学中都是先教加法、减法,再教乘法、除法,这样一种近乎默认的编排与四则运算之间的关系密不可分。我们知道减法是加法的逆运算,除法是乘法的逆运算,乘法是相同加数和的简便运算,而除法又是减法的另一种表示方式,因此对于商的近似数教学,一定是安排在积的近似数教学之后,这也就比较容易理解三个时期的教材都将其安排在五年级上册,安排在小数除法教学之后了。

2.呈现方式

1983 年的教材和 2003 年、2022 年两套教材有很大的不同。1983 年还没有提出课改,对数学与生活的联系、基于儿童视角等理念还不太重视,而 2003 年、2022 年的教材,正是在2001 版课标和 2011 版课标指导下修订的教材,这也正是新课程改革大力推进时期,教学理念上更加注重以生为本,注重学生数学素养的形成、思维能力的培养,因此教材编排有很大不同。

一是色彩不同。1983 年的教材是单色印刷,只有一种颜色也就是黑色;而 2003 年、2022年教材则是彩色印刷,颜色鲜明,非常漂亮,纸张材质与装帧质量都非常高。

二是版面不同。1983 年和 2003 年的教材,都是 32k 的,而 2022 年教材则是 16k 的,类似于学生喜欢的画册;1983 年的教材几乎就是文字与数,很少可以看到图片,更没有任何提示语;而 2003 年、2022 年教材,素材丰富,涵盖生活、科学、数学等方方面面素材,并且图文并茂,还有小精灵与学生对话,可读性非常强。

三是单元不同。1983 年商的近似数安排在第二单元"小数乘、除法"中,其中小数乘法安排在第一章节,小数除法安排在第二章节;2003 年教材安排在第二单元"小数除法",而第一单元则是学习"小数乘法";2022 年教材安排在第三单元"小数除法",它前面的两个单元分别教学"小数乘法"和"位置"。由此可以发现,三套教材都是在教学了小数乘法后再教学小数除法,而商的近似数则是小数除法单元中的一个内容,虽然 1983 年和 2003 年两个版本都安排在第二单元,但是 2003 年的教材更体现小数除法作为独立单元教学的重要性;而2022 年的教材在小数乘法学习后没有直接学习小数除法,而是穿插学习了"位置"单元的内容,这也体现了 2022 年的教材在编排上更加关注学生实际,因为长时间学习相对枯燥的计算,学生可能不喜欢,因此穿插了用数对表示位置关系内容的学习,这不仅有效规避了学生长时间学习计算可能带来的厌烦情绪,也使学生在学习位置内容中得以进一步巩固小数乘法,为后续学习小数除法打下坚实的基础。如图 3-1~3-3 所示。

图 3-1　人教版 1983 年五年级上册教材目录

图 3-2　人教版 2003 年五年级上册教材目录

图 3-3　人教版 2022 年五年级
上册教材目录

> **思考**
>
> 教材中小数除法的编排顺序是怎样的？商的近似数教学又有哪些内容呢？

3.编排顺序

三套教材并不是在小数除法单元一开始就安排商的近似数教学,而是先教学一些小数除法的内容,再安排商的近似数教学。

1983 年的教材编排顺序是这样的。①例1:服装小组用21.45米布做了15件短袖,平均每件用布多少米？②例2:计算1.69÷26。③例3:永丰乡原来有拖拉机36台,现在有117台,现在拖拉机的台数是原来的多少倍？这三个例题教学的是用小数、整数除以整数结果是小数的算式,其中例1和例3通过生活实际引出计算教学,且例3中的拖拉机带有明显的时代烙印,这也体现了数学来源于生活、解决生活实际问题的理念。④例4:一台织布机7小时织布36.5米,平均每小时织布多少米？（得数保留两位小数）。⑤例5:求437除以132的商（得数保留三位小数）。这两个例题教学商的近似数,其中例4联系生活实际,例5是纯计算。⑥例6:一位驾驶员一天节约汽油3.22千克,已知卡车行驶1千米要用0.14千克。照这样计算,一天节约的汽油能行驶多少千米？⑦例7:计算10.44÷0.725。⑧例8:计算87÷0.03。这三个例题是教学要把除数化成整数,被除数也向右移动相应的位数,如果位数不够用0补足。⑨例9:计算10÷3。⑩例10:计算70.7÷33。这两个例题是教学循环小数。⑪例11:计算0.26×70.75÷6.5。⑫例12:计算1.775÷(3.9×0.6)。⑬例13:一只大雁3.8小时飞行256.5千米,一只燕子每小时飞94.5千米。燕子每小时飞的路程是大雁每小时飞的多少倍？这3个例题则教学小数乘除法混合运算及解决问题。

2003 年教材的编排顺序是这样的。①例1:王鹏坚持晨练,计划4周跑步22.4千米,他每周跑步多少千米？②例2：王鹏每周计划跑5.6千米，它每天要跑多少千米？③例3：王鹏的爷爷每天坚持慢跑1.8千米，王鹏每天跑5分钟，爷爷每天跑12分钟，爷爷慢跑的速度是多少？④例4：想一想，前面3题小数除以整数是怎样计算的？怎样验算小数除法？这里可以看出例1至例3都是学习小数除以整数。⑤例5：奶奶编"中国结"，编一个要用0.85米丝绳。用7.65米丝绳，可以编几个"中国结"？⑥例6：计算12.6÷0.28。这两个例题都是教学小数除以小数。⑦例7：爸爸给王鹏新买了1筒羽毛球，1筒12个，这筒羽毛球19.4元，1个大约多少钱？这题是教学用四舍五入法求商的近似数。⑧例8：王鹏400米只跑75秒，平均每秒跑多少米？⑨例9：先计算，再说一说这些商的特点。计算28÷18，78.6÷11。这两个例题教学循环小数。⑩例10：用计算器计算下面各题。计算1÷11，2÷11，3÷11，4÷11，5÷11。⑪例11：张燕家养的3头奶牛上周的产奶量是220.5千克，每头奶牛一天产奶多少千克？⑫例12：(1)小强的妈妈要将2.5千克的香油分装在一些玻璃瓶里，每个瓶最多可盛0.4千克，需要准备几个瓶？(2)王阿姨用一根25米长的红丝带包装礼盒。每个礼盒要用1.5米长的丝带，这根红丝带可以包装几个礼盒？这个例题是教学用进一法和去尾法解决实际问题。

2022年教材的编排顺序是这样的。①例1：王鹏坚持晨练，计划4周跑步22.4千米，他每周跑步多少千米？②例2：王鹏的爷爷计划16天慢跑28千米，平均每天慢跑多少千米？③例3：王鹏每周计划跑5.6千米，他平均每天要跑多少千米？这3个例题都是学习小数除以整数。④例4：奶奶编"中国结"，编一个要用0.85米丝绳。用7.65米丝绳，可以编几个"中国结"？⑤例5：计算12.6÷0.28。⑥例6：爸爸给王鹏新买了1筒羽毛球，1筒是12个，这筒羽毛球19.4元，1个大约多少钱？这题是教学用四舍五入法求商的近似数。⑦例7：王鹏400米只跑75秒，平均每秒跑多少米？⑧例8：先计算，再说一说这些商的特点。计算28÷18，78.6÷11。这两个例题教学循环小数。⑨例9：用计算器计算下面各题。计算1÷11，2÷11，3÷11，4÷11，5÷11。⑩例10：(1)小强的妈妈要将2.5千克的香油分装在一些玻璃瓶里，每个瓶最多可盛0.4千克，需要准备几个瓶？(2)王阿姨用一根25米长的红丝带包装礼盒。每个礼盒要用1.5米长的丝带，这根红丝带可以包装几个礼盒？这个例题是教学用进一法和去尾法解决实际问题。

通过以上梳理，从三套教材整个单元编排的结构看，我们可以发现一些共同点和不同点。

共同点是：从宏观上看，三套教材都先教学整数除以整数、整数除以小数商都是小数的内容，再安排用四舍五入法求商的近似数，也安排有循环小数的教学，也就是说知识呈现的结构基本一致，这反映了小数除法知识本身严密的逻辑性，也体现了教材编写者一致认同的学习顺序。

不同点是：1983年教材在小数除法单元中一共安排了13个例题，其中实际情境的有5个例题，还有8个例题是纯计算，并且因为是与小数乘法合编在一个单元中，所以出现了小数乘除法混合运算，且只教学用四舍五入法求商的近似数，没有安排进一法和去尾法的内容。而2003年和2022年教材的编排很接近，在2003年教材的12个例题中有8个有实际情境，2022年教材编排了10个例题，7个有实际情境，且两套教材有9个例题完全相同，并且都先教学用四舍五入法求商的近似数,再教学进一法和去尾法。

思考

> 三套教材中商的近似数教学从微观上看又有哪些不同呢?

3.1.2 例题引入方式比较

不同时期的教材,在例题教学中分别是怎样安排的? 教材中又有哪些独特的解释或说明呢? 通过这些对比或许能给我们更多启示。

1.例题素材

1983 年的教材通过一个实际问题和一个纯计算用四舍五入法引出商的近似数教学,如图 3-4。

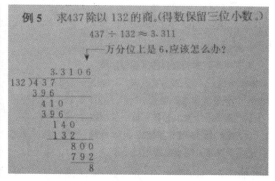

图 3-4　人教版 1983 年五年级上册第 29 页例题

2003 年和 2022 年教材都运用爸爸给王鹏买羽毛球这一情境,通过计算一个羽毛球的单价,发现无法整除,引出用四舍五入法求商的近似数,但是采用的对话方式以及人物的图片都不同。

此外,2003 年和 2022 年教材都安排了一个例题中的两个小题教学用进一法和去尾法解决求商的实际问题,两套教材选用的例题完全相同,都是采用"装香油和包装礼盒"的素材,只是在呈现方式上有所不同。2003 年的教材出示题目,再出示思考的方法,在"装香油"问题中,呈现两个学生不同的思考方法,"包装礼盒"则是设计了一个"想一想:包装 17 个礼盒,丝带够吗?"的问题,引发学生思考,如图 3-5。而 2022 年的教材采用"阅读与理解、分析与解答、回顾与反思"的方式解决问题,在解决问题中学生之间的对话更加丰富,思考过程步骤清晰,并提示学生"在解决实际问题时,要根据实际情况取商的近似值"。

从上面的例题中可以看出,三套教材都借助生活中的实际问题进行教学,学生在解决这些问题的过程中,发现不能除尽,于是就自然地引出可以用四舍五入法求商的近似数;三套教材在教学商的近似数时都通过两个例题来教学。

除共性外,三套教材在素材选择上又各有特色。

①1983 年的教材,通过求织布机每小时织布的米数,用小数除以整数,直接要求得数保留两位小数;而另一个例题则去情境,通过两个三位数相除,要求得数保留三位小数。而

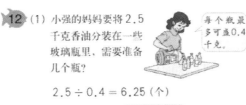

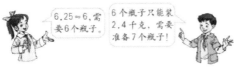

(2) 王阿姨用一根25米长的红丝带包装礼盒。每个礼盒要用1.5米长的丝带，这些红丝带可以包装几个礼盒？

$25 \div 1.5 = 16.666\cdots\cdots$（个）

想一想：包装17个礼盒，丝带够吗？

答：这些红丝带可以包装 _____ 个礼盒。

图 3-5 人教版 2003 年五年级上册第 33 页例题

2003 年和 2022 年的教材，也是用小数除以整数，计算每个羽毛球的单价，但是问题中没有告诉得数保留几位小数，这样的安排，更有利于学生自己发现问题。当他们在除不尽时自然想到需要用四舍五入法求商的近似数，而且得数到底保留几位小数，每个学生可以带着自己独有的理解，可以保留整数、一位小数或两位小数，也就是羽毛球的单价可以是几元、几元几角、几元几角几分，这样的结果更加开放，并且在课堂上还可以进一步追问，得数保留三位小数好吗？从而引发学生思考人民币的单位是元角分。保留三位小数没有实际意义，但可以让学生感悟数学与生活的联系，体会数学学习的用处。

②1983 年的教材，没有编排用进一法和去尾法解决实际问题，而 2003 年和 2022 年的教材，则通过把香油装到瓶子里需要几个瓶子以及丝带可以包装几个礼盒这样非常生活化的情境，让学生感受到商的结果不能用小数表示，因为瓶子的个数和包装好的礼盒数只能是整个的，并且也不能用四舍五入法，因为计算的结果瓶子是 6.25 个，如果用四舍五入法则是 6 个瓶子，但是 6 个瓶子不能把香油都装进去，因此必须是 7 个瓶子，哪怕最后一个瓶子中的香油没有装满，而给的红丝带按照计算结果可以包装 16.66······个礼盒，如果用四舍五入法则可以包装 17 个礼盒，但实际上红丝带并没有这么多，因此只能包装 16 个礼盒，哪怕最后红丝带还有一点剩余。这样的思维冲突再一次打开学生的学习思路，他们发现用四舍五入法解决求商的实际问题是有局限性的，在解决商不是整数的实际问题中，需要根据实际情境用到进一法和去尾法。

③1983 年的教材，求商的计算难度比较大，我们可以发现在第二个例题中，出现了三位整数除以三位整数的计算，并且要求结果保留三位小数，这也给计算增加了难度；而在 2001年课改后，计算教学的难度有所下降，因此 2003 年和 2022 年的教材中求商的近似数没有出现保留三位小数，除数也不出现三位整数，这样降低难度的教学，也是基于学生实际和生活

实际,让学生提高计算的兴趣与正确率。

2.商的近似数取值方法

1983年的教材,在两个例题教学后,在该页的最后面介绍了商的近似数的取值方法,即:算小数除法,需要求商的近似值的时候,一般先除到比需要保留的小数位数多一位,再按照"四舍五入法"把末一位去掉。

2003年和2022年的教材相同,都是在该页的左上角明确标出"商的近似数",让学生知道该节所学内容,紧接着在文本的第一段就介绍商的近似数的取值方法,即:在实际应用中,小数除法所得的商也可以根据需要用"四舍五入"法保留一定的小数位数,求出商的近似数。

从中我们可以发现以下不同之处。

①1983年的教材编写时,知识节点不太明确,没有明确告知该内容是什么,学生或者新教师可能一开始不太清楚,而2003年和2022年的教材则非常明确,让每一个拿到教材的人一看就一目了然,知道这块内容是什么。

②1983年的教材把对商的近似数的取值方法,放在学生学习之后作为总结提炼,同时也介绍了四舍五入法的取值方法,要多保留一位,最后把末位去掉;而2003年和2022年的教材,则一开始就开门见山,让我们知道在实际生活中,可以用四舍五入法求商的近似数,这也体现了数学与生活的紧密联系,同时让学生有学法迁移,因为学生已经掌握了四舍五入法,在这里不再像1983年的教材再介绍它的具体操作方法,更多体现的是四舍五入法的又一次应用。

③在三套教材中,1983年的教材只在最后进行四舍五入法的总结与提炼,2003年的教材只在开头说明用四舍五入法也可以求商的近似数,只有2022年的教材在开头和结尾两处说明,开头也是说明用四舍五入法也可以求商的近似数,结尾则进一步提炼求商的近似数的方法"只要除到比保留的数位多一位,然后再用四舍五入法"。可见2022年的教材综合了1983年和2003年的教材,让学生对商的近似数的作用与取值方法有更深刻的认识。

3.例题教学

1983年的教材,例4要求得数保留两位小数,例5要求得数保留三位小数,教材呈现除法竖式的计算方法,除到千分位上的商是"4",说明"千分位上是4,不够5,把它舍去",例5除到万分位上的商是"6",则提问"万分位上是6,该怎么办?"这样的编排是进一步教学四舍五入法,并且也有层次,一个数位直接告知结果,一个数位则通过提问让学生自己解决。

2003年的教材,在计算答案时,呈现了王鹏用计算器计算的结果1.616666667,然后说明保留两位小数则是1.62,保留一位小数是1.6,并用红色箭头和字体特别说明"计算钱数,保留两位小数,表示计算到分;保留一位小数,表示计算到角"。

2022年的教材也是呈现竖式,除到千分位商是1.616,然后也是与2003年的教材一样,说明保留两位小数则是1.62,保留一位小数是1.6,并用红色箭头和字体特别说明"计算钱数,保留两位小数,表示计算到分;保留一位小数,表示计算到角",最后又增加小精灵的话语"在求商的近似数时,计算到比保留的小数位数多一位,再将最后一位四舍五入"。

思考

三套教材例题教学的安排,有什么不同之处呢?

通过上面的分析,可以发现只有 2003 年的教材出现了用计算器求商,而其他两套教材都是呈现除法竖式计算的具体过程。商的近似数作为小数除法的一个内容,既是学生学习商的近似数的取值方法,同时也是进一步巩固小数除法的一个重要载体,因此 1983 年和 2022 年的教材更能体现小数除法计算的具体过程,这可能也是 2022 年教材没有沿用 2003 年教材中用计算器计算的原因,毕竟对学生来说,每人必须掌握小数除法的笔算方法,而不仅是借助计算器计算结果。

> **思考**
>
> 2003 年与 2022 年教材中进一法与去尾法例题素材相同,那么呈现的方式有什么不同?

4. 进一法与去尾法

1983 年教材中没有编排进一法与去尾法内容。

2003 年教材,在左上角出现"解决问题"字样,并把进一法与去尾法编排在解决问题的第二个例题中,里面包含两个小题目,都采用出现横式以及计算结果的方式。其中第一题求需要几个瓶子,计算结果是 6.25,通过两个小朋友的对话进行分析:女生采用四舍五入法结果是 6 个瓶子,男生通过验算说明 6 个瓶子只能装 2.4 千克油,因此要装下 2.5 千克的油,需要 7 个瓶子。第二题不再出现学生之间的对话,而是直接出示计算结果 16.666…,然后提问"想一想:包装 17 个礼盒,丝带够吗?",这里的留白,是给学生思辨的机会,让学生自己去体会、去领悟所给的丝带只能包 16 个礼盒,最后小精灵总结"在解决实际问题时,要根据实际情况取商的近似值"。

2022 年的教材,虽然没有在左上角出现"解决问题"这几个字,但是解决问题的痕迹更加明显,教材遵循"阅读与理解、分析与解答、回顾与反思"三部曲来教学。第一步"阅读与理解"呈现"你知道了哪些信息?"。第二步"分析与解答"同 2003 年的教材一样,第一题也是通过男生和女生的对话来说明需要 7 个瓶子,所不同的是又增加第三个学生来说明"求需要准备几个瓶,结果应该取整数";第二个问题在出示计算结果 16.666……后,借助小精灵提问"包装 17 个礼盒,丝带够吗?",然后女生回答"1.5×17=25.5(m),丝带不够",最后男生又来说明"这里不管小数部分是多少,都要舍去,取整数为 16。最后一步"回顾与反思"又通过男生和女生的对话来进行,男生说"第(1)小题,不管小数部分是多少都要进一取整数",女生说"第(2)小题,不管小数部分是多少,都要舍去尾数取整数",在男女生的对话中已经呈现进一法和去尾法,最后也是小精灵进行总结,"在解决实际问题时,要根据实际情况取商的近似值"。

> **思考**
>
> 你知道波利亚的《怎样解题》一书中提到的解题步骤是怎样的吗?

比较这三套教材,我们会发现数学与生活实际紧密联系,数学为生活服务的味道越来越浓,并且在 2003 年和 2022 年同样的例题素材中,2022 年教材更加注重问题解决的方法,教材中的三个步骤与波利亚在《怎样解题》一书中提到的解题步骤基本一致。《怎样解题》一书中的第一步是弄清问题(未知数是什么? 已知数是什么? 等等),这相当于 2022 年教材中的第一步"阅读与理解"中的你知道了哪些信息。第二步是拟定计划(找出已知数与求知数之间的联系),第三步是实现计划(实现你的求解计划,检验每一步骤),这两个步骤与教材中的"分析与解答"一致。第四步是回顾反思(你能否检验这个论证? 你能否用别的方法导出这个结果?),这与教材中的"回顾与反思"也是一致的。由此可见随着课改的不断深入,数学教学越来越注重对学生解决问题的能力的培养,也重视学生数学素养的形成。

3.1.3 习题分析比较

习题是教学练习用的题目。课本习题是数学知识应用的浓缩,是数学问题的精华,是编者认真筛选而精心设置的,体现编者对知识训练的要求,具有一定的代表性、示范性和探究性,它们或是夯实某种知识,体现某种数学思想,或是渗透某些数学方法,蕴含某种数学规律。

第一部分:用四舍五入法求商的近似数。

思考

同样的内容,不同年代的教材在习题编排上会有什么不同?

习题分布

①一般来说,在完成一个新知识教学后,在例题下面,会有配套的练习,那么三套教材中的配套练习都有吗? 又是怎样安排的? 具体如表 3-1 所示。

表 3-1 例题后面的配套练习分布情况

年份	项 目		
	有无配套练习	习题数量	题型
1983	无	0	—
2003	有	一大题 9 小题	计算
2022	有	一大题 3 小题	计算

在这三套教材中,1983 年的教材在例题编排后没有跟上配套的练习,而 2003 年和 2022 年教材中都有配套练习。2003 年的教材采用表格式编排了 3 个计算题,每个计算题分别要求保留一位小数、两位小数和三位小数,且这三道题的除数都是整数,被除数有一道整数,另外两道都是小数;而 2022 年教材,也是给出了三道题目,但是每道题目只有一个要求,分别是保留一位小数、两位小数和整数,三道题目都是小数除以小数。两套教材把跟进练习都安排在做一做中,具体见图 3-6 和图 3-7。比较这两套教材,例题中教学的都是 $19.4 \div 12$,是一道小数除以整数的题目,2003 年的教材更注重练习与例题教学接轨,三道题目中出现了 2 道小数除以整数的题目,但 2022 年教材则完全规避了例题的内容,安排的三道练习都是小数除以小数的题目。2022 年教材是在 2003 年的基础上改编而来的,前后对照,发现不仅题目

变少,而且要求也变低了,没有出现保留三位小数。为什么题目会做这样的改进? 可能的一个原因是在 2011 版课程标准中降低了计算的要求,那么教材中计算的难度也会下降,另一个原因可能是编者认为小数除以小数的计算学生掌握得不够扎实,因此安排了三道全部是小数除以小数的内容。我们觉得这样的题型安排还可以更丰富,是否可以改成整数除以整数、整数除以小数和小数除以小数的题目各一题,得数依然是一题一个要求,也就是分别保留整数、一位小数和两位小数。

	保留一位小数	保留两位小数	保留三位小数
40 ÷ 14			
26.37 ÷ 31			
45.5 ÷ 38			

图 3-6   2003 年人教版五年级上册第 23 页中做一做

✏ 做一做

计算下面各题。

4.8÷2.3   1.55÷3.9   14.6÷3.4

（得数保留一位小数）   （得数保留两位小数）   （得数保留整数）

图 3-7   2022 年人教版五年级上册第 32 页中做一做

思考

1983 年的教材在例题下面没有安排跟进练习,那么它的配套练习安排在哪里呢?

②在教学用四舍五入法求商的近似数后,三套教材是否安排有专门的练习课进行巩固? 具体的安排又是怎样的呢? 相关情况见表 3-2。

表 3-2   用四舍五入法求商的近似数练习课及习题分布情况

年份	是否安排练习课	练习名称及题目总数量	用四舍五入法求商习题数量	用四舍五入法求商题型	
				计算	解决问题
1983	是	练习九共 12 题	8	5	3
2003	是	练习四共 13 题	1	1	0
2022	是	练习八共 15 题	3	2	1

从表 3-2 可以看出,在用四舍五入法求商的近似数教学后,三套教材都安排了练习课进行练习,其中 1983 年和 2003 年的教材是在新课教学后,紧跟着就安排了练习九和练习四,而 2022 年的教材在新课教学后,接着教学循环小数和用计算器探索规律,然后再安排练习八;从练习的比重看,1983 年的教材非常重视让学生进行用四舍五入法求商的近似数的巩固练习,用四舍五入法求商习题数量占练习课习题总数的 66.7%,大大弥补了例题教学后没

有配套练习的不足,这可能也是当时教材的一个特点,也就是把配套练习放在专门的练习中。2003 年的教材则认为学生对用四舍五入法求商的近似数应该掌握不错,无须过多练习,安排的相关练习只占习题总数的 7.7%,到了 2022 年的教材,相关练习又占到总习题数的 20%。再从题型看,用四舍五入法求商的近似数,三套教材练习都注重从纯计算角度出发,1983 年教材中解决问题数占总数的 37.5%,2003 年只安排一道相关练习,是纯计算练习,而 2022 年的教材中解决问题数占总数的 33.3%。

③除以上练习外,三套教材又分别安排了哪些练习呢?

1983 年的教材,在学习完循环小数后,安排了练习十一,在这个练习中针对用四舍五入法求商的近似数又编排了两道题目,都是解决问题,得数都要求保留两位小数。在学完小数乘除混合运算后,又安排了练习十二,在这个练习中又安排了两道用四舍五入法解决问题的题目,要求得数分别保留一位小数和两位小数,同时又编排了一大题中的四道乘除混合运算题,得数也要求保留两位小数;最后再在单元复习中,又安排了两道用四舍五入法解决问题的题目,要求得数分别保留整数和两位小数,同时又编排了一道"看谁算得又对又快"的题,内容涵盖加、减、乘、除的一步计算,得数要求保留两位小数。

2003 年的教材,在练习五中安排了两道用四舍五入法解决问题的题,得数都要求保留两位小数,在单元整理复习后的练习七,又安排了一大题三小题的纯计算,得数都要求保留两位小数。

2022 年的教材,在这单元的整理和复习中,安排了一道解决问题的题,要求得数保留两位小数,在整理和复习后的练习中,又编排了一大题三小题的计算题,要求用计算器计算,得数保留两位小数。

④三套教材中安排的用四舍五入法求商的近似数的练习总量是怎样的?分别是什么题型? 相关情况见表 3-3。

表 3-3 用四舍五入法求商的近似数习题分布情况 （单位:道）

年 份	类 型	道数	保留整数	保留一位小数	保留两位小数	保留三位小数
1983	笔 算	21	3	3	15	6
	解决问题	9	3	2	4	0
	乘除混合	4	0	0	4	0
	合 计	34				
2003	笔 算	12	0	6	9	3
	解决问题	2	0	0	2	0
	合 计	14				
2022	笔 算	12	1	7	7	3
	解决问题	2	0	0	2	0
	合 计	14				

根据表 3-3 的统计,我们可以发现以下特点。

一是 1983 年的教材非常注重让学生用四舍五入法求商的近似数练习,其中笔算 21 道,解决问题 9 道,乘除法混合运算 4 道,合计有 34 道;2003 年和 2022 年的教材,都只有用四舍五入法进行笔算和解决问题的练习,其中笔算都是 12 道,解决问题都是 2 道,两套教材安排的练习题总数都是 14 题,且都没有安排乘除混合运算类题目,这也是人教版教材在课改后教材编排上延续性的体现。

二是三套教材中笔算的题目,1983 年是 21 道,但是把保留整数、保留一位小数、保留两位小数和保留三位小数的总数合计起来却有 27 题,2003 年和 2022 年笔算题都是 12 道,但是把保留整数、保留一位小数、保留两位小数和保留三位小数的总数合计起来都有 18 题,这样的原因在于三套教材中都采用表格法,根据一个题目都有保留一位小数、两位小数、三位小数的要求,具体见图 3-8 、图 3-9、图 3-10。

1. 按照"四舍五入"算出商的近似值,填在下表里。

	保留一位小数	保留两位小数	保留三位小数
40÷14			
26.37÷31			
45.5÷38			

图 3-8　1983 年人教版五年级上册练习九第 1 题

	保留一位小数	保留两位小数	保留三位小数
40÷14			
26.37÷31			
45.5÷38			

图 3-9　人教版 2003 年五年级上册第 23 页中做一做

	保留一位小数	保留两位小数	保留三位小数
40÷14			
26.37÷31			
45.5÷38			

图 3-10　人教版 2022 年五年级上册练习八第 1 题

我们发现,虽然三套教材年份前后相差近 40 年,但是编者都采用了表格式,对同一题有三种不同的保留方式,这便于学生在对比中理解,只要除到比保留的位数多一位,看那位上的数是几,然后采用四舍五入法取商的近似数。这样的编排既是对小数除法的练习,也是对用四舍五入法保留不同小数位数的练习,帮助学生理解商的近似数保留的方法。但是三套教材编排的位置不同,1983 年的教材安排在用四舍五入法求商的近似数教学后的练习九中,2003 年的教材安排在新课教学后练一练中,2022 年的教材则安排在教学循环小数、用计算器探索规律后的练习八中。再仔细对比表格中的题目和保留要求,发现三张表格中不仅题目一模一样,而且保留的要求也一模一样,如果仅仅是 2003 年的教材和 2022 年的教材题目一样,这无可厚非,因为 2022 年的教材本身就是根据 2003 年的实验教材经过筛选调整后进行改编的,但是跟 1983 年教材中的习题完全相同,这不由让我们又想到人教版教材在编排中的传承性。

三是汇总三套教材中用四舍五入法求商的近似数,一共有 62 道题目,其中计算类有 49 道,约占总数的 79.0%,解决问题类只有 13 道,约占总数的 21.0%,可见用四舍五入法求商的近似数更多的是用在计算中。再看保留的位数,保留整数的有 7 道,约占总题数的 11.3%,保留一位小数的有 18 题,约占总题数的 29.0%,保留两位小数的有 43 题,约占总题数的 69.4%,保留三位小数的有 12 题,约占总题数的 19.4%。从中我们可以发现,保留整数和三位小数的题目相对较少,这也是编者考虑到保留整数计算要求相对比较低,只要除到小数点后一位就可以,而保留三位小数计算难度相对比较大,一直要除到小数点后面第四位,因此这样的题目编得比较少,而保留两位小数的占比达到 69.4%,这样的编排一方面是为了让学生掌握小数除法,另一方面也是为了巩固用四舍五入法求商的近似数,这样的难度要求比较适中。

> **思考**
>
> 三套教材中解决问题的题目又是怎样编排的?题目之间有相关性吗?

⑤三套教材中编排的解决问题的题目是否也体现了教材编排的传承性?

2011 版《义务教育数学课程标准》指出:数学教学要紧密联系学生的生活实际,从学生的生活经验和已有知识出发,创设各种情境,为学生提供从事数学活动的机会,激发对数学的兴趣以及学好数学的愿望。素材的选取要贴近学生现实,教材所选素材应尽量来源于自然、社会中的现象和问题,以使学生感受到数学的价值和趣味。

带着这样的思考,让我们来梳理一下三套教材中编排的解决问题的题目,如表 3-4。

表 3-4 三套教材中编排的解决问题的题目情况

年份	序号	题　目	算　式	保留位数
1983	1	一个养蚕专业组养春蚕 16 张,一共产茧 946 千克,平均每张产茧多少千克?	946÷16	一位小数
	2	一个糖厂用 15 吨甘蔗制成 1.86 吨糖,平均一吨甘蔗能制成多少吨糖?	1.86÷15	两位小数
	3	一颗人造地球卫星每小时运行大约 30000 千米,一种新式超音速飞机每小时飞行大约 2200 千米,卫星速度大约是飞机的多少倍?	30000÷2200	整数
	4	一台编织机每天编织花边 24.5 米,人工每天编织 0.9 米,编织机一天的工作效率是人工的多少倍?	24.5÷0.9	整数
	5	一只鹅的体重是 5.6 千克,一只鸭的体重是 3.6 千克,鹅的体重是鸭的多少倍?	5.6÷3.6	两位小数

续　表

年份	序号	题　目	算　式	保留位数
1983	6	一列火车从南京到上海运行 305 千米,用了 4.5 小时,平均每小时运行多少千米?	305÷4.5	两位小数
	7	利民农药厂生产一批农药,计划每天生产 152.5 吨,18 天完成,实际只用了 13 天,实际平均每天生产农药多少吨?	152.5×18÷13	一位小数
	8	一只蜜蜂 0.5 小时飞 9.1 千米,一只蝴蝶每小时飞 7.6 千米,每小时蜜蜂飞的路程是蝴蝶的多少倍?	9.1÷0.5÷7.6	两位小数
	9	一个果园的一个机械化作业队,有生产人员 24 人,一共种 3906 棵果树,一年平均每棵果树创利 430.5 元,平均每人全年创利多少万元?	3906×430.5÷24	整万元
2003	1	一列火车从南京到上海运行 305 千米,用了 3.6 小时,平均每小时行多少千米?	305÷3.6	两位小数
	2	地球赤道周长约有 40076 千米,一架飞机以 990 千米/时的速度沿着赤道飞行,它绕地球飞行一周需要多少小时?	40076÷990	两位小数(用计算器计算)
2022	1	一列火车从南京到上海运行 305 千米,用了 2.6 小时,平均每小时行多少千米?	305÷2.6	两位小数
	2	调查当天外汇牌价数据并解答下面问题。 (1)一个玩具在美国标价 2.8 美元,相当于人民币多少元? (2)100 元人民币可以兑换多少美元?(得数保留两位小数) (3)同一块手表在美国标价 50 美元,在日本标价 5500 日元。换算成人民币,这块手表在哪里的标价低? (4)你还能提出其他问题吗?	根据当日牌价计算	两位小数

观察表 3-4,我们可以发现如下几点。

一是从题量上看,1983 年的教材编排了 9 道解决问题的题,2003 年和 2022 年都只编排了 2 道,解决问题的题目编排数大幅度减少。从数据上看,1983 年的教材中,有 2 道是整数除以整数,1 道是小数除以整数,3 道小数除以小数,还有 3 道是乘除混合运算;在 2003 年教材中,有 1 道是整数除以小数,1 道是整数除以整数;而 2022 年的教材中则 2 道都是整数除以小数。

二是从情境上看,1983 年教材中有 7 道是关于人们日常生产生活的场景,1 道是关于自然科学的,还有 1 道是关于自然界中生物的情境;2003 年教材编写了 1 道自然科学的情境和 1 道生活情境;2022 年的教材中两道安排的都是生活情境。

三是从传承性上看,三个版本的教材中都使用了同一个情境,就是一列火车从南京到上海,求平均每小时运行的速度,其中"一列火车从南京到上海运行 305 千米"这个信息始终不变,所有的问题也始终是"平均每小时运行多少千米"。唯一改变的是对于相同的 305 千米的路程,1983 年教材编写的行驶时间是 4.5 小时,2003 年教材编写的行驶时间是 3.6 小时,到了 2022 年教材编写的行驶时间是 2.6 小时。我们知道,在相同的距离中,所使用的时间越来越少,也就是说汽车的速度越来越快,教材这样的编排其实很明显体现了时代的发展。随着国家的发展,经济生活水平的提高,道路修建得越来越好,汽车性能也愈来愈好,因此其速度也越来越快,教材这样的改变,也体现了编写者紧扣时代脉搏,让数学更好地为生活服务。此外 1983 年的教材编写了"一颗人造地球卫星每小时运行大约 30000 千米,一种新式超音速飞机每小时飞行大约 2200 千米,卫星速度大约是飞机的多少倍?"这个题目,传承到 2003 年则变成了"地球赤道周长约有 40076 千米,一架飞机以 990 千米/时的速度沿着赤道飞行,它绕地球飞行一周需要多少小时?"。其实这样改变很有道理,体现了教材编写者秉持的科学性原则,同时对于两个都是大数据的整数相除,1983 年的教材要求学生采用笔算,而 2003 年教材则要求用计算器计算,根据计算结果再求商的近似数,这也是编者基于学生立场,同时也是基于 2003 年教材中有用计算器计算的内容,这样的安排也让学生意识到当碰到比较大的数据时,可以用计算器帮助计算,体现了学以致用的特点。

四是从特色上看,三套教材中只有 2022 年的教材中出现了金融类的情境,也就是外汇中人民币与美元的兑换,其实对学生来说这个情境有点遥远,但是作为新时代的学生,需要从小就培养金融意识,知道外汇兑换的相关知识。教材这样的编排更加符合生活实际,在钱币兑换中当无法除尽时,很自然的就会用四舍五入法取商的近似数,这也与 2022 年人教版教材在商的近似数例题教学中,求羽毛球的单价相呼应,体现了数学学习的价值。

此外,在 1983 年教材中还安排了 3 道乘除混合运算的问题,但是在 2003 年和 2022 年教材中都舍去了,翻看 2003 年和 2022 年两套教材,我们发现任何混合运算类习题,计算的结果都是准确数,没有出现近似数,这也体现了教材编写的导向,即混合运算的结果用准确数表示。

第二部分:用进一法和去尾法解决问题。

用进一法和去尾法解决问题出现在 2000 年以后的教材中,因此这里的比较不涉及 1983 年的教材,只是比较 2003 年和 2022 年的教材,如表 3-5。

表 3-5　2003 年和 2022 教材中进一法和去尾法习题编排情况

序号	2003 年	2022 年
1	做一做:张老师带 100 元去为学校图书馆买词典,他可以买回几本词典?	没有编排
2	6.美心蛋糕房特制一种生日蛋糕,每个需要 0.32 千克面粉。李师傅领了 4 千克面粉做蛋糕,他最多可以做几个生日蛋糕?	7.美心蛋糕房特制一种生日蛋糕,每个需要 0.32kg 面粉。李师傅领了 4kg 面粉做蛋糕,她最多可以做几个生日蛋糕?
3	7.果农们要将 680 千克的葡萄装进纸箱运走,每个纸箱最多可以盛下 15 千克,需要几个纸箱呢?	8.果农们要将 680kg 的葡萄装进纸箱运走,每个纸箱最多可以盛下 15kg,需要几个纸箱呢?

3 教材研究

续　表

序号	2003 年	2022 年
4	8.孙老师要用 80 元买一些文具作为年级运动会的奖品。他先花 45.6 元买了 8 本相册，并准备用剩下的钱买一些钢笔，每支钢笔 2.5 元,孙老师还可以买几支钢笔? 你还能提出什么数学问题?	9.孙老师要用 80 元买一些文具作为年级运动会的奖品。他先花 45.6 元买了 8 本相册,并准备用剩下的钱买一些钢笔,每支钢笔 2.5 元。 (1)孙老师还可以买几支同样的笔? (2)你还能提出其他数学问题并解答吗?
5	没有编排	整理与复习 2. 1 美元可以兑换 6.34 元人民币。 中国银行外汇牌价(单位:元) 　　　　　　　　　　　　2012 年 8 月 28 日 　1 美元兑换人民币　6.34 元 　1 港元兑换人民币　0.82 元 　1 日元兑换人民币　0.08 元 　1 欧元兑换人民币　7.96 元 在这一天里: (1)100 元人民币可以兑换多少美元? (结果保留两位小数) (2)同一块手表在香港标价 500 港元,在日本标价 5500 日元。哪儿的标价低? (3)一个玩具标价 2.8 美元,用 100 元人民币可以买几个? (4)你还能提出其他数学问题并解答吗?

从表 3-5 可以看出一些相同与不同的地方。

1. 相同点

两套教材都安排了 4 道练习,并且 3 道习题都采用去尾法,只有 1 道习题采用进一法。在 4 道习题中有 3 道习题相同,也就是说 2022 年的教材沿用了 2003 年教材中的内容,第一题是创设李师傅做蛋糕的情境,求最多能做几个蛋糕,算式是 $4\div0.32$,采用去尾法得到结果是 12 个蛋糕;第二题是创设果农们把葡萄按照一定要求装进纸箱运走,求需要几个纸箱,算式是 $680\div15$,采用进一法最终需要 46 个纸盒;第三题是创设孙老师买奖品的情境,求可以买几支钢笔,算式是 $80-45.6=34.4$(元),$34.4\div2.5=13.76$,最终采用去尾法得到结果是可以买 13 支钢笔。

2. 不同点

①同样的内容也会有细微的差别。2003 年教材把上述 3 道题目编排在练习六中,2022 年教材把 3 道题目编排在练习九中;同样是做蛋糕的情境,2003 年呈现的图片中的李师傅是男性,而 2022 年呈现的图片中的李师傅是女性,这其实也体现了教材跟生活接轨,因为随着时代的发展,很多女性对甜点都有独特的研究,会做很多甜品,这可能也是编者换蛋糕师傅性别的原因之一吧,并且在 2003 年中面粉的单位采用的是文字形式,而在 2022 年教材中面粉单位采用的是字母形式,这样的安排也是在无形之中帮助学生回忆、巩固质量单位用字母表示的方式;同样是把葡萄装箱的情境,葡萄的质量单位也是从 2003 年的用文字表示转变为用字母表示,且劳动的场景从 2003 年的只有男性转变为 2022 年增加了女性,这也与学生

39

的生活联系更加紧密,因为在学生家中,父母都是有工作需要参与的;同样是买笔的情境,2003年给出的信息中钢笔单价每支2.5元,在2022年教材中单价没有变,还是2.5元,但是从钢笔改为了笔,这样的改变也是体现数学与生活的联系,因为在实际生活中,钢笔的价钱没有这么便宜,2.5元一支的钢笔已经买不到了,且问题表述的内容也不一样,2003年中的问题是"孙老师还可以买几支钢笔?"。2022年教材中的问题改为"还可以买几支同样的笔?"。2003年教材的文字叙述比较冗长,2022版则简单明了。通过这样的分析,我们知道教材编写者在教材编写中认真、细致、科学、严谨的态度,因此尊重教材、理解教材、创造性地用好教材是一线老师们非常值得重视的事情。

②不同的内容各有特色。2003年的教材在进一法和去尾法例题教学后,紧跟着在练一练中安排了配套练习,题目是"张老师带100元去为学校图书馆买新词典,每本词典18.5元,他可以买回几本词典?"。在例题教学中让学生理解了要把全部香油装进瓶子里,需要用到进一法,而在包装礼盒时多余的丝带不能再包装一个礼盒,用到了去尾法,而这个配套练习则是让学生理解当剩余的钱不能再买一本词典时就舍去,也用到了去尾法。这样在一节课中,学生能从多方面理解在日常生活中,如果求得的商必须用整数表示,这时就要用到进一法或去尾法,因此配套练习的安排有助于学生进一步理解进一法和去尾法使用的范围及价值。2022年的教材则在整个单元的整理与复习中,安排了一道关于钱币兑换的综合题,一共含4个小问题,其中第一小题是用美元兑换人民币,第二小题是用人民币兑换美元,第三小题需要学生把美元通过乘法转换成人民币,把日元通过除法转换成人民币,再比较这块手表在哪里标价低。这道综合题的编排,让学生了解了钱币兑换的相关知识,同时也考查了学生的理解与思维,因为在兑换中,有时需要用乘法计算,有时需要用除法计算,让学生对汇率有进一步的理解。

3.2 教材横向比较

自2001年起,我国开始了如火如荼的基础教育改革,新课程改革的显著成果之一便是实现了从"教学大纲"到"课程标准"的转变,教科书的编排体制也由"一纲一本"向"一标多本"过渡,各地小学阶段的数学教科书更是犹如百花齐放,各具特色,这些教科书都跟教育部制定的"课程标准"紧密联系,体现出"课程标准"的理念与要求。

比较是分析问题、识别事物特征的重要方法,教材是教师有效教学的行为支点,对教材进行比较研究,是理解教育和改进教学的有效手段,也是用好教材使课堂教学高效明达的重要途径。各个地区编写的教材都有自己的特点,对比教材在不同维度上的异同,可以对我国新一轮课程改革以及教科书的编写提供重要的启示。

本章节将对教材进行横向比较,目的是寻找同一时期不同版本教材的异同,把握教学内容的本质,服务于课堂教学设计和学生的学习。本次比较采用综合比较的方法,也就是同时对不同版本教材涉及的多个方面进行比较,便于我们较全面地把握教材的整体情况。在具体实施中将进行求同比较和求异比较:通过求同比较,去发现不同教材所呈现出来的共同的结构、线索、特点或规律,能让我们发现不同教材的共性,而这些共性往往也是重要的、核心的、基本的,需要在教学过程中认真落实的;通过求异比较,让我们发现不同教材的个性化编写特色,开阔我们的视野,丰富思路,为我们提供多种思维视角和实践途径,提高教学的灵活性。把这两者有效结合,能使我们更好地把握教材的统一性与多样性,在教学中更好地借鉴把握教材。

思考

选择哪些角度可以更好地对同一时期的教材进行横向比较呢?

3.2.1 教材结构比较

1. 教材选取

这里选取的五套教材都是根据 2011 年版的课程标准编写的,它们分别是 2013 年北京师范大学出版社出版的五年级上册义务教育教科书(以下简称"北师版教材"),2013 年江苏凤凰教育出版社出版的五年级上册义务教育教科书(以下简称"苏教版教材"),2013 年西南师范大学出版社出版的五年级上册义务教育教科书(以下简称"西师版教材"),2014 年青岛教育出版社出版的五年级上册义务教育教科书(以下简称"青岛版教材"),2014 年河北教育出版社出版的五年级上册义务教育教科书(以下简称"冀教版教材")。

2. 教材安排

各套教材中商的近似数安排在哪个年级?哪个单元?具体见表 3-6。

表 3-6 "商的近似数"编排情况

教材版本	年段安排	所在单元	单元标题
北师版	五年级上册	第一单元	小数除法
苏教版	五年级上册	第五单元	小数乘法和除法
西师版	五年级上册	第三单元	小数除法
青岛版	五年级上册	第三单元	游三峡——小数除法
冀教版	五年级上册	第三单元	小数除法

从表 3-6 中可以看出,五种教材除苏教版教材外,其他四种教材小数除法都独立成一个单元。青岛版教材单元标题最有特色,以"游三峡"为单元大标题,体现了单元学习的主题情境,在具体呈现中通过三峡水位、船闸长度、三峡土特产等内容串联起单元学习内容,在大标题后面又附加了小标题"小数除法",这与北师版、西师版和冀教版的编排是类似的。

五种教材都将商的近似数编排在了五年级上册,这是巧合还是与数学学习的知识结构有关?我们知道四则运算的教学是遵循加、减、乘、除的顺序进行的,商的近似数出现在小数除法中,也就是说一定要在学习了小数乘法中积的近似数后才会学习商的近似数,那么各套教材中小数乘法又分别是怎样编排的呢?具体见表 3-7。

表3-7 "小数乘法"编排情况

教材版本	年段安排	所在单元	与小数除法之间相隔的单元内容
北师版	四年级下册	第三单元	第四单元 观察物体
			第五单元 认识方程
			第六单元 数据的表示和分析
苏教版	五年级上册	第五单元	与小数除法在同一个单元
西师版	五年级上册	第一单元	第二单元 图形的平移、旋转与轴对称
青岛版	五年级上册	第一单元	第二单元 图案美——对称、平移与旋转
冀教版	五年级上册	第二单元	没有安排其他单元内容

观察表3-7,我们发现:一是苏教版、西师版、青岛版和冀教版教材都把小数乘法编排在了五年级上册,但北师版教材则编排在了四年级下册;二是只有苏教版教材把小数乘法与小数除法编排在同一个大单元中,也是先编排小数乘法再编排小数除法,冀教版的教材其实与苏教版相似,因为它是在小数乘法编排后紧接着就编排小数除法,两个单元之间没有再安排其他的学习内容,两种教材唯一的区别是一个安排在同一个单元,一个安排在分开的前后两个单元里;三是西师版和青岛版的教材最相似,小数除法和小数乘法的学习都间隔一个单元,而且内容都是关于图形的变换;四是北师版教材最特殊,小数除法与小数乘法内容编排相差一个学期,并且中间又间隔了"观察物体、认识方程、数据的表示和分析"三个大单元的内容。从中我们也可以发现正是因为遵循了数学知识结构的逻辑顺序,不同版本的教材编写者在教材编排中会有很多共识。

思考

请你猜测一下各套教材中商的近似数分别会怎么编排呢?差距大吗?

3.编排顺序

商的近似数主要包括用四舍五入法求商的近似数与用进一法和去尾法求商的近似数,在前一节人教版教材的比较中,我们知道2000年之前的教材是没有出现用进一法和去尾法求商的近似数的,但是2001年和2022年的教材中专门安排了例题教学用进一法和去尾法解决问题,那么这五种是不是也是类似的情况?要回答这个问题,我们有必要对五种教材中小数除法单元的内容做一个完整的梳理。

北师版的编排顺序是:①在"精打细算"章节中创设买牛奶的情境教学小数除以整数,再编排练一练;②在"打扫卫生"章节中创设买扫把的情境继续教学小数除以整数和整数除以整数,再编排试一试和练一练;③在"谁打电话时间长"的章节中创设打电话情境继续教学小数除以小数,再编排试一试和练一练;④练习一;⑤在"人民币兑换"章节中创设人民币与各种外币兑换的情境,并编排了4个用计算器计算的例题,来教学用四舍五入法求商的近似数,再编排试一试和练一练;⑥在"除得尽吗"章节中创设蜗牛与蜘蛛爬行的情境教学循环小数,再编排练一练;⑦在"调查生活垃圾"章节中创设调查生活垃圾的情境教学小数四则运算,再编排练一练;⑧练习二。

苏教版的编排顺序是(因为教材中"小数乘法与小数除法"是编排在同一个单元中的,一部分教学有交叉):①创设妈妈买水果的情境编排三个问题教学小数除以整十数和整十数除以整数及练一练;②编排两个例题教学一个数除以整十数、整百数、整千数及练一练;③练习十一;④小数乘法及练习十二;⑤创设妈妈买菜的情境编排两个例题,教学小数除以小数及试一试和练一练;⑥创设动物游泳的情境编排一个例题,教学用四舍五入法求商的近似数及练一练;⑦创设买足球的情境编排一个例题,教学用去尾法求商的近似数及练一练;⑧练习十三;⑨教学乘法运算定律及练一练;⑩练习十四;⑪整理和复习;⑫综合与实践"班级联合会"。

西师版的编排顺序是:①单元主题情境图;②在"除数是整数的除法"章节中分别创设教学楼、稻谷出米情况及吃饭的情境,编排了两个例题,分别是小数除以整数和整数除以整数,每个例题后面都编排有相应的试一试;③练习十一;④在"除数是小数的除法"章节中创设买水果、喂鱼、运货情境安排了四个例题,前两个例题都是小数除以小数并编排有相应的试一试,第三个例题是整数除以小数,第四个例题是连除;⑤练习十二;⑥在"商的近似数"章节中创设步长、饮料重量和节油标兵情境编排三个例题,教学用四舍五入法求商的近似数;⑦练习十三;⑧在"循环小数"章节中安排两个例题,其中例2创设少先队员采树种的情境,在商用循环小数表示后还要求用四舍五入法求商的近似数;⑨练习十四;⑩在"解决问题"章节中创设货物装箱、铺天然管道、买蘑菇情境编排三个例题,例1教学用进一法解决问题,例2教学用四则混合运算解决问题,例3教学用除法解决问题,并对商根据实际情境保留相应的小数位数;⑪练习十五;⑫整理和复习;⑬练习十六;⑭综合与实践"关注'惠农'政策"。

青岛版的编排顺序是(青岛版教材编排最有特色,同一个单元通常由几个信息窗组成,通过信息窗引出情境串,形成一系列相对独立又有一定逻辑关系的问题串,将整个单元的内容串联在一起,充满幻想、富有童趣的画面吸引着学生主动去学习):①一个三峡主题情境给出五个信息,编排三个例题,都是教学小数除以整数;②自主练习;③介绍三峡闸门信息编排一个例题,教学小数除以小数;④自主练习;⑤呈现三峡土特产专卖店编排两个例题,教学商的近似数,同时介绍循环小数等;⑥自主练习;⑦通过参观三峡大坝编排一个例题,教学小数四则混合运算;⑧自主练习;⑨回顾与整理;⑩综合练习;⑪我学会了吗;⑫综合与实践"聪明的测量员"。

冀教版的编排顺序是:①在"小数除法"章节一共安排了三个例题,例1通过各种电池的主题情境引出三个问题,分别教学整数除以整数和整数除以小数,再编排试一试和练一练,例2创设阿姨买绿豆的情境编排一个例题,教学小数除法,再编排试一试和练一练,例3创设冰箱耗电情境编排一个例题,继续教学小数除法,再编排练一练;②在"混合运算"章节编排一个例题,借助糖果信息引出两个问题,教学小数四则混合运算,再编排练一练;③在"商的近似数"章节创设慰问受伤解放军战士的情境编排了一个例题,教学用四舍五入法求商的近似数,再编排试一试;④在"循环小数"章节编排三个例题,教学循环小数和用计算器计算,再编排练一练;⑤整理和复习;⑥练一练。

通过对教材编排顺序的梳理,我们发现以下特点。

①北师版、西师版和冀教版针对小数除法按照一定的主题编排了几个大的章节,在每个章节主题统领下,每页又编排了不同的例题教学,苏教版和青岛版分章节进行教学,青岛版通过不同的游三峡场景统领一个内容进行例题教学,虽然没有写出具体的章节内容,但是其实与北师版、西师版和冀教版分章节编排的特点差不多。

②在单元结尾处,五种教材中,苏教版、西师版和青岛版都安排了单元的整理和复习内容,最后还编排了综合实践活动;冀教版教材编排了单元整理和复习的内容,但没有综合实践活动内容;北师版两个内容都没有安排。

③五种教材都安排了用四舍五入法求商的近似数的教学,北师版编排了四个例题,其中一个例题要求用计算器计算;西师版编排了三个例题;苏教版、青岛版和冀教版都编排了一个例题。由此可见对商的近似数的教学,北师版和西师版占比最多。再来看用进一法和去尾法解决问题,在五种教材中,只有苏教版和西师版各安排了一个例题,苏教版编排的是用去尾法解决问题,西师版编排的是用进一法解决问题,另外三种教材在例题教学中都没有编排,这是这三套教材不重视进一法和去尾法教学,还是教材编写者把这类问题编写在了习题中,等到专门梳理用进一法和去尾法解决问题时再详细说明。

3.2.2 用四舍五入法求商的近似数例题内容比较

因五种教材中有三种教材的例题教学没有编排用进一法和去尾法解决问题,因此这里主要是介绍五种教材中用四舍五入法求商的近似数的例题。

1. 例题素材

从上面的分析中,我们知道了五种教材都编排了用四舍五入法求商的近似数,有两种教材编排了用进一法或去尾法解决问题,那么各种教材的例题素材选用情况具体是怎样的?让我们一起来看一看。

北师版教材中的人民币与各种外币兑换,在计算时发现结果不能除尽,但没有告知要保留几位小数,而是让学生根据人民币学习经验,自主迁移,用四舍五入法对结果保留两位小数,如图 3-11 所示。

人民币兑换

美国小朋友玛丽给笑笑寄来一本故事书，折合人民币多少元?

6.70 美元

中国银行

2012 年 10 月 × 日

1 美元兑换人民币 6.31 元
1 欧元兑换人民币 8.19 元
1 元港币兑换人民币 0.81 元
1 元新币兑换人民币 5.11 元
100 日元兑换人民币 7.89 元
100 泰铢兑换人民币 20.32 元

6.31 × 6.7
= 42.277
≈ 42.28（元）

答：_____。

妈妈用 600 元人民币可兑换多少美元?

600 ÷ 6.31 ≈ 95.09（美元）

答：_____。

通常用四舍五入法保留两位小数。

5000 元人民币能换多少港币? 欧元呢? 新币呢?

5000 ÷ 0.81 ≈ 6172.84（元港币）

答：_____。

图 3-11　北师版 2013 年五年级上册第 12 页用四舍五入法求商的近似数例题

　　苏教版教材通过对海狮、海豚和飞鱼三种动物在水中游泳速度的比较,要求把每小时的速度转化为每分钟的速度,明确要求得数保留两位小数,如图 3-12 所示。

12 下面是几种动物在水中的最高游速。

动物名称	海狮	海豚	飞鱼
速度/(千米/时)	40	50	64

海狮的最高游速大约是多少千米/分？（得数保留两位小数）

$$40 \div 60 \approx \underline{\qquad} \quad (\qquad)$$

得数要保留两位小数，应该除到商的哪一位？为什么？

```
            0.6
      60)40 0.0
         36 0
         ─────
            4 0 0
```

图 3-12　苏教版 2013 年五年级上册第 71 页用四舍五入法求商的近似数例 12

西师版编排了三个例题，前三题都是用四舍五入法求商的近似数，三题中只有求"平均每箱饮料的重量"明确告诉了要保留一位小数，另外两题更加开放，需要学生通过自己的感悟体验去取商的近似数。比如在求步长中，学生感悟到求步长不需要精确计算，保留到厘米就可以了，于是确定保留两位小数，如图 3-13 所示；在评选"节油标兵"中，题中已经告知李师傅每天节油 3.16 升，那么在计算其他两位师傅每天的节油量时也自动保留两位小数，这样更方便比较，如图 3-15 所示。

1 平均每步长大约是多少米？

我 8 步共走了 2.97 米。

$$2.97 \div 8 \approx \underline{\qquad} \quad (m)$$

```
      0.3 7 1 2 5
    8)2.9 7
      2 4
      ───
        5 7
        5 6
        ───
          1 0
            8
          ───
            2 0
            1 6
            ───
              4 0
              4 0
              ───
                 0
```

每步的长度不需要非常精确，保留到厘米就行了。

那就将结果用"四舍五入"法保留两位小数。

答：平均每步长大约是（　　）m。

图 3-13　西师版 2013 年五年级上册第 55 页用四舍五入法求商的近似数例 1

2 平均每箱饮料大约重多少千克?(得数保留一位小数。)

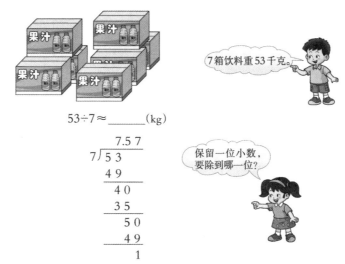

53÷7≈ _____ (kg)

$$7 \overline{)53}^{7.57}$$

保留一位小数,要除到哪一位?

答:平均每箱饮料大约重( )kg。

图 3-14 西师版 2013 年五年级上册第 55 页用四舍五入法求商的近似数例 2

3 评选"节油标兵"。

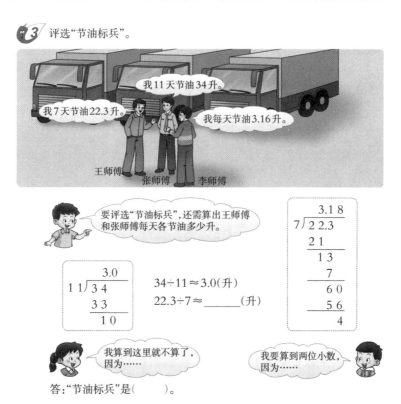

要评选"节油标兵",还需算出王师傅和张师傅每天各节油多少升。

34÷11≈3.0(升)

22.3÷7≈ _____ (升)

我算到这里就不算了,因为……

我要算到两位小数,因为……

答:"节油标兵"是( )。

图 3-15 西师版 2013 年五年级上册第 56 页用四舍五入法求商的近似数例 3

青岛版教材通过两位游客到三峡土特产店购买腊肉和茶叶的情境,让学生根据两位游客的对话自主提出问题并进行解答,在求每块腊肉多少钱时,还是没有明确提出保留几位小数,这里的编排类似于人教版 2022 年教材,同样是求商品的价格,到底保留几位小数,让学生自主选择,并根据保留的位数明确到价格是表示几元、几元几角还是几元几角几分,如图 3-16 所示。

图 3-16 青岛版 2014 年五年级上册第 33 页用四舍五入法求商的近似数例题

冀教版教材借助少先队员慰问"抗洪"中受伤的 7 位解放军叔叔的情境,买 7 个果篮用去 158 元,求平均每个果篮里有多少钱的水果?题中也没有明确告诉要保留几位小数,学生在计算后发现商的小数位数太多了,可以根据这个计算结果保留整数、一位小数和两位小数,从而让商变得非常开放,如图 3-17 所示。

育红小学五(1)班的全体同学决定去慰问在"抗洪"中受伤的 7 位解放军叔叔。他们把节省下来的零花钱凑在一起,买了 158 元的水果分装在果篮里。平均每个果篮里有多少钱的水果?

$$158 \div 7 = \boxed{} (元)$$

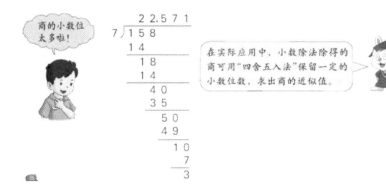

图 3-17　冀教版 2014 年五年级上册第 32 页用四舍五入法求商的近似数例题

思考

从上面这些图中你看到了哪些不一样的地方?它们各自有什么特点?

2.呈现方式

①例题图标。观察上面的例题,可以发现五种教材中的例题都有明显的图标,这有助于老师和学生在阅读教材中区分每一个例题。北师版教材中的例题图标是绿色小圆点,没有采用大多数教材所采用的用数据标识加以区分;苏教版教材中的例题图标是非常可爱的小鸡的形式,并且在小鸡的身体上标上数据表示例几;西师版教材中例题的图标是小辣椒的形式,在小辣椒上面也标上数据表示例几,小辣椒的标记很有当地特色;青岛版的教材中例题的图标是一扇打开的窗户的形式,在窗户上面也标上数据表示例几,这寄予了编写者的美好愿望,象征着为学生打开了一扇了解大千世界的窗户;冀教版教材中例题的图标是草莓的形式,在草莓上面也标上数据表示例几。从这里我们可以发现苏教版、西师版、青岛版和冀教版教材,在图标中都标记有数据,使老师和学生能够一说就明白在教学哪个例题,但北师版

教材例题图标没有编上数据,这可能需要师生在沟通中借助具体的题目加以说明。

> **思考**
>
> 通过以上分析,你更喜欢哪种版本教材中例题图标的呈现方式呢?如果请你也设计一个,你会怎样设计呢?

②例题内容。知道了例题图标的呈现方式,那么例题素材的呈现方式又是怎样的?在这里借鉴魏佳等人的方式将教材中数学文化的呈现方式分为"文字、文字为主、图片为主、连环画",其中"文字"呈现方式,是指只采用文字的方式介绍教材中的数学知识;"文字为主"呈现方式,是指采用文字为主要的呈现方式,可以有少量的图片,文字是主要的,图片是次要的;"图片为主"呈现方式,是指用图片作为主要的呈现方式,通过图片学习数学知识,辅以少量文字;"连环画"呈现方式,是指通过图片来讲述一个完整的故事。

根据这个分类,对照五种教材中素材的呈现方式,五种教材中有以文字为主的,也有以图片为主的,苏教版和西师版则两者都有,但是五种教材中都没有出现纯粹文字和连环画呈现的方式,具体见表3-8。

表3-8 五种教材中例题素材的呈现方式

教材版本	呈现方式
北师版	文字为主
苏教版	文字为主
西师版	例1、例2文字为主;例3图片为主
青岛版	图片为主
冀教版	文字为主

③例题情境。情境图不仅为学生的数学学习创设了情境,帮助学生沟通数学与生活的联系,而且为学生发现问题和提出问题提供了素材,五种教材中情境编排又是怎样的呢?具体见表3-9。

表3-9 五种教材例题情境内容情况

教材版本	编号	具体情境	情境归类	情境方式
北师版	1	人民币与各种外币的兑换	数学与经济生活	文字叙述＋计算器图片
苏教版	2	动物在水中的最高游速	数学与生命科学	表格形式
西师版	3	学生平均步长	数学与日常生活	测量场景＋学生自述
	4	每箱饮料重量	数学与日常生活	饮料图片＋学生自述
	5	评选节油标兵	数学与劳动生产	汽车图片＋对话式文本
青岛版	6	购买腊肉	数学与日常生活	土特产图片＋对话式文本
冀教版	7	慰问抗洪中受伤的解放军	数学与社会服务	慰问场景＋文字叙述

除"动物在水中的最高游速"属于数学与生命科学类外,其他的情境从宽泛的角度来说,都可以归类为数学与现实生活的联系。鲍建生(2002)根据学生与现实生活的接近程度,将现实生活分为个人和公共的:个人的指每个学生都能接触到的,如个人、家庭和学校生活;公共的指不是全部学生都能接触到的,如运动、公共、社区、社会和职业的。根据鲍建生的分类方法,我们可以把表3-9中编号3、4、5、6、7归为个人的,编号1归为公共的,且编号7的素材又体现了拥军、爱军的思想,落实立德树人理念。从中我们也发现个人生活的含量远远超过了公共生活的含量,说明教材编写者在编写教材时,注重学生与现实生活的联系,关注学生能轻易接触到的实际生活。对于公共的内容,虽然学生年纪尚小,他们的生活圈子还无法接触到这些方面,但是这些情境是学生能够理解的,这也体现了教材编写者千方百计利用丰富的情境素材吸引学生学习,让学生在数学学习中了解生活、了解自然,开阔眼界。

再从情境方式看,对话式文本有2个情境,占总数的28.6%,有4个情境中有人物叙述的内容,占总数的57.1%,在实际教学中,利用人物自述或者对话,更加符合学生思考并理解这些情境,特别是"对话式文本",为学生分析问题和解决问题提示了基本的思考路径。有6个情境中呈现的方式是两种内容叠加的,通过文字配合相应图片,占了总数的85.7%,图文结合显得更加生动,使得教材可读性更强,符合学生年龄特点,也有助于学生对题意的理解。

3. 例题教学

①北师版教材呈现了中国银行2012年10月中某一天的汇率:1美元兑换人民币6.31元,1欧元兑换人民币8.19元,1元港币兑换人民币0.81元,1元新币兑换人民币5.11元,100日元兑换人民币7.89元,100泰铢兑换人民币20.32元。根据汇率牌价,要解决两个问题,第一个问题是"妈妈用600元人民币可兑换多少美元?",教材呈现了用计算器计算的结果,并通过智慧老人的话语告知对于这样的结果通常用四舍五入法保留两位小数,并给出算式600÷6.31≈95.09(美元);第二个问题是"5000元人民币能换多少港币?欧元呢?新币呢?",教材只给出求港币的算式,5000÷0.81≈6172.84(元港币),计算同样借助计算器,而欧元和新币的算式并没有出现,在这里也是给教学留白,把是否解决后面两个问题的自主权交给老师和学生,但是编写者的意图很明确,就是通过一个钱币兑换的主题串联起用四舍五入法求商的近似数的教学,学生不需要通过摆竖式求商,而是用计算器计算出结果,再保留两位小数。

②苏教版教材用表格呈现"海狮、海豚和飞鱼在水中游泳每小时的速度分别是40千米/小时、50千米/小时和64千米/小时,问题是"海狮的最高游速大约是多少千米/分?",并标明得数保留两位小数。教材中出现了竖式,但竖式并不完整,只是除到小数点后面第一位,然后通过玉米卡通人物的提醒,让学生思考,保留两位小数,应该除到商的哪一位,留给学生自主思考、解决问题的空间。

③西师版教材的第一个例题是"我8步共走了2.97米,平均每步长大约是多少米?",教材呈现了竖式计算一直除到小数点后面第五位,给人的感觉就是学生想计算出准确结果所以一直在计算,再用两个学生的对话引出四舍五入法取近似数,学生感悟到每步的长度不需要精确计算,保留到厘米就可以了,因此另一个学生很自然就说那就将结果用四舍五入法保留两位小数。第二个例题是"7箱饮料重53千克,平均每箱饮料大约重多少千克",这题明确

提出要求得数保留一位小数,教材呈现竖式计算,除到小数点后面第二位,然后让学生思考"保留一位小数,要除到哪一位?"。第三个例题是"评选节油标兵"。已知王师傅 7 天节油 22.3 升,张师傅 11 天节油 34 升,李师傅每天节油 3.16 升,教材出示两个竖式,在求张师傅每天节油量时,竖式中除到小数点后面第一位,显示的是 3.0,然后一个女生旁白"我算到这里就不算了,因为……"。在求王师傅每天的节油量时,教材呈现的竖式除到了小数点后面第二位,是 3.18,再配上一个男生旁白"我要算到两位小数,因为……",这题没有给出任何保留几位小数的要求,而两个学生在解决问题中一个说除到一位小数就可以不算了,一个说要算到两位小数,这留给学生很多的思考,为什么解决同一个问题,两个学生会有两种不同的处理方法? 正因为有了这样的疑惑,促使学生进一步去探究,然后慢慢发现,因为李师傅每天节油 3.16 升,当计算结果出现 3.0 时就可以知道张师傅每天的节油量一定比李师傅少,就不是节油标兵,因此没有必要再计算下去,在计算王师傅每天的节油量时,发现十分位上的数是 1,与李师傅每天节油量 3.16 十分位上的数相同,还无法比较出结果,因此一定要算到两位小数,而当计算结果出现 3.18 时就发现这个数据比 3.16 大,就能确定王师傅就是节油标兵了。这道题目看似在求商的近似数,但却是一道开放的、思维含量比较高的题目,在解决问题的过程中,不仅要根据信息思考到底要除到小数点后面哪位,同时又要进行小数的大小比较,在综合判断思考后确定两个算式不同的保留位数,更加凸显根据实际情况对结果进行合理处理的灵活性的要求。

④苏教版教材只呈现"一盒腊肉有 8 块,花了 97 元",让学生自主提出问题,再出示"平均每块腊肉多少钱?",没有要求保留几位小数,教材也呈现竖式,计算到小数点后面第三位是 12.125,然后留给学生思考的大空间,学生可以保留整数、一位小数或两位小数,这样就把每块腊肉的单价精确到元、角或分。

⑤冀教版教材只编排一个例题:"育红小学五(1)班的全体同学决定去慰问在'抗洪'中受伤的 7 位解放军叔叔。他们把节省下来的零花钱凑在一起,买了 158 元的水果分装在果篮里。平均每个果篮里有多少钱的水果?"题中没有要求保留几位小数,教材也呈现笔算竖式,除到小数点后面第三位是 22.571,再根据这个结果写商的近似数,可以保留整数、一位小数和两位小数,这也是一道开放性的习题。

通过上面的梳理我们可以发现以下特点。

一是更多的教材编写者认为在用四舍五入法求商的近似数时需要笔算,如苏教版、西师版、青岛版和冀教版都使用竖式计算进行编排,只有北师版用了计算器来计算结果,这可能跟它的素材有关,因为钱币兑换中的数据比较大,计算起来比较复杂,对学生有一定挑战性,所以北师版教材把重点落在用四舍五入法对商的结果进行处理上,而并非是计算。

二是北师版、青岛版和冀教版在问题解决中都没有直接说明得数要保留几位小数,西师版三个例题中有两个例题没有说明得数保留几位小数,教材编写者在编写中设置了更多开放性空间,这样的空间给了学生自主探究的机会,也引发了学生的思考,并借助信息提示和学法指导让学生感悟到需要根据实际情境对商用四舍五入法保留一定的位数。这样的例题教学编排,相较于一般的"教"和"学"而言,更加体现教材编写者想要表达的思想,也就是在教学中要更加重视"引"和"思"这两个关键词,表明教学双方在教学活动中所要从事的主要活动,也很好地体现了数学教学活动的特殊性,也就是数学教学的目标是促进学生思维的发展,帮助学生通过数学学习学会如何思考。

三是北师版、青岛版和冀教版教材都采用了钱币方面的信息,北师版用的是钱币兑换的素材,青岛版和冀教版采用的都是计算物品购买中的单价。同样关于钱币的素材,北师版明确提出结果保留两位小数,但是在青岛版和冀教版中没有做规定,这难道是北师版教材编写不合理吗?其实并不是。虽说这三套教材都是关于钱币的素材,但是北师版的是人民币与外币兑换的素材,在钱币兑换中,兑换的结果一般是保留两位小数的,这与实际生活是紧密联系的,考虑到人民币的最小单位是分。而青岛版和冀教版教材中对单价不具体要求保留几位小数,也是和生活紧密联系的,因为在日常生活中,物品的单价可以分别用元、角、分做单位,因此对于求单价这同一个问题,可以有三种保留法,这样的处理更加突显只要除到比保留的位数多一位,就能对商用四舍五入法保留相应的位数,取得它的近似值。

思考

每种教材中会有哪些问题解决的信息提示?具体又是借助怎样的载体提示的呢?

4.提示信息

本节中的问题提示主要是针对五种教材中用四舍五入法求商的近似数的内容,这些教材中是否都有相应的内容介绍?在学习方法上又给予学生哪些提示呢?具体见表 3-10。

表 3-10　五种教材例题情境内容情况

教材版本	提示载体	提示内容	总结内容
北师版	智慧老人	通常用四舍五入法保留两位小数。	无
苏教版	玉米卡通人物	得数要保留两位小数,应该除到商的哪一位?为什么?	求商的近似值,一般先算出比需要保留的小数位数多一位的商,再按照"四舍五入"法写出结果。
西师版	两个学生对话	生1:每步的长度不需要非常精确,保留到厘米就行了。 生2:那就将结果用"四舍五入"法保留两位小数。	无
	一个学生自言自语	保留一位小数,要除到哪一位?	
	三个学生对话	生1:要评选"节油标兵",还需算出王师傅和张师傅每天各节油多少升。 生2:我算到这里就不算了,因为…… 生3:我要算到两位小数,因为……	

续　表

教材版本	提示载体	提示内容	总结内容
青岛版	小问号	你能提出什么问题？	计算钱数,通常保留两位小数或一位小数,表示精确到分或角,一般情况下,用"四舍五入法"求出商的近似数。
冀教版	男生和兔博士对话	生:商的小数位太多啦! 兔博士:在实际应用中,小数除法除得的商可用"四舍五入法"保留一定的小数位数,求出商的近似数。	求小数除法的商的近似值时,一般先除到比需要保留的小数位多一位,再按照"四舍五入法"取商的近似值。

从表 3-10 中,我们可以知道北师版、苏教版、西师版和冀教版分别创设童话人物或学生,通过对话、独白的方式给出提示内容,提示的内容有直接给学法指导的,如北师版中智慧老人的话语、冀教版中兔博士的话语;提示内容有采用问题的形式,帮助学生思考的,如苏教版中玉米博士的话语,西师版中一个学生的自言自语;也有借助学生的对话,提示问题解决路径引导学生思考,并根据实际情境保留一定小数位数的,如西师版的两个学生对话和三个学生对话;青岛版的提示信息严格意义上来说算不上提示信息,它是五种教材中唯一只告诉信息而没有给出问题的,因此它是借助小问号引导学生思考能提出什么问题。再看总结内容,苏教版、青岛版和冀教版都在教材中给出了完整的总结性内容,苏教版和冀教版,除个别用词有所差异,表达的意思基本一致;青岛版教材根据例题中求腊肉单价的情境进行总结,最后也点明一般情况下,用"四舍五入法"求出商的近似数。

总之,五种教材在例题编排中都注重精选内容,促进学生有效学习,比较重视学生的学习方式,给教师教学提供参考路径,同时重视学生自主探究问题,经历知识的获得、方法的习得过程,使学生实现"现实题材—数学问题—数学模型—数学知识与方法"的学习过程,养成从数学角度思考日常事务的兴趣与习惯。

3.2.3　进一法和去尾法内容编排比较

> **思考**
>
> 在五种教材中,只有苏教版和西师版教材中编排了进一法和去尾法的例题教学,另外三种教材都没有编排例题教学,你觉得在练习中会有编排吗?

鉴于五种教材中有三种教材没有编排用进一法和去尾法解决问题,在本节的梳理中,把例题和练习合在一起进行分析,具体见表 3-11。

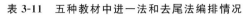

表 3-11 五种教材中进一法和去尾法编排情况

教材版本	题　目	方法	呈现形式	例题	练习
北师版	1.淘气的妈妈要将 2.6 kg 油分装在一些玻璃瓶里,如果都装在小瓶里,至少需要准备几个小瓶? 要是装在大瓶里呢? (小瓶:每瓶 0.4 kg　大瓶:每瓶 0.65 kg)	进一法	图文结合		√
	2.做一套童装需 2.2m 布,30m 布可做多少套这样的童装?	去尾法	文字		√
	3.每个油桶最多可装 4.5 kg 油,装 10 kg 油至少需要几个这样的油桶?	进一法	文字		√
苏教版	1.足球 45 元/个,300 元最多可以买多少个足球?	去尾法	图文结合	√	
	2.每个油壶可以装 3 千克油,装 40 千克油需要多少个油壶?	进一法	文字		√
	3.每套衣服用布 2.2 米,30 米布可以做多少套这样的衣服?	去尾法	文字		√
	4.张大伯家今年一共收获 13.6 吨橘子,用一辆载重 4 吨的卡车来运,至少几次才能运完?	进一法	文字		√
	5.一副羽毛球拍 45 元,李老师带了 400 元,最多可以买多少副羽毛球拍?	去尾法	文字		√
	6.一种奶油蛋糕做 1 个要用 7.5 克奶油。50 克奶油最多可以做多少个这种蛋糕?	去尾法	文字		√
	7.幼儿园买 50 个奶油蛋糕,每 8 个装一盒,至少要用多少个包装盒?	进一法	文字		√
西师版	1.每套童装用布 2.2 米。我买 33 米布,可以做多少套童装?	去尾法	图文结合		√
	2.有 3430 箱货物,每辆车装 125 箱,要装多少辆车?	进一法	图文结合	√	
	3.妈妈买了 10kg 猪肉,要把这些猪肉切割成许多小块装在保鲜袋里放入冰箱。每个保鲜袋最多能装 0.7kg,妈妈至少要准备多少个保鲜袋?	进一法	文字		√
	4.王师傅把 80kg 油分装到油桶里,每个油桶最多能装 4.5kg,王师傅至少要准备多少个油桶?	进一法	文字		√
	5.有 600 张白纸,每 48 张纸订 1 本练习本。可以订多少本练习本?	去尾法	图文结合		√
	6.用一根 64m 长的绳子做跳绳,每根跳绳长 1.8 米。一共可以剪多少根跳绳?	去尾法	图文结合		√

教材版本	题　　目	方法	呈现形式	例题	练习
青岛版	1.糕点房要用 10 千克五仁馅制作一批五仁月饼,做一个月饼要 0.05 千克五仁馅,糕点房最多可以做多少个这样的月饼?	去尾法	图文结合		√
	2.如果制作的这批月饼每 8 个装一盒,那么要准备多少个盒子?	进一法	图文结合		√
	3.话梅每袋 2.4 元,用 10 元钱最多可以买几袋话梅?	去尾法	文字+表格		√
冀教版	1.做一套成人服装用布 2.6 米,用 150 米布可以做多少套成人服装?	去尾法	文字		√
	2.一个油桶最多能装 2.5 千克油,要装 36 千克油,至少需要这种油桶多少个?	进一法	文字		√
	3.有一块 12 平方米的墙面,用边长为 0.3m 的瓷砖去铺,需要多少块瓷砖?	进一法	图文结合		√
	4.一批布有 270 米,每套西装用布 4 米,这批布最多可以做多少套西服?	去尾法	图文结合		√
	5.葡萄酒每箱装 12 瓶,有 245 瓶葡萄酒,装这些葡萄酒共需要多少个纸箱?	进一法	图文结合		√
	6.有一块面积为 940 平方米的铁板,加工一只油桶需要 4.5 平方米的铁板,这张铁板可加工多少只油桶?	去尾法	图文结合		√

观察表 3-11,我们可以发现一些特点。

①从教材编排看,五套教材中都安排有进一法和去尾法的内容,但是只有苏教版和西师版各编排了一道例题教学,北师版、青岛版和冀教版都没有在例题中教学用进一法和去尾法解决问题,但是在练习中都有编排。

②从题目数量看,苏教版和西师版教材比较重视用进一法和去尾法解决问题,苏教版不仅编排了一道例题教学,还配上了六道相关练习,西师版也编排了一道例题教学,还配上了五道相关练习,有意思的是其中一道用去尾法解决的问题,编排在用四舍五入法求商的近似数练习中,当时还没有进行例题教学。在例题教学中没有安排的三个版本中,冀教版的练习编排了六道,北师版和青岛版各编排了三道题。

③从采用方法上看,北师版的 3 道题目中 2 道采用进一法,1 道采用去尾法;苏教版编排的 7 道题目中,3 道采用进一法,4 道采用去尾法;在西师版编排的 6 道题目中,有 3 道采用进一法,3 道采用去尾法,两种方法编排题量相等;在青岛版编排的 3 道题目中,有 1 道采用进一法,有 2 道采用去尾法;在冀教版编排的 6 道习题中,进一法和去尾法也是各占 3 道。由此发现,各套教材编排的进一法和去尾法内容都有,并且每套教材中两种方法的题量也比较接近,如果把 5 套教材中的进一法和去尾法进行分别合计,会发现在全部的 25 道题目中,进一法有 12 道,去尾法有 13 道。

④从情境素材看,最多出现的情境是把油装进桶里或者瓶子里,这类题目有 5 道;用布料做衣服的情境也有 5 道题,5 种教材中除青岛版没有出现做衣服的素材外,其他四套教材中都有做衣服的情境,并且冀教版教材还前后出现两次。此外,关于包装的情境有 4 题,如有需要几个包装盒的,准备几个包装袋的,准备几个盒子的,这些葡萄酒共需要多少个纸箱的;还有就是购物情境中最多买几个,这类题目一共有 3 道题,比如最多买几个球、买几副羽毛球拍、买几袋话梅;关于车载货物的情境,如几次运完,要装几辆车的情境出现 2 题;关于做甜点的情境有 2 道,如可以做几个月饼,可以做几个蛋糕;还有 4 个情境的题目各一道,如可以订几本练习本,可以做几根跳绳,需要几块地砖,铁板可加工多少只油桶。从这里发现,用进一法和去尾法解决的问题全部来自生活实际,并且跟学生的生活经验比较接近,学生更加容易接受和理解。

⑤从"最多""至少"等关键词看,有 7 道用进一法解决的问题中出现了"至少"这个词语,在用去尾法解决的问题中有 6 道出现了"最多"这个词语,另有 12 道题目中没有出现"最多""至少"等词语,在这 12 道题中,有 5 道题目是用进一法解决的,问题分别是"装 40 千克油需要多少个油壶?""要装多少辆车?""那么要准备多少个盒子?""需要多少块瓷砖?""装这些葡萄酒共需要多少个纸箱?"。在这些问题中虽然没有出现"至少",但是学生能理解,如果要把全部的物品装进油壶、盒子,或者把货物装车拉走,在最后不管剩下多少都需要再加一个容器或者车辆,自然就用到进一法。同样道理,在现实生活中,遇到铺地砖的问题,一定是要多准备瓷砖,这样才能确保把地面都铺好。在 7 道没有出现"最多"这个词语的去尾法题目中,问题分别是"30 米布可做多少套这样的童装?""30 米布可以做多少套这样的衣服?""可以做多少套童装?""用 150 米布可以做多少套成人服装?""可以订多少本练习本?""一共可以剪多少根跳绳?""这张铁板可加工多少只油桶?"。这些问题其实都是对物品进行加工产生新的物品,那么学生自然也是能够理解当最后剩下的材料不足以再做一个完整的物品时,不管有多少都要舍去,因此题目中不出现"最多"这个关键词也是无妨的。

此外,在素材呈现的时候,有 12 个题目采用图文结合的方式呈现题目,有 12 个题目直接用文字呈现。在这些教材中,只有青岛版的教材问题情境是连贯的,其中第一题是求最多可以做几个月饼,第二题紧接着就是把这些月饼装进盒子里,需要准备几个盒子,这样在一个情境统一下的两个问题,一个用去尾法解决问题,一个用进一法解决问题,有利于学生比较与思辨,并且青岛版的第三道习题也很有意思,它不是一个单独的小题目,而是在一道综合题中的一个问题,具体见图 3-18。我们发现题目中采用表格的形式给出了 8 种食品的单价,配上 5 个问题,每个问题要根据实际情况采用不同方法解答,如第 2、3、4 题都是小数四则混合运算题,最后一题更加开放,学生可以根据自己的理解提出各种问题。这样综合性的题目,更加考验学生解决问题的能力,它也是这五套教材中唯一把进一法或去尾法解决的问题放在一个综合题中的教材。

2.下面是利民超市部分食品价格表。

食品名称	单价(元/袋)
话梅	2.40
花生	1.90
怪味豆	4.50
巧克力	10.50

食品名称	单价(元/袋)
水果糖	17.50
奶糖	19.80
花生糖	12.80
芝麻糖	13.20

(1)有 10 元钱,最多可以买多少袋话梅?

(2)用 20 元钱买 4 袋怪味豆,应找回多少元钱?

(3)买 0.75 千克奶糖和 1 袋巧克力,一共要花多少钱?

(4)有 20 元钱,买 0.6 千克水果糖,剩下的钱能买几袋花生?

(5)你还能提出什么问题?

图 3-18 青岛版 2014 年五年级上册第 46 页中的习题

3.2.4 用四舍五入法求商的近似数习题比较

我们知道课本习题具有一定的代表性,在课本练习题的教学中,教师若能根据题目特点,挖掘其丰富的内涵,多给学生创设思维活动空间,引导学生进行适当的观察、比较、猜测、引伸、拓宽等思维训练,不仅能把已学知识点串成线,连成网,有效沟通知识面,使学生解一题明一路,提高学习效率,而且还有助于发展学生思维的广阔性,培养学生思维的深刻性、敏捷性和创造性,使学生形成良好的思维品质。本章节研究的五种教材,其内容编排都是参考 2011 年版的课标,那么它们在用四舍五入法求商的近似数的习题编排上分别是怎样的? 又会有什么异同呢?

(1)例题后的配套练习。

为帮助学生更好巩固新学知识,在例题教学后,各套版本有没有安排对应的试一试或练一练类的内容,具体又是怎样的?

①北师版教材,根据例题教学中人民币与各种外币兑换的素材,在例题教学后编排了试一试的内容,题目是"学校科技小组去日本参加活动,为学校图书室购买少儿读物,老师到银行把 5000 元人民币兑换成日元,能兑换多少日元?"。这里的试一试可以说与例题是一个完整的整体,不仅情境相同,而且人民币与各种外币的汇率这个信息也是共用的,并且计算方法也是一致的,要求学生用计算器计算,可以说这样的练一练编排与例题一脉相承,练习的指向性非常明确。

②苏教版教材在例题后面编排了练一练,在例题中介绍了海狮、海豚和飞鱼每小时游泳的速度,例题中只求了海狮的速度,得数要求保留两位小数,于是在试一试中就要求计算"海豚和飞鱼的最高游速大约各是多少千米/分?",得数也是保留两位小数。这样的编排跟北师版一致,两者都是在同一情境下共用信息,去解决不同的问题。

③西师版教学没有安排配套的练一练内容,但是紧跟着就编排了一个练习十三。

④青岛版教材也没有安排配套的练一练内容,在学完用四舍五入法求商的近似数后,接

着学习循环小数,然后再安排自主练习。

⑤冀教版教材在例题后面编排的练一练内容也不是新的题目或新的情境,而是根据例题教学中把结果除到小数点后面第四位,在试一试题目中就要求根据计算结果写出商的近似数,有保留一位小数的、两位小数的和整数的。

由此我们可以发现,在例题后面有编排试一试内容的北师版、苏教版和冀教版教材中,教材编写者虽然使用的情境材料不同,数据不同,但是理念却出奇地一致,试一试的内容与例题紧密相关,是同一个题目的延续,这样的编排能更好地培养学生分析问题和解决问题的能力,提高学生的应用意识。

思考

五种教材在用四舍五入法求商的近似数中,是否也像人教版教材一样编排有表格式的内容? 具体的题目又是怎样的?

(2)表格式计算题编排情况。

在教材的纵向对比中,我们知道了无论是哪个版本的人教版教材,都安排用四舍五入法求商的近似数,并且无论是题目还是保留要求都一模一样,这体现了人教版教材的传承性,那么这里的五种教材表格式计算题的编排情况又是怎样的? 具体见图 3-19、3-20、3-21 和 3-22。

9.用"四舍五入"法求出商的近似值。

	保留一位小数	保留两位小数	保留三位小数
$2.7 \div 1.1$			
$16 \div 23$			
$2.7 \div 0.46$			

图 3-19 苏教版 2013 年五年级上册第 74 页中的习题

4.用"四舍五入"法把商的近似值填入下表。

	保留整数	保留一位小数	保留两位小数
$18 \div 7$			
$63.8 \div 88$			

图 3-20 西师版 2013 年五年级上册第 58 页中的习题

2.用"四舍五入法"求出商的近似值,填入下表。

	保留两位小数	保留一位小数	保留整数
23÷7			
46.4÷13			
51.5÷29			
73÷1.8			

图 3-21 青岛版 2014 年五年级上册第 35 页中的习题

1.按照"四舍五入法"取商的近似值,并填在下表中。

	保留整数	保留一位小数	保留两位小数
89.2÷45			
4.7÷1.6			
2.04÷2.9			

图 3-22 冀教版 2014 年五年级上册第 33 页中的习题

通过梳理发现苏教版、西师版、青岛版和冀教版教材都编排了表格式的内容,但是北师版教材没有编排。在上一章节人教版教材介绍中,我们知道人教版教材也有这类表格式的题目,为什么这么多版本教材的编写者都青睐这类题型呢? 细细分析,这样对比式的取近似数的方式,一方面让学生能更容易理解在用四舍五入法求商的近似值时,只要除到比保留的数位多一位就可以了;另一方面也便于教师在教学中进行比较,也就是同样的题目,根据不同的保留要求,得到不同的近似值,当保留的数位越多,精确度越高,与实际的商越接近。

①从近似数取值的要求看,西师版、青岛版和冀教版教材对商的近似数取值都是要求分别保留整数、一位小数和两位小数,而苏教版教材则要求分别保留一位小数、两位小数和三位小数,可见苏教版教材对小数除法的计算要求相对高些。

②从编排的题量看,苏教版编排了三题,其中两题都是小数除以小数,一题是整数除以整数;西师版只编了两题,分别是整数除以整数和整数除以小数;青岛版编排了四题,小数除以小数、小数除以整数、整数除以整数、整数除以小数的类型各一题,题型非常平均;冀教版编排了三题,小数除以小数有两题,小数除以整数的有一题。从这里可以发现,在小数除以小数、小数除以整数、整数除以整数、整数除以小数这四种题型中,四种教材比较集中的题型分别是小数除以小数、整数除以整数、小数除以整数,而整数除以小数的只在青岛版教材中出现。

③从题目具体数量看,四种教材一共出现了 12 道题目,但是有意思的是这 12 道题中没有相同的两道题,与人教版教材对照,也没有任何相同的题目。可见各版本教材的编写者都带着自己独特的理解编写这样的计算题,虽然数不同,但是目的都是让学生巩固用四舍五入法求商的近似数。

> **思考**
>
> 在五种教材中,你觉得练习题的数量是接近的还是会相差比较大? 如果是差异比较大,那么哪套教材编排的数量会是最多的呢?

（3）其他习题编排情况。

在前文刚刚比较了表格式的习题,因此在这里的习题比较,是对除表格式题目以外的习题进行比较。

①习题总量。具体见表 3-12。

表 3-12　用四舍五入法求商的近似数习题分布情况

版本	类　型	道数	保留整数	保留一位小数	保留两位小数
北师版	笔　算	0	0	0	0
	解决问题	3	0	0	3
	合　计	3			
苏教版	笔　算	0	0	0	0
	解决问题	6	2	2	2
	合　计	6			
西师版	笔　算	21	0	9	12
	解决问题	8	4	0	4
	合　计	29			
青岛版	笔　算	9	0	9	0
	解决问题	3	2	1	0
	合　计	12			
冀教版	笔　算	0	0	0	0
	解决问题	4	0	0	4
	合　计	4			

观察表 3-12,我们可以发现一些特点。

一是从习题类型看,北师版、苏教版和冀教版教材都只编写了一种解决问题的题型,而西师版和青岛版则解决问题和计算两种题型都有。

二是从数量上看,北师版编排了 3 道,冀教版编了 4 道,苏教版编排了 6 道,青岛版编排了 12 道,西师版最多一共编排了 29 道,题目的总量是另外四种教材题量之和,可见西师版的教材对于用四舍五入法求商的近似数练习内容安排的还是比较多的,在西师版的计算题中,有 9 道题要求用计算器计算,学生只要根据计算器计算的结果,取相应的近似值。

三是从保留的位数看,五种教材中都没有要求保留三位小数,确实保留三位小数对学生的计算要求比较高,因此五种教材都没有提这样的要求,苏教版对保留的要求很平均,在全部6道题中,保留整数、一位小数和两位小数各占两题。

四是从特色习题看,苏教版教材安排了一道动手实践类题目,具体见图3-23,题目是这样的:找几本大小不同的书,测量每本书封面的长和宽(精确到毫米),并用计算器算出长除以宽的商(得数保留两位小数),将数据填入下表,并要求观察表中的数据。如果粗粗看一下,可能一下子不理解教材编写者的目的,用长除以宽得到一个结果有什么用?毕竟学生还没有学习比,哪怕把长和宽的结果看作一个比值学生也不能理解。那么这样编排的目的究竟是什么?要解决这个问题,学生首先要动手测量,也就是进行操作,并在操作过程中懂得如何研究数学。学生在测量并计算后会发现,长除以宽的结果大约都是1.41,于是他们不禁产生疑问,这是为什么?这时老师可以介绍书本的用纸方法,也就是将纸张对切时,就把原长方形剖成两个小长方形,这样得到的小长方形纸叫"对开",将"对开"的纸再一切为二,得到"4开"的纸,再对切得到"8开"的纸……人们希望各种书本的纸张大小不一样,但是形状相似,这样,就要求一张纸对切之后所得的小长方形与原长方形相似,所以长除以宽的结果是 $\sqrt{2}$,当然学生没必要知道 $\sqrt{2}$,了解了大概是1.4就可以了。这让学生了解了书本用纸的方法,在提高数学能力的同时增长了见识,体会到数学与生活的紧密联系,这就是教材编写者想让学生感受的在数学学习中,思考、发现、探究的重要性。

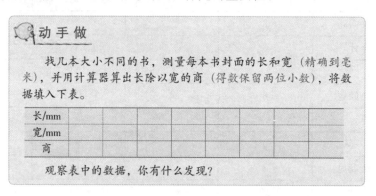

图3-23 苏教版2013年五年级上册第75页中的动手做内容

思考

五种教材都编排了解决问题的习题,你觉得内容情境各自会有什么特点?

②解决问题习题编排情况。

在小学数学教材中,很多计算教学常见的模式就是首先出示一个有故事情境的问题,这些故事情境是学生熟悉的生活情境,学生在解决问题的过程中,先对文字表述的情境性问题进行理解,并根据相等关系列出算式,这个过程其实是完成了从"情境到算式"的学习活动,这样的思考过程可以理解为"为问题找答案",如果把情境看作现实世界中的问题,把算式看作数学中的抽象模型,这样就让现实世界的具体问题与数学抽象的模型相互作用、互为因果关系。那么五种教材中这样的问题解决情境又是怎样的?具体见表3-13。

表 3-13　用四舍五入法求商的近似数解决问题习题编排情况

教材版本	序号	题目
北师版	1	2.淘气的爸爸要去法国学习一段时间,他带了 6000 元人民币去银行兑换欧元,能兑换多少欧元?
	2	1. 飞鱼 3 小时游 196 km。　章鱼 5 小时游 131 km。　鲨鱼 6 小时游 241 km。 算一算,它们的速度分别是每小时多少千米? 哪些是循环小数?(结果保留两位小数)
	3	4.猎豹是动物中的短跑冠军,速度可以达到 100 千米/时。照这样的速度,它平均每分钟能奔跑多少千米?(结果保留两位小数)
苏教版	4	10. 我买 6 个苹果用去 4.6 元。　我买 7 个橙子用去 5.8 元。 平均每个苹果多少元? 每个橙子呢?(得数保留两位小数)
	5	11.下面是五年级一班第一小组男生的身高纪录,求出他们的平均身高。(得数保留两位小数) | 姓名	王磊	方小军	陈冬明	刘林	黄星亮
身高/m	1.47	1.36	1.44	1.49	1.38	
	6	15.一种电动汽车每行驶 8.5 千米耗电 1 千瓦·时,行驶 100 千米大约耗电多少千瓦·时?(得数保留整数)
	7	16.地球上四大洋的面积如下表: 	名称	太平洋	大西洋	印度洋	北冰洋
面积/万平方千米	18134	9431	7412	1310	 (1)用计算器计算,太平洋的面积大约是北冰洋的多少倍?(得数保留一位小数) (2)你还能提出哪些用除法计算的问题?
	8	5.人的嗅觉细胞大约有 0.048 亿个,狗的嗅觉细胞大约是人的 45 倍。狗的嗅觉细胞大约有多少亿个?(得数保留一位小数)
	9	7.小明家七月份用水 12.4 吨,八月份用水 13.6 吨,九月份用水 11.7 吨。他家这三个月平均每月用水多少吨?(先估计得数在什么范围内,再计算,得数保留整数)

教材版本	序号	题 目
西师版	10	2.平均每分大约打多少个字？（复数保留整数）
	11	6.李阿姨乘飞机从乌鲁木齐到北京用了 3.8 小时，飞机平均每小时大约飞行多少千米？（得数保留整数）
	12	7.每盒学具的成本大约是多少元？
	13	8.2010 年 8 月 17 日，崭新的北川中学建成了，占地 15 万 m^3，原来的北川中学只有 8.7 万 m^3。新北川中学占地面积大约是原北川中学的多少倍？（得数保留两位小数）
	14	7.一列火车 7.2 时行了 610km，平均每时大约行多少千米？（得数保留两位小数）
	15	9.有一面大号联合国旗帜的面积是 216dm^2，如果每 0.65dm^2 重 1g，这面联合国旗帜大约重多少克？（得数保留整数）
	16	7.平均每年上调多少元？（得数保留两位小数）
	17	随着秦岭终南山隧道的建成，西安至柞水的通行里程由 146km 缩短为 64.7km，行车速度由原来的每时 45.5km 提高到每时 90km。行车时间比原来少用多少时？（得数保留整数）

教材版本	序号	题 目
青岛版	18	6. <table><tr><td>名称</td><td>速度（千米/时）</td><td>名称</td><td>速度（千米/时）</td></tr><tr><td>长须鲸</td><td>50</td><td>飞鱼</td><td>65</td></tr><tr><td>抹香鲸</td><td>22</td><td>鲨鱼</td><td>40</td></tr><tr><td>旗鱼</td><td>120</td><td>金乌贼</td><td>26</td></tr><tr><td>箭鱼</td><td>130</td><td>短蛸</td><td>15</td></tr></table> (1)箭鱼的速度约是鲨鱼的多少倍？（得数保留一位小数） (2)你还能提出什么问题？
	19	7.赵叔叔开车外出学习,往返路程为 285 千米,如果每升汽油可供车行驶 9.8 千米,往返一次大约需多少升汽油？（得数保留整数）
	20	8. <table><tr><td>中国银行人民币牌价</td><td>2012/08/15</td></tr><tr><td>1 美元兑换人民币</td><td>6.35 元</td></tr><tr><td>1 港元兑换人民币</td><td>0.82 元</td></tr><tr><td>1 欧元兑换人民币</td><td>7.83 元</td></tr><tr><td>1 日元兑换人民币</td><td>0.08 元</td></tr></table> (1)25 美元折合成人民币是多少元？ (2)800 元人民币大约能换多少港元？（得数保留整数） (3)你还能提出什么问题？
冀教版	21	3.用 15 吨甘蔗可以制成 1.9 吨蔗糖。 (1)平均每吨甘蔗能制成多少吨蔗糖？（得数保留两位小数） (2)制一吨蔗糖需要多少吨甘蔗（得数保留两位小数）
	22	3.一个养蚕专业户养春蚕 21 张,一共产茧 1240 千克。平均每张春蚕产茧多少千克？（得数保留两位小数）
	23	4.平均每箱收集蜂蜜多少千克？（得数保留两位小数） 36个蜂箱共收集 73.6千克蜂蜜
	24	(3)一列火车从甲地到乙地行驶了 305 千米,用了 4.5 小时。这列火车平均每小时行驶多少千米？（得数保留两位小数）

> **思考**
>
> 观察表 3-13,你会从哪些角度进行比较呢?

一是从数学问题形式看。天津师范大学唐娜老师 2020 年硕士学位论文《我国初中数学教科书中现实问题情境设置的比较研究——以现行十版教科书为例》,将"情境"解释为:教科书中呈现的帮助学生理解问题的文字或图片,是数学教科书中所呈现的问题的背景资料,是数学教科书中问题、任务、活动等发生场所的描述。Fan,Lianghuo 和 Yan Zhu(2000)基于问题情境的呈现形式,将数学问题分为纯数学问题(只包含数学表达式)、文字形式问题(完全由书面文字表示)、视觉形式问题(包含照片、图形、表格、框图等)、组合形式问题(包含上述两至三种不同形式的组合)四类。那么上面的 24 个情境,可以分为文字形式问题和组合形式问题两类,其中文字形式问题有 11 题,占总数的 45.8%,组合形式问题有 13 题,占总数的 54.2%,组合形式问题的数量超过文字形式问题的数量。这样的编排也符合学生的年龄特征,毕竟有表格、图片加入的图文结合式的问题情境,让问题的可读性更强,更能激发学生学习兴趣,能激发学生探究欲望,有利于帮助学生解决问题。再看具体的各种教材,北师版组合形式问题的数量占 33.3%,苏教版组合形式问题的数量占 50%,西师版组合形式问题的数量占 62,5%,青岛版组合形式问题的数量占 66.7%,冀教版组合形式问题的数量占 50%,由此可见,除北师版教材外,另外四种教材中组合形式问题的数量都超过了一半。

二是从插图功能看。根据插图在数学问题解决中的作用,Berends IE 等人将算术问题中的插图分为无作用插图、有帮助插图、必要插图三类。其中"无作用插图"不包含数学信息,并且也不添加文本问题以外的信息;"有帮助插图"包含数学信息,但这些数学信息已呈现在文本表述中;"必要插图"提供文本缺少的数学信息,对解决数学问题必不可少。那么对照表 3-13 中的 13 道组合形式问题,我们可以知道,第 15 题和 21 题的插图属于"无作用插图",其中第 15 题呈现的联合国旗帜以及第 21 题出现的甘蔗图和糖包图,仅仅是提供图片,没有包含任何文字数据信息;第 11 题呈现的飞机从乌鲁木齐到北京的飞行航线图其实是线段图的具体化表现,属于"有帮助插图",这样的插图安排帮助学生理解题意的情境,有助于帮助学生解决问题;第 2、4、5、7、10、12、16、18、20 和 23 题的插图属于"必要插图",因为这里的每一幅插图除了表现问题情境的具体场景外,都带有必不可少的文字信息,如果没有这些插图,那么问题将无法解决。在这 13 道有插图的题中看,"必要插图"占了 76.9%,"有帮助插图"占了 7.7%,"无作用插图"占了 15.4%。虽说"无作用插图"从信息提供的角度说对解决问题没有帮助,因为图片不提供任何文字信息,但是对于教材的美化以及提高教材的可读性以及学生的兴趣还是有一定帮助的。

三是从情境类型看。"情境"是指一个人在进行某种活动时所处的社会环境,数学情境是指学生在进行数学学习活动时所处的学习环境。乔纳森在《学习环境的理论基础》中认为:"情境是利用一个熟悉的参考物,帮助学习者将一个要探究的概念与熟悉的经验联系起来,引导他们利用这些经验来解释、说明、形成自己的科学知识。"从日常的数学教学来看,情境的表现形式有三种,一种是以语言文字表达的情境,一种是以数学符号语言表达的情境,还有一种是以图形语言表达的情境。在 PISA2012 和 PISA2021 中,依据情境距离学生生活的距离由近及远,将其划分为个人情境、职业情境、社会情境、科学情境四类,这种分类方式受到国内外众多研究者的认同。其中"个人情境"是指个体或小群体的活动的情境;"职业情境"是指现实生活中的工作情境;"社会情境"是指人类群体(无论当地、国家,还是全球范围内)的情境;"科学情境"是指自然界中的数学应用,以及与科学技术相关的情境。上述的 24 个情境类型汇总见表 3-14。

表 3-14　用四舍五入法求商的近似数解决问题习题情境类型情况

情境类型	教材版本及题号				
	北师版	苏教版	西师版	青岛版	冀教版
个人情境	1	4、5、9	10、11	19	无
职业情境	无	无	12、16	20	21、22、23
社会情境	无	6	13、14、15、17	无	24
科学情境	2、3	7、8	无	18	无

根据表 3-14 我们可以得到五种教材中不同情境类型的数量与占比,见表 3-15。

表 3-15　五种教材中不同情境类型的数量与占比

教材版本	个人情境		职业情境		社会情境		科学情境	
	数量/个	占比/%	数量/个	占比/%	数量/个	占比/%	数量/个	占比/%
北师版	1	33.3	0	0	0	0	2	66.7
苏教版	3	50	0	0	1	16.7	2	33.3
西师版	2	25	2	25	4	50	0	0
青岛版	1	33.3	1	33.3	0	0	1	33.3
冀教版	0	0	3	75	1	25	0	0

观察表 3-15,可见北师版教材只出现个人情境和科学情境,最高的是科学情境,达到66.7%;苏教版出现了个人情境、社会情境和科学情境,最高的是个人情境,占 50%;西师版出现了个人情境、职业情境和社会情境,其中社会情境最高,占 50%;青岛版出现了个人情境、职业情境和科学情境,三者出现的概率相等,都是 33.3%;冀教版出现了职业情境和社会情境,其中职业情境高达 75%,也是这五种教材中单一情境出现最高的版本,单一情境出现最低的是苏教版的社会情境,占 16.7%。显而易见,在五种教材中,没有一个版本出现四种情境,出现三个情境的是苏教版、西师版和青岛版,出现两个情境的是北师版和冀教版。除青岛版教材外,其余四种教材版本出现的百分率也有一定差距,在个人情境、职业情境、社会情境和科学情境中,个人情境选用的版本最多,北师版、苏教版、西师版和青岛版都采用了,而另外三个情境分别都是三种教材采用。

4 学生起点研究

现代建构主义理论指出:学生对数学的学习并不是由教师直接教给的,而是他们根据自己已有的数学经验或者认知结构去进行的积极、主动建构知识的过程。美国认知教育心理学家奥苏贝尔曾说过:如果我不得不将教育心理还原为一条原理的话,我将会说,影响学习最重要的一个因素是学生已经知道了什么,我们应当根据学生原有的知识状况进行教学。也就是说只有正确认识学生的认知起点,学生的数学学习才是适合他们的。当然在课堂教学中,老师们对教学起点的把握绝非静止的,它应该是动态的,教师只有找准学生学习的最近发展区,准确把握一节课中每一教学环节的起点,顺应学生发展的需要,促进学生已有知识与经验进行迁移,才能帮助学生真正实现知识的有效建构。

> **思考**
>
> 学生在学习商的近似数之前已经学习了哪些相关的内容? 他们的知识起点又有了哪些准备?

4.1 学生知识起点

学生在学习用四舍五入法求商的近似数之前,已经在哪些内容中学习了用四舍五入法取近似数? 在学习用进一法和去尾法之前,相关的内容学生有学习过吗? 用进一法和去尾法求商的近似数出现在商是小数的内容中,那么对于小数除法,学生又学习了哪些内容? 下面借助最新版人教版教材,对学生的知识起点进行梳理。

4.1.1 用四舍五入法取近似数

在上位数学知识研究中,我们曾罗列最新版人教版教材中近似数和估算例题教学内容,从中可以发现用四舍五入法求商的近似数,是小学阶段最后一个用四舍五入法取近似数的内容,在此之前学生学习了很多近似数与估算的内容,那么第一次用四舍五入法取近似数的内容是怎样的? 后续又有哪些相关的学习内容与练习安排呢?

1. 大数的近似数

在 2022 年人教版四年级上册第一单元"大数的认识"中,第一次教学用四舍五入法求一个数的近似数。例题素材采用生活情境,通过张阿姨查看手机显示的本月步数 182068,说"我这个月走了大约 18 万步",李阿姨手机显示的本月步数 218309,说"我这个月走了大约 22 万步",让学生思考"张阿姨说的 18 万步是怎么得出来的,李阿姨说的 22 万步又是怎么得出来的,并把"四舍"和"五入"的具体要求解释得清清楚楚,如图 4-1。

$182068 \approx 180000$ $218309 \approx 220000$

小于5，把它和右面的   大于5，向前一位进1，再把它
数全舍去，改写成0。   和右面的数全舍去，改写成0。

$182068 \approx 18$ 万 $218309 \approx 22$ 万

图 4-1　人教版 2022 年四年级上册第 13 页例题

紧接着就编排了做一做的题目：2018 年 8 月 5 日，中国科学科技馆接待参观者达 56023 人次，要求对 56023 这个数分别省略"百后面的尾数、千后面的尾数、万后面的尾数"求出近似数；在练习二中又根据我国第七次人口普查的数据，要求对上海市、山西省、浙江省、湖南省、广西省和云南省六个地区的人口数，省略万后面的尾数求近似数。具体见图 4-2 和 4-3。

✎ 做一做

2018 年 8 月 5 日，中国科学技术馆接待参观者达 56023 人次。

原数	要求	近似数
56023	省略百位后面的尾数	
	省略千位后面的尾数	
	省略万位后面的尾数	

图 4-2　人教版 2022 年四年级上册第 13 页中的做一做

❸ 下面是我国第七次人口普查部分地区的数据，求出各数的近似数（省略万位后面的尾数）。

地 区	人口数	人口数/万
上 海	24870895	
山 西	34915616	
浙 江	64567588	
湖 南	66444864	
广 西	50126804	
云 南	47209277	

你还想了解其他地区的人口数吗？请到互联网上查一查。

图 4-3　人教版 2022 年四年级上册第 14 页练习二中的习题

在第 21 页"亿以内数的认识"中，又编排了"省略亿后面的尾数，求出它们的近似数"的例题教学。这次的教学留给学生更多思考，只出现"千位上的数小于 5，把亿位后面的尾数舍去"，当出现千位上的数比 5 大时，让学生自己思考怎么办。这样的编排体现了教学的层次性，当学生能够自己解决问题时，就让学生自己去思考并解决问题。具体见图 4-4。

我们学过用"四舍五入"法求一个亿以内数的近似数。如729380≈73万。比亿大的数,也可以用同样的方法求出它们的近似数。

11 省略下面各数亿位后面的尾数,求出它们的近似数。

1034500000 ≈ 10亿
└─千万位上的数小于5,把亿位后面的尾数舍去。

9876540000 ≈ _____ 亿
└─千万位上的数比5大,该怎么办?

图4-4 人教版2022年四年级上册第21页例题

后面也编排了练一练的内容,在后续的单元练习中又安排了相应的练习题。

2.小数的近似数

在四年级下册"小数的意义和性质"单元中,教学用四舍五入法求小数的近似数。教材创设豆豆测量身高的情境,测量结果是0.984米,两个小朋友进行对话,一个认为豆豆的身高大约是0.98米,另一个认为豆豆的身高大约是1米,见图4-5。这里的教学很明显也是借助学生已有的知识经验,并使之成为新知识的生长点,通过学法迁移,让学生感悟到求整数的近似数可以用四舍五入法,那么求小数的近似数也可以用四舍五入法,这时学生能在原有的知识经验上,自主解决问题。教材中还特别用红色箭头标注4,说明小于5舍去,这个内容看似跟第一次学习用四舍五入法求大数的近似数是一样的,但是这节课知识的生长点落在"保留两位小数,应该把千分位上的数省略;保留一位小数,应该把百分位和它后面的数省略",因此看似同样的操作,但是背后的知识点是不同的。再让学生自己尝试,保留整数该怎样取近似数,并特别说明"在表示近似数时,小数末尾的0不能去掉",最后再总结"求近似数时,保留整数,表示精确到个位;保留一位小数,表示精确到十分位;保留两位小数,表示精确到百分位……"。用四舍五入法求小数的近似数,可以说是用四舍五入法求整数的近似数的升级版,虽然两者采用的方法相同,但是小数的近似数让学生初步感受了精确度,也就是说对于同一个数可以有多种近似值,它们都是精确数的近似数,但是根据保留数位的不同,它们的精确度是不同的,因此小数末尾的0是不能去掉的。

0.984 ≈ 0.98
小于5,舍去。
如果保留两位小数,就要把千分位上的数省略。

0.984 ≈ 1.0
大于5,向前一位进1。
如果保留一位小数,就要把百分位上和后面的数省略。

图4-5 人教版2014年四年级下册第53页例题

接着编排做一做的内容,一共出现6个小数,其中3题要求保留一位小数,另外3题要求保留两位小数,见图4-6。

求下面小数的近似数。

(1) 0.256　　　 12.006　　　 1.0987　　（保留两位小数）
(2) 3.72　　　　 0.58　　　　 9.0548　　（保留一位小数）

图 4-6　人教版 2014 年四年级下册第 53 页做一做

在教材 54 页的例 3 中,告知"木星离太阳的距离是 778330000km",求"木星离太阳的距离是多少亿千米(保留一位小数)"。这是通过改写把一个较大的整数改写成用"亿"做单位的小数,再把这个小数保留一位小数,沟通了整数的改写和用四舍五入法求小数的近似数。这里有两个关键问题,第一是怎样改写成用"亿"作单位的数,第二是思考什么情况下需要取近似数,这样的编排不仅沟通了整数和小数的联系,同时也进一步让学生体会取近似数的必要性。

然后再安排一道做一做的内容;再专门编排练习十三,练习十三一共安排了十个大题进行巩固,内容包括给出一个小数分别要求保留整数、一位小数、两位小数,也有给出一个带着情境的大数,要求先改写成用万做单位的数,再保留一位小数或两位小数等。还有是思维要求比较高的拓展题,见图 4-7,题目通过倒叙的方式,给出结果,要求学生思考原来的数可能有哪些。这类习题,更加考查学生对用四舍五入法取近似数的理解,明白"四舍"和"五入"的真正内涵。

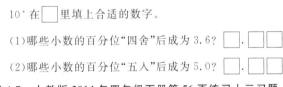

图 4-7　人教版 2014 年四年级下册第 56 页练习十三习题

此外在后续的单元整理复习和后续的练习十四中,用四舍五入法求小数的近似数的练习还有很多。梳理到这里,我们发现其实人教版 2014 年的教材对用四舍五入法求近似数的内容安排得还是很足的,学生通过这样系列化的学习,对用四舍五入法求一个数的近似数已经没有任何问题了。

3. 积的近似数

人教版 2022 年五年级上册"小数乘法"单元,专门安排了"积的近似数"教学内容,例六的题目是这样的:人的嗅觉细胞约有 0.049 亿个,狗的嗅觉细胞个数是人的 45 倍。狗约有多少亿个嗅觉细胞?(得数保留一位小数)。在教学前,先说明取积的近似数的必要性,也就是"当积不需要保留很多的小数位数时,可以根据需要按四舍五入法求出积的近似数"。教材通过创设狗的嗅觉与人嗅觉之间的倍数关系,求出狗的嗅觉,让学生感知到,狗的嗅觉的计算结果无须保留很多位数,保留一位小数就是把百分位上的 0 和千分位上的数一同舍去。在这题教学中,最终的结果也是转化到对一个小数按一定的要求取近似数,但是这个结果是学生需要通过计算得到的,其中既巩固了小数乘法,同时也拓展了学生视野,让学生感受到用四舍五入法取近似数广泛的应用性。

接着再编排三道小数乘法计算,得数要求分别保留整数一位小数和两位小数。在练习三中又编排了一个大题六小题的计算和两道解决问题的题目,来巩固用四舍五入法求积的近似数。很明显,与前面的用四舍五入法求大数的近似数与小数的近似数相比较,求积的近似数的内容编排得并不多,这体现了教材编写者对学生的有效解读,确实经过这么多内容的学习,学生已经完全掌握了用四舍五入法求一个数的近似数,无须再安排很多篇幅来学习积的近似数了。

4.1.2　用进一法和去尾法取近似数

人教版 2014 年在二年级下册"有余数的除法"单元教学中,编排了用进一法和去尾法解决问题的教学,教材编排了 22 个学生去划船的情境,每条船最多坐 4 人,求他们至少要租几条船? 根据问题解决的三个步骤,分别呈现"知道了什么? 怎样解答和能正确解答吗?",还借助小精灵的话语引起学生思考"至少是什么意思",在计算结果是 5 条船还多余 2 人后,教材中再次给学生提示"还多出来 2 人,应该再租一条船,一共是 6 条船"。这题教学的是用进一法解决商有余数的问题,使学生体会最后多余的不管有几人都必须再租一条船,这样才保证所有的学生都能够去划船。

配合这个例题,教材编排了运菠萝和买面包两道题。

1.有 27 箱菠萝,王叔叔每次最多能运 8 箱。至少要运多少次才能运完这些菠萝?

2.有三种面包,第一种面包 5 元/个,第二种面包 3 元/个,第三种面包 4 元/个。(1)小丽有 10 元钱,买 3 元一个的面包,最多能买几个?(2)用这些钱能买几个 4 元的面包? 说说理由。

这两道题,第 1 题是用进一法解决问题,第 2 题的两个问题都是用去尾法解决问题,这里"至少"与"最多"的出现,也让学生感悟到了两种方法的不同应用。

此外在练习十五中专门安排了 4 道解决问题的习题进行巩固,题目素材都采用图文结合的方式,像做灯笼、安排房间都用进一法,而买书、扎花束都采用去尾法,见表 4-1。这样的内容对于二年级的学生来说也不难,因为这样的生活经验学生都有,他们知道对于多出来的数量,在不同的情境中分别要进入或者舍去,才能符合问题解决的实际情境,哪怕从二年级下册到五年级上册,中间间隔了整整四个学期后,再来学习用进一法和去尾法求商的近似数时,学生还是能够很快掌握的。

表 4-1　二年级下册用进一法和去尾法解决问题习题情况

方法	题	目
进一法	1.要做 50 个灯笼,我每天最多可以做 8 个。需要多少天才能做完?	10.一共有 22 只小动物。每间大房住 6 只,每间小房住 4 只。 (1)如果都住大房,至少要住几间? (2)如果都住小房,至少要住几间?
去尾法	2.读书节儿童读物每本 4 元。一位学生带了 23 元,另一位学生带了 25 元。23 元最多可以买几本书? 25 元呢?	8.玫瑰花有 22 枝,百合花有 16 枝,郁金香有 10 枝。请用 7 枝玫瑰花、3 枝百合花、2 枝郁金香扎成一束。这些花最多可以扎成(　　)束这样的花束。

4.1.3 小数除法学习

用四舍五入法求商的近似数和用进一法、去尾法求商的近似数都是安排在"小数除法"单元中,在这章的开头,对于小数除法安排了两个大的章节进行学习。

1.小数除以整数

在这个章节中创设王鹏和爷爷运动的情境编排了3个例题,2个例题教学小数除以整数,1个例题教学整数除以整数,每一个例题的教学都借助红色字体的重点标注,帮助学生理解竖式的每一个算理,见图4-8。对这3个例题还编排了16道练一练的内容,紧接着,再编排练习六整整12道题目,包括计算和解决问题,可以说通过这样的教学和配套的练习,对于小数除以整数的内容学生可以完全掌握了。

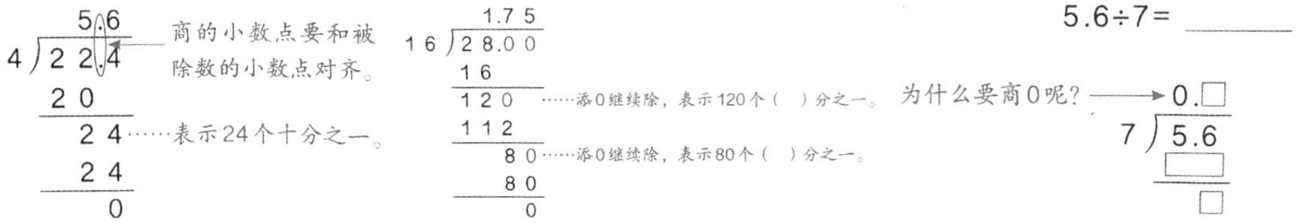

图 4-8 人教版 2022 年五年级上册小数除以整数的 3 个例题

2.一个数除以小数

这里编排了2个例题,一个例题创设了奶奶编中国结的情境,另一个例题是纯计算,2题都是小数除以小数的内容,见图4-9。在算理上,通过学生的思考,在竖式中用红色字体特别标注帮助学生理解算理,最后又进行计算方法的总结。2个例题教学后又编排了14道做一做的内容,后续又编排了一个练习七,安排了11道习题,也包括计算和解决问题的内容,这样步骤清晰、配套练习跟进的编排,让学生在学习后对于一个数除以小数的内容也可以完全掌握。

图 4-9 人教版 2022 年五年级上册小数除以小数的 2 个例题

通过上面的梳理,我们知道学生在学习商的近似数之前,已经非常完整地学习了用四舍五入法求大数的近似数、小数的近似数、积的近似数,并且也学习了用进一法和去尾法解决有余数的除法问题,还非常扎实地学习了小数除以整数和一个数除以小数的内容,也就是说学生的知识起点已经建构得非常好了。

学生学习了这么多知识后,他们的能力准备又是怎样的? 可以通过哪些前测来了解学生的能力起点呢?

4.2 学生能力起点

想要了解学生通过上述知识的学习,在进一步学习商的近似数时已经具备了哪些能力,我们设计了两份前测卷,分别对学生进行"用四舍五入法求商的近似数"和"用进一法和去尾法解决问题"的前测。通过前测想了解三个问题:一是学生能否根据已经学习的用四舍五入法求近似数的方法,自主迁移到用四舍五入法求商的近似数;二是从二年级下册到五年级上册这么长时间段的间隔中,学生是否还记得进一法和去尾法的具体应用;三是分析学生的前测结果,看能否对教材进行整合教学。

4.2.1 用四舍五入法求商的近似数

1.前测试题

前测一共安排了5道题,其中3道是计算题,2道是解决问题。在数据的选择上,整数除以整数、整数除以小数、小数除以小数的题目各1道,小数除以整数的题目有2道,在取近似值时,要求保留整数、一位小数和两位小数,其中一题要求精确到百分位。设计这样的前测题,目的是想要了解学生对用四舍五入法求近似数的掌握情况,同时也了解学生对小数除法的掌握程度。前测卷如图4-10所示。

亲爱的同学:

你好!

你已经学会了用四舍五入法求近似数,那么商的近似数你会求吗? 为了让老师能够了解大家的实际情况,便于在后面更好地进行商的近似数教学,请你认真完成下面各题,感谢你的支持!

班级 _____ 姓名 _____

1. 计算下面各题。

$91 \div 53$ $15 \div 4.3$ $103.97 \div 26$

(精确到百分位) (保留一位小数) (保留两位小数)

2. 把一根60.3米长的钢管,截成同样长的11段,平均每段长多少米? (得数保留整数)

3. 王大伯家去年收入13.18万元,去年的收入是前年的1.6倍。王大伯家前年大约收入多少万元? (得数保留两位小数)

图 4-10 用四舍五入法求商的近似数前测题

思考

> 你觉得在这些前测题中,学生错误率最高的会是哪些题目? 实际又会是怎样的?

2. 前测对象与结果

被测试的是五年级 180 位学生,他们刚刚完成小数除法的学习,但还没有学习用四舍五入法求商的近似数,测试的结果见表 4-2。

表 4-2　五年级上学期学生用四舍五入法求商的近似数前测结果统计

题目	计算 1	计算 2	计算 3	解决问题 1	解决问题 2
正确率/%	75	87.8	63.8	83.3	76.1

从表 4-3 的数据中,我们可以发现计算题第三题,也就是 $103.97 \div 26$(得数保留两位小数)的正确率最低,只有 63.8%,正确率最高的第二题达到 87.8%,其他三题的正确率也在百分之七十多到八十多,也就是说,绝大多数学生能根据已经学习的用四舍五入法求近似数的方法,以及已经掌握的小数除法的知识,自主迁移解决用四舍五入法求商的近似数,那么这些题目中学生错误的地方在哪里? 他们是计算有问题,还是用四舍五入法求商有困难?

3. 错误原因分析

学生出现的错误,能反映出学生学习的困惑,分析学生作业的做法以及对学生进行访谈,能了解真实情况,因此下面的分析将结合错例及学生访谈进行。

①保留几位就除到小数点后面几位。

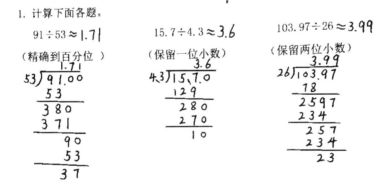

师:你觉得这三题做得对吗?

生:应该是对的。

师:你认为保留一位小数要除到小数点后面第几位?

生:第一位。

师:你是怎样想的?

生:因为保留一位小数要除到小数点后面第一位,保留两位小数要除到小数点后面第二位。

师:那精确到百分位呢?

生:精确到百分位就是保留两位小数,那要除到小数点后面第二位了。

师：你现在除到哪里,就把结果写上去,好像没有用到四舍五入法呀？

生：好像是的。

师：用四舍五入法取近似数的时候,要看哪一位上的数？

生：好像是要比保留的数位多一位。

师：是的,你想起来了,现在你觉得这些竖式还需要计算吗？

生：要的,每个算式都要再多算一位。

这个学生的错误在于,他认为保留几位小数就要除到小数点后面第几位,显然是对用四舍五入法求近似数的方法有点遗忘,因此就出现了这样的错误,在老师稍加点拨后,他马上就知道自己错在哪里了,很快就能改正过来。

②连续进位不知道如何保留。

从表4-2中就发现,103.97÷26计算的正确率是最低的,查阅学生错误原因发现,一部分学生确实是计算错误,但另一部分学生计算完全正确,他们知道保留两位小数要除到小数点后面第三位,并且都已经计算出了3.998,但是取近似数时却出现这样那样的错误,这里选取了四个典型的错例对学生进行访谈。

错例A：

师：你计算的结果是3.998,保留两位小数是怎样得到4.01的？

生：因为千分位上的8要向百分位进一,所以百分位写1,十分位满十所以写0,再向前一位进一所以是4.01。

师：请你再想一想,千分位上的8要向百分位进一,那么百分位应写什么呢？

生：啊,我写错了,9+1=10,应该要在百分位写0的。

师：那你觉得正确的结果应该是多少？

生：应该是4.00。

师：对的,你自己发现了错误,很不错。

错例B：

师：你计算的结果是3.998,保留两位小数是怎样得到3.10的？

生：因为最后一位是8,要五入,所以9+1=10,在百分位上写0,再向前一位进一,所以十分位上 9＋1＝10,就写 1,个位不变。

师:同样是向前一位进一,为什么在百分位上写 0,却要在十分位上写 1 呢?

生:哦,不对的,在十分位上也要写 1 的,因为每次都是满十进一,在哪位上都是写 0,1 都是进到前面一位去了,不能写 1 的。

师:现在你觉得正确的结果应该是多少?

生:应该是 4.00。

错例 C:

师:你计算的结果是 3.998,是怎样得到 4 的?

生:因为最后一位是 8,它比 5 大,要向百分位进一,而百分位又满十,所以向十分位进一,十分位又满十了,向个位进一就得到 4。

师:你道理讲得真清楚,现在你是保留了几位小数?

生:我是保留了整数。

师:你再看看题目中的要求。

生:我错了,题目是要保留两位小数的,所以后面还要加上两个 0,是 4.00。

师:小数末尾的 0 不是可以去掉吗?

生:这里是不可以的,因为要保留两位小数,如果把 0 去掉就不是保留两位小数而是保留整数了。

师:对的,我们保留几位结果就要出现几位小数,下次要记得看清楚题目要求哟。

错例 D:

师:老师看着你的答案 3,感觉是错的,你能找到错误的原因吗?

生:我再想一想。

生:哦,我知道了,因为十分位和百分位上的数都是 9,千分位上是 8,要向前一位进一,所以要连续进 3 次位,所以个位要写 4。

师:改为 4 就对了吗?

生:是的。

师:你看题目的要求是保留两位小数呀。

生:对了,老师说过,保留的时候,小数末尾的 0 是不能去掉的,所以应该改为 4.00。

从对学生的访谈中可以发现,犯上面这四种错误的学生,其实他们是会用四舍五入法求一个数的近似数的,究其犯错的原因,有些是要求没有看仔细,有些是碰到连续三个数位的进位,在处理 9＋1＝10 时,对满十进一有点混淆,应该是在当前位上写 0,再向前一位进一。也就是说连续满十进一的数取近似数,是学生学习的难点,在后续的教学中还需要安排这样的内容进行练习,确保学生真正掌握用四舍五入法求近似数。

③精确到百分位保留三位小数。

$$91 \div 53 = 1.717$$
（精确到百分位）

$$
\begin{array}{r}
1.7168 \\
53\overline{\smash{\big)}\,91.000} \\
\underline{53} \\
380 \\
\underline{371} \\
90 \\
\underline{53} \\
370 \\
\underline{318} \\
520 \\
\underline{424} \\
96
\end{array}
$$

师：你的得数保留了三位小数，你是怎么想的？

生：因为精确到百分位，所以要保留三位小数。

师：你能说一说小数部分有哪些位数吗？

生：小数部分第一位是十分位，第二位是百分位，哦，那应该是保留两位小数的，我与整数搞混了。

师：是呀，所以你只要除到哪一位就可以了？

生：只要除到小数点后面第三位就可以了。

在整数的数位顺序中，从右边起，百位在第三位，或者说一个数最高位在百位，那么这个数就是三位数，而在小数中，小数部分第一位是十分位，第二位是百分位，因此精确到百分位其实是保留两位小数，精确到某一位比直接告诉保留几位小数多了一个步骤，比如精确到十分位，先要理解十分位是小数点后面第一位，再思考就是保留一位小数，所以在日常教学中，帮助学生理解概念，厘清概念的意义内涵是非常重要的，它就相当于一座大厦的基石，只有基石牢固，大厦才有可能建成。

在其他题目的错误中，基本上是个别学生各种算错。在两道解决问题中，发现第一题方法错误的有 2 个学生，把它做成 $60.3 \div (11-1)$，这其实是学生与另一类题目搞混，也就是同样是截成几段，但是问题求的是需要多少时间这类问题，其余做错的学生还是计算上的问题；第二题方法做错的只有 1 位同学，做成乘法了，其余学生做错的问题也是计算上的一些错误。

通过上述分析，我们发现学生对于用四舍五入法求一个数的近似数以及小数除法总体掌握还是不错的，但是在具体计算以及保留相应位数时还会有这样那样的问题，需要在用四舍五入法求商的近似数教学中进一步点拨、提炼、厘清与巩固。

思考

如果把同样的题目给六年级学生做，结果会怎样呢？是否学生的正确率会大幅度提高呢？

为了解同样的题目，六年级学生的正确率会怎样，我们用这些题目对六年级上学期的 125 位学生在期末阶段进行测试。根据人教版 2022 年教材的编排顺序，六年级上学期的学生在五年级学习用四舍五入法求商的近似数后,教材在后续已经不再有用四舍五入法求商的近似数的内容了,且关于小数除法学习的内容也不多,这可以从教材单元安排看出来,五年级上册在"小数除法"单元后,又安排了"可能性、简易方程、多边形面积、数学广角"的学习,在五年级下册学习的内容是"观察物体(三)、因数与倍数、长方体与正方体、分数的意义与性质、图形的运动(三)、分数的加法与减法、统计、数学广角",而六年级上册学习的内容是"分数乘法、位置与方向、分数除法、比、圆、百分数(一)、统计和数学广角",可见从五年级上册到六年级上册,这一年时间中,学生接触小数除法的内容不多,接触用四舍五入法求近似数的内容更少,那么六年级学生的正确率是怎样的? 具体见表4-3。

表 4-3　六年级上学期学生用四舍五入法求商的近似数测试结果统计

题目	计算 1	计算 2	计算 3	解决问题 1	解决问题 1
正确率/%	80	93.6	77.6	98.4	92

把表4-4中的数据与表4-3中的数据进行比较,我们发现在五年级学生中正确率最低的计算第三题,在六年级学生中正确率依然是最低的,正确率只有77.6%,错误的原因跟五年级学生相差无几,可见用四舍五入法取近似数时,连续进位的题目依然是学生学习的难点,而其余四题的正确率都在百分之八十多至九十多,解决问题的第一题正确率高达98.4%。总体上来说,六年级学生每道题目的正确率都比五年级高,提高最多的是两道解决问题,都提高了15个百分点多,计算中的第三题正确率也提高了13.8个百分点,计算的第一题和第二题正确率分别提高5个百分点和5.8个百分点。但是学生的学习有时也会相互干扰,在计算第一题中,六年级的学生出现了得数用百分数表示的结果。

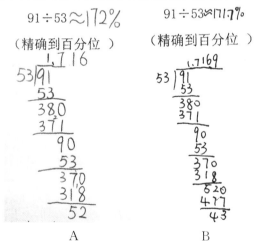

观察这两题的竖式,两位学生做得非常好,但是在取近似数时,他们把精确到百分位与刚刚学习的百分数相混淆,因为百分数是他们刚刚学习的内容,他们印象深刻,而精确到百分位这样的要求可能学生也是很久没有做到了,所以就把精确到百分位理解成用百分数表示了,但是这样的错误在五年级学生中并没有出现,这是因为五年级学生还没有学习百分数。对一部分知识掌握不扎实的学生来说,因为知识间的负迁移,相互干扰和混淆会导致他们在解题中的错误。

通过上面的分析与比较,我们可以发现,用四舍五入法求商的近似数,学生学与不学差别还是挺大的,说明知识的学习是有效的,同时也从另一个侧面说明随着学生年级的升高,他们的计算能力和解决问题的能力也是稳步上升的。

4.2.2 用进一法和去尾法求商的近似数

用进一法和去尾法解决问题,其实也是求商的近似数,得到的结果一定是个整数,只是这个整数不能用四舍五入法表示,而是要根据实际情况用进一法或去尾法来表示。

1.前测试题

前测卷一共有4个问题,第一题是让学生提炼求近似数的方法,后面3题都是要求先解决问题,再写出采用的方法,分别是四舍五入法、进一法和去尾法。前测题目如图4-11所示。

亲爱的同学:

　　你好!

　　下面这些问题你能解答吗? 让我们一起来试一试吧,老师相信你能行的!

　　　　　　班级 ＿＿＿＿＿＿　　　　姓名 ＿＿＿＿＿＿

1. 我知道求商的近似数的方法有:

＿＿＿＿＿＿＿＿＿＿＿＿＿＿＿＿＿＿＿＿＿＿＿＿＿＿＿＿＿＿＿＿＿＿＿＿＿＿＿

2.一筒羽毛球有 12 个,需要 19.4 元,每个羽毛球需要多少钱?

列式解答: ＿＿＿＿＿＿＿＿＿＿＿＿＿＿＿＿＿＿＿＿＿＿＿＿＿＿＿＿

我是用(　　　　　)方法解决这个问题的。

3.果农们要将 680 千克葡萄装进纸箱运走,每个纸箱最多能装 15 千克,需要几个纸箱?

列式解答: ＿＿＿＿＿＿＿＿＿＿＿＿＿＿＿＿＿＿＿＿＿＿＿＿＿＿＿＿

我是用(　　　　　)方法解决这个问题的。

4.足球每个 45 元,李老师带了 300 元,最多能买几个?

列式解答: ＿＿＿＿＿＿＿＿＿＿＿＿＿＿＿＿＿＿＿＿＿＿＿＿＿＿＿＿

我是用(　　　　　)方法解决这个问题的。

图 4-11　用进一法和去尾法求商的近似数前测题

2.前测对象与结果

被测试的学生是参加过用四舍五入法求商的近似数前测的其中两个班级的学生,测试是放在他们刚刚学习完用四舍五入法求商的近似数后。这两个班的学生学习水平差不多,在后续教学设计中,想基于学生的实际情况,把用四舍五入法求商的近似数、用进一法和去尾法求商的近似数两节课整合成一节课,在整合后还要根据课堂教学进行后测,因此在这里把两个班分别定为实验班和对照班,每班都是43人,学生总人数一共是86人。测试后回收到86份有效卷,第一题三种方法全部写对的有31人,在具体应用中,第一题方法写对35人,第二题方法写对38人,第三题方法写对36人,这样想来在下面三题具体应用中也该有差不多31人是全写对的,但其实不然。在31位方法提炼全对的学生中,只有14位学生在具体应用中的方法提炼是写对的,有 5 位学生方法竟然都写错了,还有 12 位学生有些方法写对,有些方法写错。再来看计算的正确率,第二题有 83.7％的学生做对,第三题的正确率达到 90.7％,第四题的正确率达到 95.3％。具体情况见表 4-4。

表 4-4　学生前测情况汇总

题　　　　　目	正确	百分比
1.你知道求近似数有哪些方法?	31 人	36.0％
2.一筒羽毛球有 12 个,需要 19.4 元,每个羽毛球需要多少钱?	72 人	83.7％
我是用(　　　　)方法解决这个问题的。	35 人	40.7％
3.果农们要将 680 千克葡萄装进纸箱运走,每个纸箱最多能装 15 千克,需要几个纸箱?	78 人	90.7％
我是用(　　　　)方法解决这个问题的。	38 人	44.2％
4.足球每个 45 元,李老师带了 300 元,最多能买几个?	82 人	95.3％
我是用(　　　　)方法解决这个问题的。	36 人	41.9％

3.错误原因分析

①第一题三种方法提炼正确但在具体应用中却出错。

A

B

C

D

在这份测试卷中,第1题正确的答案是"四舍五入法、进一法和去尾法",第2题采用的是四舍五入法,第3题是进一法,第4题是去尾法。看四份学生的作业,他们第1题的方法提炼都是对的,但是在实际应用中却有这样那样的错误。有时想想真的感觉有点不可思议,三种方法都能归纳,怎么具体应用就会出错呢?

A学生把第2题、第3题、第4题这三道解决问题采用的方法都写成了四舍五入法,其中第2题采用的方法是写正确的,第3题他的计算完全正确,都已经知道$680÷15≈45$(个),$45+1=46$(个),很明显这题不是用四舍五入法计算的,但是在该学生的头脑中似乎所有的方法都可以叫四舍五入法。

B学生同样是第2题采用的方法正确,第3题和第4题采用的方法都写成了进一法,对照算式,第三题计算出结果约等于45,没有加1,也就是说在这个学生的头脑中,他是有意识的,知道多出来的葡萄也要装进箱子里,这类题目采用的方法是进一法,但是在列式中却没有表达出来,而第4题计算的$300÷45$计算结果是$6.6……$这个学生把得数写成约等于7,真的是采用了进一法,可事实是多出来的钱还不够买一个足球,钱是要舍去的,这个学生的生活经验还是缺乏的。

C学生与B学生类似,第2题采用的方法正确,他的第3题和第4题采用的方法都写成了去尾法。对照算式,他的第三题计算完全正确,$680÷15≈45$(个),$45+1=46$(个),但是采用的方法他认为是去尾法,第4题$300÷45$计算结果是$6.6……$这个学生也把得数写成约等于7,采用的方法倒是写对了是去尾法,但是计算的结果明明是进一法,可见该学生的错误在于对于进一法和去尾法所表达的实际含义并不明确。

D学生虽然第一题三种方法提炼全部正确,但是第2题、第3题、第4题这三道解决问题采用的方法全部写错,甚至把第2题和第4题所采用的方法写成了"约等于",再看该学生的算式,第2题和第4题完全正确,但是却不知道实际采用的方法,而第三题的方法和计算结果全部出错,按照他的算式$680÷15≈45$(个)确实是采用去尾法,但是联系生活实际,如果只要45个纸箱,那么多余的葡萄没法装箱,也就是不能做到把全部葡萄都运走。

分析这四个学生的作业,可以发现学生对于方法在理论上与实际应用上是脱节的,他们生活经验缺乏,还无法做到把数学学习与生活实际有效融合。

②第一题方法提炼中只写出四舍五入法。

1. 我知道求商的近似数的方法有:
   四舍五入。

2. 一筒有12个羽毛球,需要19.4元,每个羽毛球需要多少钱?
   列式解答:$19.4÷12=1.6$(元)
   我是用 (四舍五入) 方法解决这个问题的。

3. 果农们要将680千克葡萄装进纸箱运走,每个纸箱最多能装15千克,需要几个纸箱?
   列式解答:$680÷15=46$(个)
   我是用 (四舍五入) 方法解决这个问题的。

4. 足球每个45元,李老师带了300元,最多能买几个?
   列式解答:$300÷45=6.6$(个)
   我是用 (四舍五入) 方法解决这个问题的。

A

1. 我知道求商的近似数的方法有:
   四舍五入法

2. 一筒有12个羽毛球,需要19.4元,每个羽毛球需要多少钱?
   列式解答:$19.4÷12≈1.6$元
   我是用 (四舍法) 方法解决这个问题的。

3. 果农们要将680千克葡萄装进纸箱运走,每个纸箱最多能装15千克,需要几个纸箱?
   列式解答:$680÷15≈46$个
   我是用 (五入法) 方法解决这个问题的。

4. 足球每个45元,李老师带了300元,最多能买几个?
   列式解答:$300÷45≈6$个
   我是用 (四舍法) 方法解决这个问题的。

B

1. 我知道求商的近似数的方法有：
   四舍五入法

2. 一筒有 12 个羽毛球，需要 19.4 元，每个羽毛球需要多少钱？
   列式解答：19.4÷12≈1.62元
   我是用（去尾法）方法解决这个问题的。

3. 果农们要将 680 千克葡萄装进纸箱运走，每个纸箱最多能装 15 千克，需要几个纸箱？
   列式解答：680÷15≈45个 4个=5个
   我是用（进一法）方法解决这个问题的。

4. 足球每个 45 元，李老师带了 300 元，最多能买几个？
   列式解答：300÷45≈6个
   我是用（去尾法）方法解决这个问题的。

C

1. 我知道求商的近似数的方法有：
   四舍五入法

2. 一筒有 12 个羽毛球，需要 19.4 元，每个羽毛球需要多少钱？
   列式解答：19.4÷12≈2元
   我是用（四舍五入法）方法解决这个问题的。

3. 果农们要将 680 千克葡萄装进纸箱运走，每个纸箱最多能装 15 千克，需要几个纸箱？
   列式解答：680÷15≈45个
   我是用（大约）方法解决这个问题的。

4. 足球每个 45 元，李老师带了 300 元，最多能买几个？
   列式解答：300÷45≈6个
   我是用（大约）方法解决这个问题的。

D

这四位学生共同的特点是对第一题中求近似数的方法只写出了四舍五入法，除 A 学生外，其他三位学生在第 2 题、第 3 题、第 4 题的实际应用中又有了不同的方法。

A 学生把前测卷中四道题采用的方法全部写成了四舍五入法，可见在这个学生的头脑中，四舍五入法已经是根深蒂固了。再来看看算式，第 2 题算式和方法都正确；第 3 题 680÷15 结果是 45.3……如果按照四舍五入法结果应该是 45，但是该学生的计算结果写的却是 46，从计算上看，他已经采用了进一法，但是在方法提炼上却无法提炼出进一法；而第 4 题该学生写的算式是 300÷45≈6.6，如果按照他写的四舍五入法也应该是 7。从这个学生的作业看，该学生对四舍五入法理解还不是很清楚。

B 学生最大的特点是他认为四舍五入法是两种方法，分为四舍法和五入法，根据他的方法对照他的每一个算式，可以发现该学生第 2 题、第 3 题和第 4 题的计算完全正确。第 2 题他把羽毛球的单价精确到角，所以计算到百分位应该是 1.61，保留一位小数结果是 1.6，百分位上的数是 1 舍去，所以他认为是四舍法；第 3 题的计算结果是约等于 45.3，但该学生的算式是 680÷15≈46（个），他写的方法是五入，显然这不符合五入的要求，但是其实他是理解了把多余的葡萄必须再装一个盒子，这样才符合把所有葡萄都运走的要求；第 4 题计算结果约等于 6.6，该学生的算式是 300÷45≈6（个），他写的方法是四舍法，显然这也是不符合四舍的要求的，该学生还是知道生活实际情境的，多余的钱不够买一个完整的球，必须把钱舍去。

C 学生提炼的求近似数的方法只有四舍五入法，但是在第 2 题、第 3 题和第 4 题的具体方法应用中没有一题写四舍五入法，反而写出了进一法和去尾法，其中第 4 题的计算和方法提炼都正确，第 2 题计算正确，方法提炼错误，第 3 题方法提炼正确，但是计算出错，如果他计算能够正确的话，对于这道题目该学生也是完全理解的。

D 学生把第 3 题和第 4 题的方法提炼都写成了"大约"，显然他知道这两题使用的方法并不是四舍五入法，只是他不清楚具体的方法，因此就写成了大约，再对照算式，其中第 2 题算式和方法提炼都正确，第 3 题算式和方法提炼都错误，第 4 题算式正确，方法提炼错误。

看来这类学生确实已经遗忘了进一法和去尾法，因为毕竟在二年级下册学习后，一直到五年级一直没有学习进一法和去尾法，相信在进一步学习中学生能够很快回想起这两种方法并能正确应用。

③第一题提炼的方法多余或不足。

1. 我知道求商的近似数的方法有：
   四舍五入，精确到几位。

2. 一筒有 12 个羽毛球，需要 19.4 元，每个羽毛球需要多少钱？
   列式解答： 19.4÷12≈1.61(元)

   我是用 （四舍五入）方法解决这个问题的。

3. 果农们要将 680 千克葡萄装进纸箱运走，每个纸箱最多能装 15 千克，需要几个纸箱？
   列式解答： 680÷15≈46(个)

   我是用 （进一法）方法解决这个问题的。

4. 足球每个 45 元，李老师带了 300 元，最多能买几个？
   列式解答： 300÷45≈6(个)

   我是用 （退一法）方法解决这个问题的。

A

1. 我知道求商的近似数的方法有：
   去尾法、四舍五入、保留位数

2. 一筒有 12 个羽毛球，需要 19.4 元，每个羽毛球需要多少钱？
   列式解答： 19.4÷12≈1.61(元)≈2(元)

   我是用 （四舍五入）方法解决这个问题的。

3. 果农们要将 680 千克葡萄装进纸箱运走，每个纸箱最多能装 15 千克，需要几个纸箱？
   列式解答： 680÷15≈45.33(个)≈45(个)

   我是用 （去尾法）方法解决这个问题的。

4. 足球每个 45 元，李老师带了 300 元，最多能买几个？
   列式解答： 300÷45≈6.66(个)≈6.7(个)

   我是用 （保留位数）方法解决这个问题的。

B

1. 我知道求商的近似数的方法有：
   四舍五入、去尾法。

2. 一筒有 12 个羽毛球，需要 19.4 元，每个羽毛球需要多少钱？
   列式解答： 19.4÷12≈1.62(元)

   我是用 （四舍五入）方法解决这个问题的。

3. 果农们要将 680 千克葡萄装进纸箱运走，每个纸箱最多能装 15 千克，需要几个纸箱？
   列式解答： 680÷15≈45(个) 45+1=46(个)

   我是用 （四舍五入）方法解决这个问题的。

4. 足球每个 45 元，李老师带了 300 元，最多能买几个？
   列式解答： 300÷45≈7(个)

   我是用 （四舍五入）方法解决这个问题的。

C

1. 我知道求商的近似数的方法有：
   四舍五入、去尾法、估算、进一法

2. 一筒有 12 个羽毛球，需要 19.4 元，每个羽毛球需要多少钱？
   列式解答： 19.4÷12≈2(元)

   我是用 （估算）方法解决这个问题的。

3. 果农们要将 680 千克葡萄装进纸箱运走，每个纸箱最多能装 15 千克，需要几个纸箱？
   列式解答： 680÷15≈45(个)

   我是用 （估算）方法解决这个问题的。

4. 足球每个 45 元，李老师带了 300 元，最多能买几个？
   列式解答： 300÷45≈7(个)

   我是用 （估算）方法解决这个问题的。

D

A 学生在第一题的方法提炼中除了写出四舍五入法外，还写上了精确到几位。显然他是没有理解保留几位小数是要用到四舍五入法的，也就是"精确到几位"是要求，用四舍五入法是完成该要求的方法，但是看该学生解决的三个问题，第 2 题保留两位小数的结果他写的是 1.61，正确的应该是 1.62，方法是四舍五入法是正确的，第 3 题的计算以及用进一法完全正确，第 4 题的计算和去尾法也完全正确。看到这样的结果，我们老师不禁会产生疑问，明明具体应用完全正确，怎么方法提炼中就不写进一法和去尾法，偏偏还写了精确到几位？

B 学生提炼的三种方法分别是去尾法、四舍五入法和保留位数法，在具体三道解决问题中也是对应着分别写上了这三种方法，看来该学生也是对保留位数是一个具体要求而不是使用方法不清楚。再对照算式，第 2 题完全正确，第 3 题和第 4 题无论是算式还是方法都不正确。

C 学生在方法提炼中写出了四舍五入法和去尾法，但是在具体应用中只写了四舍五入法，可见在该学生的心目中四舍五入法是可以应用在所有题目中的。再对照算式，其中第 2 题算式和方法都正确，第 3 题算式正确，方法提炼错误，第 4 题算式和方法提炼都错误，显然联系生活实际，具体问题具体应用的意识他还不具备。

　　D学生的作业非常有意思,在方法提炼中他写对了进一法、去尾法和四舍五入法,还额外增加了估算法,虽然写出了四种方法,但是在第2题、第3题、第4题采用的方法上都写了估算法。再对照算式,除第2题正确外,第3题和第4题都是错的。看来该学生对估算印象深刻,他觉得后面三道题的计算结果都无法除尽,都是近似数,那么就是采用估算的方法,写上一个近似数。

　　看来这类学生头脑中对取近似数的要求与所采用的方法是两回事还不是很清楚,也不能很好应用数学知识解决实际问题。

　　4.实验班与对照班比较

　　把实验班的43位学生与对照班的43位学生的前测结果进行分类统计,可以得到表4-5。

表 4-5　实验班和对照班前测对比情况汇总

题目	实验班(43人)		对照班(43人)	
	正确	百分比	正确	百分比
1	15人	34.9%	16人	37.2%
2	算式:37人	86.0%	算式:35人	81.4%
	方法:17人	39.5%	方法:18人	41.9%
3	算式:38人	88.4%	算式:40人	93.0%
	方法:19人	44.2%	方法:19人	44.2%
4	算式:41人	95.3%	算式:41人	95.3%
	方法:17人	39.5%	方法:19人	44.2%

　　观察表4-7可以发现两个班级学生的水平相当,两个班在第三题的方法提炼和第四题的计算正确率完全相同,哪怕其他题目中出现不同的正确率,但是两者的差别都在5个百分点以内,这为后续教学中两个班级进行后测比较,提供了可比性,也使得比较的数据更有说服力。

　　纵观上面的前测分析,我们可以知道学生在用进一法和去尾法求商的近似数时,对于计算总体上掌握还是不错的,绝大多数学生能准确求商的近似数,但是在具体运用中对于求商的近似数的方法无法准确提炼,也就是对于算式和具体的方法还没能有效联结,也就是学生的应用意识还不强,从表4-7中可以发现,第2题、第3题、第4题方法提炼的正确率每个班级分别只有百分之三十多、四十多,这可能是因为学生从二年级下册学习后,一直没有再学习进一法和去尾法的相关知识,所以遗忘比较多。此外也要反思老师的教学,我们知道数学与生活有着紧密联系,生活中处处充满着数学知识,而教学的目的就是要回归于应用,让学生能够利用所学知识解决生活中的实际问题,这样才能够体现真正的教学意义。因此在后续教学中,要特别注重培养学生的数学思维能力以及强化学生数学应用意识,找到生活中的原型,这样有利于学生加深对数学概念的理解,使抽象的数学知识变得形象、生动,真正帮助学生领悟所学知识的内涵。

4.3 学生研究启示

通过对"学生知识起点"和"学生能力起点"的分析,可以知道学生在学习商的近似数之前,已经有了比较好的知识储备,也具备了相应的能力基础,但是还需要进一步的课堂教学,让学生能形成新的技能、新的方法,体会学用结合的思想。

(1)小数除法已经完成全部类型的学习。

小数除法根据小数点处理方法的不同,分成两类:一类是除数是整数的小数除法,另一类是除数是小数的小数除法。由于除数是小数的除法要通过商不变的性质,转化成除数是整数的除法来计算,所以小数除以整数是学习小数除法计算的基础,而除数是小数的除法是小数除法的重点内容。教材在编排时重点突出怎样把除数是小数的除法转化成除数是整数的除法,而求商的近似数中出现的各种类型,正是小数除法教学中全部涉及的类型,因此从计算上来说学生已经具有了较好的基础。计算出错的学生,还需要通过后续对求商的近似数、循环小数等知识的学习,进一步梳理与巩固。

(2)取近似数的方法已经多次学习

从二年级下册"万以内数的认识"单元中第一次接触到近似数,在每一册的教材中或多或少都有近似数的内容,只是有些内容是出现在估算中,有些是纯近似数的内容。在三年级上册"多位数乘一位数"的单元教学中,把因数看成和它接近的整十数,得到近似数进行计算,教材中第一次引入"≈",在三年级下册"大数的认识"单元教学中,第一次出现"近似数"字样,正式教学用"四舍五入"法求一个数的近似数,后续专门学习省略大数的位数求近似数,求小数的近似数、积的近似数等内容,可见这样一系列内容学习下来,学生对近似数、用四舍五入法求一个数的近似数已经相当熟练了,并且在二年级下册"有余数除法"单元中,还学习了用进一法和去尾法求近似数。因此从能力上来说,对于用四舍五入法、进一法和去尾法求商的近似数,学生已经具备了相应的能力。

(3)在数学中还需要进一步加强数学与实际生活的联系。

我们知道数学从来不是天上掉下来的,也不是数学家和教材编写者头脑里特有的,它从现实世界中抽象出来的,生活中处处有数学。从前测卷中我们很容易发现,学生的数学学习与生活经验还不能有效对接,特别是在用进一法和去尾法解决问题的前测卷中,发现对于抽象的数学方法与现实生活中的实际问题,学生还无法形成有效联结。数学内容的高度抽象性,决定了数学教学必须强调形象性,这需要教师在日常教学中,不仅要注意严密的逻辑性,还要善于运用生动、鲜明具体的实例,通过大概念的思想,创设有趣、有用、可操作、可探索的数学情境,以活泼的图像和生动的文字展现在学生面前,诱导他们饶有兴趣地走进数学学习,培养他们发现问题、提出问题的能力,使他们感觉数学就在我们的周围,就在我们的生活中,从而帮助学生实现意义理解及迁移应用。

5 教学设计研究

教学设计是根据课程标准的要求和教学对象的特点,将教学诸要素有序安排,并确定合适的教学方案的设想和计划,一般包括教学目标、教学重难点、教学方法、教学步骤与时间分配等环节。

加涅曾在《教学设计原理》(1988 年)中这样界定:"教学设计是一个系统化规划教学系统的过程。教学系统本身是对资源和程序作出有利于学习的安排。任何组织机构,如果其目的旨在开发人的才能均可以被包括在教学系统中。"赖格卢特在《教学设计是什么及为什么如是说》一文中指出:"教学设计是一门涉及理解与改进教学过程的学科。任何设计活动的宗旨都是提出达到预期目的最优途径,因此,教学设计主要是关于提出最优教学方法的处方的一门学科,这些最优的教学方法能使学生的知识和技能发生预期的变化。"美国学者肯普给教学设计下的定义是:"教学设计是运用系统方法分析研究教学过程中相互联系的各部分的问题和需求。在连续模式中确立解决它们的方法步骤,然后评价教学成果的系统计划过程。"

确实,对教学设计,不同的学者有不同的定义。这里所说的教学设计是上课的老师为给学生上课而准备的教学方案,主要由教学目标和教学过程两部分组成。对于相同的教学内容,不同的教师根据自身的体验、思考、探究与综合,往往会有不同的教学设计,接下来主要是对老师们的一些教学设计进行综述,并进一步研究 2022 年人教版教材中"商的近似数"相关内容的教学设计。

5.1 教学设计综述

思考

你在哪些杂志上看到过商的近似数教学设计? 有关这个教学设计的文章发表得多吗?

你一定会回答看到不多。的确,对于"商的近似数"相关内容进行研究的人很少,在各种小学数学教学杂志上有关这部分内容的教学设计的文章几乎找不到,此处主要对原创力文档、百度文库等平台上老师们的相关教学设计进行研究,选择有代表性的教学设计进行综述。

5.1.1 用四舍五入法求商的近似数教学设计综述

1. 教学目标综述

什么是目标? 目标就是"预期",是"想要达到的境地或标准"。标准(2011 版)对数学课程目标这样界定:"义务教育阶段数学课程目标分为总目标和学段目标,从知识技能、数学思考、问题解决、情感态度等四个方面加以阐述。"数学课程目标包括结果目标和过程目标,结果目标使用"了解、理解、掌握、运用"等行为动词表述,过程目标使用"经历、体验、探索"等行为动词表述。那么教学目标又是怎样界定的?教学目标是关于教学将使学生发生何种变化的明确表述,是指在教学活动中所期待达到的学生的学习结果。在教学过程中,教学目标起着十分重要的作用,教学活动以教学目标为导向,且始终围绕实现教学目标而进行。课堂教学目标就是课堂教学过程中教与学的互动目标,它能反映教师在教学活动中对学生在认知、技能、能力和情感方面的期望,是教师教和学生学的行动指南,也是课堂教学活动的出发点和归宿。

"用四舍五入法求商的近似数教学目标"又是怎样的?不同的老师所制定的教学目标有区别吗?具体又是怎样的?

①教学目标(字炎芬,2012年):a.理解用"四舍五入"法求商的近似数的方法。b.会用"四舍五入"法求商的近似数。c.了解商的近似数在日常生活中的应用价值,提高学生的比较、分析、判断的能力。

②教学目标(龚士华,2014年):a.使学生掌握求商的近似数的方法。b.能根据实际情况和要求求商的近似数。c.提高学生的比较、分析、判断的能力。

③教学目标(刘映希,2015年):a.理解商的近似数的意义。b.掌握用"四舍五入"法求商的近似数的一般方法。通过数学活动,提高学生的比较、分析、判断的能力。c.在实际生活中灵活运用数学知识,能根据实际情况求近似数,感受数学与生活的密切联系,激发学生学好数学的良好情感。

④教学目标(马青山,2015年):a.知识与技能。通过具体实例体会求商的近似数的必要性,感受取商的近似数是实际应用的需要。b.过程与方法。掌握用"四舍五入"法截取商的近似数的一般方法。c.情感态度和价值观。在解决相关实际问题时能根据实际情况合理取商的近似数,培养学生探索数学问题的兴趣和解决实际问题的能力。

⑤教学目标(唐建忠 2018年):a.使学生会用"四舍五入"法截取是小数的商的近似值,了解掌握这一方法的必要性,并培养学生解决实际问题的能力。b.学生通过自主探索和合作交流等方式,经历探索求商的近似值的方法,培养学生运用所学知识灵活解决问题的能力。c.使学生感受到数学知识在生活中的广泛应用。

⑥教学目标(刘倩,2019年):a.结合具体问题,经历用"四舍五入"法截取商的近似数的过程,掌握求商的近似数的方法。b.根据实际情况取商的近似数,培养实践能力和思维的灵活性。c.体会求商的近似数的必要性以及商的近似数在日常生活中的应用价值。

⑦教学目标(陈约保,2019年):a.知道求商的近似值的生活意义,初步理解近似值比精确值在某种范围更有应用性。b.掌握用"四舍五入"法求商的近似值的一般方法,会用"四舍五入"法求商的近似值。c.能根据实际不同的情况,初步学会选择确定取近似值的方法和取近似值所需要的精确度。d.感受数学与生活的密切联系,激发认真计算、主动探究的学习兴趣。

⑧教学目标(刘俊玲,2020年):a.结合具体情境,让学生掌握用"四舍五入"法求商的近似数的方法。b.根据实际情况,学生从计算过程中理解保留商的位数的方法。c.学生通过

自主探究交流,掌握求商的近似数时,商中的小数位数要比要求保留的小数位数多一位。

⑨教学目标(张国柄,2021年):a.知识目标。使学生掌握求商的近似数的方法,能根据实际情况求商的近似数。b.能力目标。提高学生比较、分析、判断的能力,培养学生的实践能力和思维的灵活性。c.情感目标。让学生感受数学与现实生活密切相关,培养学习数学的兴趣,同时能学好数学并应用于生活,让生活因为数学而精彩。

⑩教学目标(吴启平,2021年):a.使学生掌握在小数除法中用"四舍五入"截取商的近似数的一般方法。b.通过生活实例体会取商的近似数的实际意义,体验数学来源于生活,培养学生学习数学的兴趣。c.培养学生的实践能力和思维的灵活性,培养学生解决实际问题的能力。

⑪教学目标(张海滨,2021年):a.掌握小数除法计算中用"四舍五入"求商的近似值的一般方法。b.培养学生的实践能力和思维的灵活性,培养学生解决实际问题的能力。c.通过组织学生讨论,让学生充分感受到在解决实际问题时,要根据实际情况取商的近似值,培养学生灵活应用的意识。

思考

看了这些教学目标,你觉得它们有什么相同之处?

对照上面的11个教学目标,我们发现一些共性。

一是明确计算在解决问题中的重要性。标准(2011版)对计算在数学教育中的作用进行重新定位,提出如下要求:能结合具体情境体会四则运算的意义,……;能运用不同的运算解决生活中的简单问题,并能对结果的合理性进行判断。从中可以看出,计算教学不再是单纯的技能性训练,而是把计算作为解决问题的一个组成部分,要把计算与实际问题情境联系起来。上面的目标都涉及这样的要求,如:在解决相关实际问题时能根据实际情况合理取商的近似数,培养学生探索数学问题的兴趣和解决实际问题的能力;培养学生学数学用数学的良好习惯;通过生活实例体会取商的近似数的实际意义,体验数学来源于生活,培养学生学习数学的兴趣;能根据实际情况和要求求商的近似数;让学生充分感受到在解决实际问题时,要根据实际情况取商的近似值;等等。这样的教学目标也体现了现实生活既是计算教学的源头,更是计算教学的归宿,在数学课堂上教师要多为学生提供将所学知识应用到实践中的机会,学生在解决身边数学问题的同时,不仅培养了收集信息、处理信息的能力,也在不知不觉中提高了计算能力,体会数学学习的价值,这是数学学习的出发点和归宿。

二是夯实知识技能的达成。在先前的学习中,学生已经具备了小数除法的知识与技能,这些小数除法都是可以除尽的。但是在实际工作和生活中,商的小数位数并不一定需要很多位,往往只要求出商的近似数就可以了,因此就很有必要学习用四舍五入法求商的近似数。学习商的近似数是对商的进一步研究,学生通过学习可以根据具体情况灵活地处理商,因此这部分内容的教学很重要。虽说学生已经有了小数除法以及求近似数的基础,但是学生还不能准确把握实际问题中商的近似数如何取舍,学生对小数除法计算的正确性与熟练程度还需要进一步加强。因此在制定本节课的知识与技能目标中,可以看到几乎都有"掌握用四舍五入法求商的近似数的方法,会用四舍五入法求商的近似值,使学生掌握求商的近似数的方法,能根据实际情况求商的近似数"等。

三是关注情感态度的渗透落实。在标准(2011版)中,对情感态度提出以下具体要求:积极参与数学活动,对数学有好奇心和求知欲;……养成认真勤奋、独立思考、合作交流、反思质疑等学习习惯,形成实事求是的科学态度。也就是说,数学教学既要关注学生数学学习水平,又要关注学生的情感态度,体现发展人的理念,让数学教学兼顾学生人文价值的发展方向。在上述目标中我们可以发现"培养学生探索数学问题的兴趣,培养学生的实践能力和思维的灵活性,提高学生比较、分析、判断的能力,激发认真计算、主动探究的学习兴趣,学生通过自主探索和合作交流等方式,经历探索求商的近似值的方法"等等。

四是体现结果性目标与过程性目标。上面的教学目标中都有"掌握用四舍五入法求商的近似数的方法"这一条,这阐述了结果性目标,也就是说老师们在制定目标时都非常明确,这节课教学后学生的学习必须达到的目标是能用四舍五入法求商的近似数,在一些教学目标中还可以看到"通过生活实例体会取商的近似数的实际意义,了解掌握这一方法的必要性;学生通过自主探索和合作交流等方式,经历探索求商的近似值的方法"等话语,这阐述了过程性目标,学生要获得用四舍五入法求商的近似数方法,需要自己去经历、去体验、去探索。这样的阐述体现新课标倡导的以生为本的理念,同时也树立了正确的数学观,也就是有效的教学活动是学生学与教师教的统一,学生是学习的主体,教师是学习的组织者、引导者和合作者。

当然我们也可以发现一些个性。

马青山老师在制定目标时是分三维目标阐述的,即知识与技能、过程与方法、情感态度和价值观,这是2001年课程改革实施以来强调的三维目标,与2000年之前的教学目标相比,更丰富、更全面;张国柄老师是通过知识目标、能力目标和情感目标来制定教学目标的。两位老师的目标制定有一定的共性。陈约保老师在目标中提出了使学生"初步理解近似值比精确值在某种范围更有应用性",要求学生"初步学会选择确定取近似值的方法和取近似值所需要的精确度",这个目标的制定,体现了学习用四舍五入法求商的近似数的学习价值。

2.教学过程分析

教学过程是指师生在共同实现教学任务中的活动状态变换及其时间流程,其由相互依存的教和学两方面构成,内部发展动力是教师提出的教学任务同学生完成这些任务的需要、实际水平之间的矛盾。在教学过程中,学生、教师、教学内容、教学方法、教学媒体、教学环境等等,是影响教学效果的基本因素,但就整体而言,教师、学生和教学内容是教学过程的三个要素。中国古代教育家提出的"博学之,审问之,慎思之,明辨之,笃行之"(《礼记·中庸》)是对学习过程最早的概括。

儒家一般把教学过程看作在教师循序引导下,学生学习知识和修养道德的统一过程,为了有效地进行教学,儒家研究了学习过程中的认识因素。

以杜威为代表的实用主义教学论,认为教学过程中必须以儿童个人生活实践或直接经验作为学习的中心,要求围绕特定的生活事务来学习知识,即"由做而学"。

那么"用四舍五入法求商的近似数"教学过程又是怎样的?这里主要根据这节课的教学流程以及主要知识点的发生过程加以综述。

(1)导入方式。

课堂导入作为课堂教学的起始阶段,对教学的高效进行有着不可忽视的作用。一个成功的课堂导入,不仅能够迅速地集中学生的注意力,引领学生进入学习状态,还能引起学生对新知的兴趣,启发学生的思维,对课堂的有效进行大有裨益。因此教师不仅需要重视关键内容的教学效果,也需要重视新课导入环节的效果,通过合理的、有趣味的导入内容,从课堂的开始阶段调动学生的积极性,使其更好地配合教师完成教学任务,切实提升教学质量。

思考

你觉得"用四舍五入法求商的近似数"这节课会有哪些导入方式呢?

从收集的教学设计文献看,发现"用四舍五入法求商的近似数"这节课有很多种导入方式,归纳起来主要有复习导入、问题导入和情境导入。

◎复习导入

数学知识学习的过程是一个由简入难、循序渐进的过程,经常需要学生根据已有的生活经验或者知识框架,去获得新的知识,因此新旧知识之间的关系是十分密切的。为此,在开展教学活动时,可以采用复习旧知的方式导入新课,一方面降低新知识的学习难度,帮助学生更好地理解新知识;另一方面可以帮助学生将新知归入已有的知识体系中,更好地构建知识框架。下面我们来看一看五位教师的教学导入。

导入1(郑文,2010年):

1.按"四舍五入法",将下列各数保留一位小数。

3.72   4.18   9.98

5.25   6.03   7.98

2.按"四舍五入"法,将下列各数保留两位小数。

1.483   5.347   8.785   2.864

7.602   4.003   5.897   3.996

3. 做完第1、2题后,说说其中小数末尾的"0"为什么不能去掉。

4.为什么要用约等号?

导入2(唐建忠,2018年):

同学们,你们学过求一个数的近似数吗?我们是用什么方法求近似数的?求近似数时用什么符号连接?看来大家对求一个数的近似数的方法掌握得很好,下面我来考考大家。

43.9095 保留整数是(   )   43.9095 精确到十分位是(   )

43.9095 保留两位小数是(   )   43.9095 精确到千分位是(   )

导入3(刘倩,2019年):

1.按要求写出小数的近似数,并说一说你是怎么想的。

	保留整数	保留一位小数	保留两位小数	保留三位小数
2.539				

2.回想一下我们怎样求积的近似数。

①算出准确的积;

②根据要求用"四舍五入法"截取近似数;

③横式"≈"。

3.为什么要求近似数? 准确数不是更精确、更好吗?

导入 4(薛芳,2020 年):

师:近期的学习内容还记得吗? 谁来说一说?

生 1:小数乘法如 2.35×7.3,9.1×2.7;小数除法如 2.14÷0.16,0.12÷2.5。

师:不错! 还记得是怎么计算的吗?

学生算出结果,教师展示学生的计算结果:2.35×7.3=17.155,9.1×2.7=24.57。

师:看一看两个乘法算式的乘积,想一想,要把乘积保留一位小数,结果是怎样的呢?

生 2:保留一位小数,主要看小数部分百分位上的数字,再用"四舍五入"法取近似数,17.155≈17.2,24.57≈24.6。

师:如果把 17.155 保留两位小数呢?

生 3:保留两位小数就得看小数部分千分位,17.155 的千分位上是 5,根据"四舍五入"法,17.155 保留两位小数约等于 17.16。

师:非常正确,我们也学了小数除法,会不会也是这样求商的近似数呢? 今天我们就共同探究一番。

导入 5(张海滨,2021 年):

1.求出下面各数的近似数。

	保留整数	保留一位小数	保留两位小数	保留三位小数
6.0294				
0.9298				
9.9949				

2.求积的近似值:

0.34×0.76(保留两位小数)   0.27×0.45(保留三位小数)

3.列竖式计算:

24.735÷6.7   20.88÷0.58

上面五个课前导入,都是通过复习四舍五入法取一个数的近似数导入的。有些直接给出小数要求保留相应位数,也有的提出精确到某一位的要求,如导入 1 和导入 2,其中导入 1 中还引起学生思考"为什么保留后小数后面的 0 不能去掉"。其实是在渗透小数后面的 0 存在与否,它的精确度是不同的道理。还有采用表格式,给出几个数,要求分别保留相应的位数,如导入 3 和导入 5,这些都是在回顾用"四舍五入"求小数的近似数。在导入 4 和导入 5 中,都有积的近似数和小数除法的复习,导入 4 首先放手让学生自己编小数乘法和小数除法题,学生在计算出小数乘法的结果后,老师再提出保留一位小数和两位小数该怎样进行。这种让学生自主编题,把学习主动权交给学生的做法体现了以生为本的理念,学生的学习拥有更多的主动权。导入 5 中通过计算让学生回顾求积的近似数的方法,然后再要求学生计算小数除法。这样的安排通过复习回顾求一个数的近似数或者积的近似数的方法,再回顾小数除法的计算方法,有效沟通新旧知识的联系,目的是让学生产生正迁移,把用四舍五入法求近似数的方法有效迁移到求商的近似数中,为新知识的学习做知识和方法上的铺垫。在导入 3 中还出现了"为什么要求近似数?准确数不是更精确、更好吗?"这样的问题,让学生很快能够联系实际,意思到自己已经会求小数乘法中积的近似数了,那么在小数除法中,如果不需要商有很多数位,也可以用"四舍五入法"保留一定的小数位数,求出商的近似数,为学习用四舍五入法求商的近似数的必要性做有效铺垫。

确实在日常的教学中,我们会看到很多从复习导入的教学,因为复习导入明确了知识的生长点,关注了知识间的内在联系,能从数学结构化角度去开展教学。

◎问题导入

"提出问题是创造力发明的源泉,是社会发展的动力""提出问题比解决问题更重要"等论断都在强调提出问题的重要性。在小学数学教学中,提出问题的重要性不言而喻,教学中培养学生提出问题的能力也是大家的共识,因此在数学课堂教学中,顾志能老师专门研究生问课堂,他把生问课堂定义为"学生提出问题的课堂",要求在课堂上,教师依托一定的材料,把握合适的时机,采用恰当的手段,引导学生自己发现问题、提出问题,然后借助学生提出的问题,引领学习,推进教学。并且学生的提问可以发生在课堂教学的每一个环节,那么在"用四舍五入法求商的近似数"这节课的导入教学中,又可以怎样引导学生提问呢?让我们一起来看两个片段。

问题 1(李强,2016 年)

师:我们已经会求小数乘法中积的近似数了。在小数除法中,常常会出现除不尽的情况,或者虽然除得尽,但是商的小数位数比较多,实际应用中并不需要这么多位的小数,这时就可以根据需要用"四舍五入法"保留一定的小数位数,求出商的近似数,这就是我们这节课要探究的内容。(板书课题:商的近似数。)

师:对于本课题你们有什么想要解决的问题?

生 1:商的近似数如何求?

生 2:商的近似数有什么作用?

生 3:商的近似数与积的近似数有何关系?

问题 2(天津师范大学附属小学王老师,2021 年)

师:同学们好,今天,王老师和大家一起学习"商的近似数",观察课题,今天学习的内容和哪些知识有关呢?

生:用四舍五入求近似数的方法。

师:在实际应用中,小数除法所得的商也可以根据需要用"四舍五入法"保留一定的小数位数。你有什么想说?

生 1:为什么要求商的近似数?

生 2:该怎样取商的近似数呢?

上面两个导入,都是在出示课题后让学生提问,学生看着课题能够很有针对性地提出问题,比如:商的近似数怎么求,学习了有什么用处;商的近似数与积的近似数有何关系;等等。其实学生是非常聪明的,他们提出的问题也是这节课老师上课的重点和难点,如果解决了这些问题,那么这节课的教学目标也就有效达成了。并且学生自己提出的问题,能引起老师的重视,成为课堂上同伴们一起探究的内容,学生会更乐于去解决,最后自己又能获得深刻的理解。这样的课堂更加体现了学生学习的自主性,学为中心、生本课堂的特征更能充分显现;这样的学习,学生兴趣更高涨,参与更积极,效果更明显。

◎情境导入

创设情境是数学教学中常用的一种策略,它有利于解决数学内容高度抽象性和小学生的思维具体形象性之间的矛盾。课程标准(2011 版)中指出,数学教学要紧密联系学生的生活实际,从学生已有经验和生活实际出发,创设生动有趣的情境,为学生提供从事数学活动的机会,激发学生对数学学习的兴趣以及学好数学的愿望。那么创设怎样的情境,才能把枯燥抽象的数学问题变得生动? 又要注意哪些问题? 毫无疑问,创设情境首先要有针对性,材料或活动情境创设应针对教学内容的特点和学生存在的问题,为实现教学目标服务,不能为情境而情境;其次,情境创设要有趣味性,数学教学不仅要关注知识与技能、过程与方法,还要关注学生的情感体验,因此创设的情境要尽量新颖有趣,能有效激发学生的学习动机,唤起学生强烈的情感体验;再次,情境的创设要有思考性,要为学生提供一定的思维空间,富有启发性,能激活学生认知,激发学生进行广泛的联想和思考。我们来看一看下面两位老师的导入。

情境 1(王华聚,2017 年)

同学们,上节课,我们了解了三峡工程的很多信息,解决了许多有趣的数学问题。除了三峡大坝之外,我们国家还有很多水利工程,让我们一起来看看。

情境 2(陈约保,2019 年)

师:同学们,我们去超市购物,一般采取什么方式购买?(有时需要零买,有时需要整买)零买和整买还蕴含着许多数学问题。

出示:马上要秋游了,几个同学约好一起买食物,一盒优酸乳共 3 瓶,标价 5.50 元;一袋妙芙共 4 个,标价 9.50 元。你读出了什么信息?

上面的两个导入,没有像复习导入一样,一开始就很明确地让学生感知到学习内容。导入 1 是青岛版教材的教学设计,学生通过教师的话语知道除三峡大坝外,我国还有很多的水利工程,那么这些水利工程到底与数学学习之间有怎样的关系,这节课又要学习什么内容,这些都能激发学生的思考与想象,吸引学生有效投入到学习中;再看导入 2,则是通过创设学生熟悉且喜爱的秋游购买零食的情境,引导学生思考一瓶优酸乳和一个妙芙的价格,从而顺利引入用四舍五入法求商的近似数的教学。

我们说教学情境是一种特殊的环境,是教师为了支持学生的学习,根据教学目标和教学内容有目的地创设的教学环节。在导入中创设情境,有利于在最短时间内抓住学生学习的兴趣,以达到激发学生主动学习的目的,从而使其积极主动地投入到后续研究性的学习过程中去。

上述导入方式你比较喜欢哪一种？如果你来上这节课,你会采用哪种导入方式呢？

以上导入各有特点,复习导入通过引导学生对上一节课所学习的知识进行复习和巩固,加深学生对于知识的理解和记忆;提问导入更加开放,通过学生提问与课堂教学中围绕解决这些问题,前后呼应,既培养学生问题意识,又激发学生对本节课程学习的探究兴趣;情境导入在课一开始就具备吸引学生注意的特点,不管哪种导入法,最终的目的都是想把学生的注意有效集中到课堂学习上来。因此老师们应当认真研究教材,结合学生的认知特点和教学内容,采取合适的课堂导入策略。

（2）例题教学。

教学心理学的研究表明,教学效果往往更多地取决于教师的教学是否符合学生的心理需要和理解水平。在例题教学中该采取怎样的方式进行教学,涉及"教与学"两方面问题。学生有效的学习,既是学生寻求良好学习方法的依据,又是教师思考"教的规律"的基础。新修订的《数学课程标准(2011 年版)》中明确指出,数学教学活动是师生积极参与、交往互动、共同发展的过程。有效的教学活动是学生学与教师教的和谐统一,学生是学习的主体,教师是学习的组织者、引导者与合作者。人民教育家陶行知先生曾经说过,先生的责任不在教,而在教学,而在于教学生学,事怎样做就怎样学,怎样学就怎样教;教的法子要根据学的法子,学的法子要根据做的法子。那么在例题教学中,老师们又是怎样引导学生进行学习的？

教学 1（龚士华,2014 年）

1.出示:爸爸给王鹏新买了 1 筒羽毛球。一筒羽毛球有 12 个,共 19.4 元,一个羽毛球大约多少钱？

（1）学生读题。

（2）学生独立列式、计算。

（3）师生交流。

怎样求商的近似数呢？保留哪一位比较合适？

生:用四舍五入的方法保留两位小数,因为人民币单位是元角分,小数点后第二位是分,是最小的面值,所以保留两位小数。

生:还可以精确到角,只要保留一位小数。

师:那你只要除到哪一位？

生:小数点后第二位,四舍五入后是 1.6（用"≈"连接）。

师:82.5÷40＝2.0625（保留一位小数）,这个数如果让你去除,你会除到哪一位？

2.发现求商的近似数的规律。

学生交流讨论,并发现,求商的近似数,只要除到要保留位数的下一位。

总结:求商的近似值,一般先除到比需要保留的小数位数多一位,再按照"四舍五入法"取商的近似值。

我们知道"教"与"学"是"教学"这个"基本单位"的两个方面,"教"与"学"在教学过程中是不可剥离、相互锁定的有机整体。教学过程是师生为了实现教学任务目标,围绕着教学内容,共同参与,通过对话、沟通和有效的合作活动,产生交互影响,以动态生成的方式推进教学活动的过程。在上述例题教学中,教师在尊重学生、赏识学生、信任学生的前提下,放手让学生独立解答,但是在学生计算后发现无法除尽时,教师适时抛出"怎样求商的近似数呢?保留哪一位比较合适?"的问题,引发学生思考,学生根据学习人民币的经验认为可以保留两位小数,也可以保留一位小数,这样的做法远比老师明确要求保留几位小数有意义得多。这样有效的教学活动,体现出教师与学生之间不是一种简单给予、被动接受的关系,师生双方积极互动、参与,在学生学习疑难处,教师适时点拨、指导,为学生的充分发展提供有效的条件和机会,真正把课堂交还于学生。

教学2(周小珍,2018年)

自主学习,根据要求自主解答:

1.出示:爸爸给王鹏新买了一筒羽毛球。这筒羽毛球19.4元,一筒是12个,每个大约多少钱?

2.学生计算。

19.4÷12＝1.616666…

3.得数保留两位小数和一位小数分别是多少? 你是怎样想的?

4.讨论并思考求商的近似数的方法。

反馈并归纳:

看:需要保留几位小数,保留两位小数是1.62,保留一位小数是1.6。

除:除到要保留位数的下一位。

取:用"四舍五入法"取商的近似数。

5.针对自主学习中找出的疑惑点,向老师请教或与小组讨论交流,答疑解惑。

在这个教学中很明显发现老师放手让学生自学并自主解决问题。课上老师并没有过多讲授式教学,只是在学生出现得数是1.616666……时,让学生自己去保留一位小数和两位小数,在保留后由学生讨论得出取近似数的方法,提炼出"看—除—取"三部曲,最后让学生找自学中的疑惑点,去提问与请教老师与同学。这样的教学营造的是以"学的活动"为基点的课堂,老师考虑到学生已经具备用四舍五入法求积的近似数以及小数除法这些实际能力,因此就放手让学生自主学习,教师摆正了教与学的位置,着力转变重教轻学的倾向,体现出"以生为本、以学定教,顺学而导"的先进教学理念。

教学3(天津师范大学附属小学王老师,2021年)

师:同学们,将目光聚焦在题目中,找一找信息,说一说如何解决其中的数学问题。

生:图中的数学信息分别是"19.4元是总价,12个是数量",问题是"每个大约多少钱? 求单价",根据数量关系式单价＝总价÷数量,用除法计算,列式是19.4÷12。问题是求"每个大约多少钱?",因此需要用约等于号连接算式和计算的结果。

师:题中没有明确保留几位小数,该怎样取商的近似数呢? 这是研究的关键点,你有好的建议与新的思考吗? 小组合作研究一下。

生1:求的是大约多少钱,说明这道题可能除不尽,或者是能够除尽,但是商的小数位数比较多,根据"计算钱数"这种实际情况不用这么多小数位数,于是需要求商的近似数。

生2：人民币最小的单位是分，因此在计算钱数时，即使没有要求取近似数或者规定保留几位小数，也要根据实际情况最多保留两位小数，这个方法是否也适用于计算钱数时求商的近似数呢？

生3：人民币的最小单位是分，在以元为单位的小数中，分正好对应的是百分位。因此，商最多保留两位小数。

生4：计算钱数，既可以保留两位小数，表示精确到分；也可以保留一位小数，表示精确到角。计算到小数点后第二位为1.61元，四舍五入后约等于1.6元。

板书：计算钱数

师：求商的近似值和求积的相似值有什么异同点吗？小组讨论一下。

生1：相同点都是按"四舍五入"法取近似值。

生2：不同点是，取商的近似值只要计算时比要保留的小数位数多出一位就可以了；而取积的近似值时则要计算出整个积的值以后再取近似值。

思考

> 看了这则教学片断，你有什么想法呢？师生间的对话是否吸引了你的注意？

在上面的教学片断中，教师用核心问题引领，采用问题驱动的方式进行教学。问题驱动教学法是一种以学生为主体，以专业领域内的各种问题为学习起点，以问题为核心规划学习内容，让学生围绕问题寻求解决方案的一种教学方法。教师在此过程中的角色是问题的提出者、课程的设计者以及结果的评估者。这种教学法能够提高学生学习的主动性，提高学生在教学过程中的参与程度，容易激起学生的求知欲，活跃其思维。在实施过程中分四步进行：第一步是教师提出问题。我们可以看到教师提出了三个核心问题，分别是①找一找信息，说一说如何解决其中的数学问题？②怎样取商的近似数呢，你有好的建议与新的思考吗？③求商的近似值和求积的相似值有什么相同与不同点吗？第二步是分析及解决问题。这一阶段以学生的活动为主，可以让全班同学相互间进行讨论和交流，让每个学生都提出自己的观点和看法。我们可以看到，在第2个问题和第3个问题抛出后，小组间进行了合作探究学习，而学生呈现的丰富的答案体现了学生学习的成果，在这个阶段教师主要是发挥引导作用，给予及时的提醒和引导。第三步是进行评价总结，我们可以看到在第二个问题"怎样取商的近似数呢，你有好的建议与新的思考吗？"这样的问题研究后，四位学生给出了一层一层递进式的问题解决方法，最后师生进行总结评价完成画龙点睛式的板书提炼。在这样的课堂上，学生始终能够主动参与、敢于质疑、掌握方法、学会学习，同时启发数学思维，提高解决数学问题的能力。这种教育生态学理念与数学学科本质特征在课堂中的有机融合，营造了良好的数学课堂生态环境，平衡了教学中的各种关系，达到发展学生数学素养和提升学生生命质量的目的。

以上三则教学片断，虽然年份不同，分别是2014年、2018年、2021年，但是都属于新课程标准颁布后的教学设计，他们的教学理念是相通的，都是"明确学的目标、转变学的过程、提升学的质量",达到有效教学的目的。有效教学的最终目标从数学学科的角度来讲是要促进学生数学基础知识和基本方法的掌握,数学基本技能的形成和数学基本活动经验的积累,促进学生发现问题、提出问题意识的增强以及分析问题、解决问题能力的提高,同时也要促进学生情感、态度和价值观的发展,这正是新课程标准理念下课堂教学所追求的境界。

③板书设计。

板书是教学中所应用的一种主要的教学媒体,现代教学媒体的大量涌现不仅没有使板书退出课堂教学的舞台,反而更加彰显出板书不可替代的特点与优势,也更加丰富了板书的显现形式。板书与讲解一样,贵乎"少而精"。古人说:少则得,多则惑。板书要做到"少书""精书";板书要书在点子上,书在关键处,起到"画龙点睛""提纲挈领"的作用。精心设计的板书,赏心悦目,能使学生兴趣盎然,活化知识,加深学生对知识的理解,加深记忆,是提高学生非智力因素的重要手段,其基本任务就是围绕教学目标、遵循教学规律,将教材的知识结构、学生的认知结构、教师的导学结构有机地结合起来,将抽象的知识形象化、繁杂的知识条理化,有利于学生掌握知识。那么用四舍五入法求商的近似数这节课老师又会设计怎样的板书?这些板书是否能起到画龙点睛、提纲挈领的作用?让我们来看看五位老师的板书设计。

板书1(刘映希,2015年)

商的近似数

商保留整数,除到小数点后面第一位

商保留一位小数,除到小数点后面第二位

商保留两位小数,除到小数点后面第三位

板书2(刘倩,2019年)

商的近似数

$19.4÷12≈1.62$(元)

$$12\overline{)19.4}$$

简洁　方便

$19.4÷12≈1.6$(元)

$19.4÷12≈2$(元)

①算出商,计算到比保留的小数位数多一位。

②用四舍五入法取商的近似数。

③横式要用"≈"。

板书3(张国柄,2021年)

求商的近似数

求商的近似数的方法　　　　$19.4÷12=1.616666……$

①看:需要保留几位小数或整数。　保留两位小数:1.62

②除:除到要保留位数的下一位。　保留一位小数:1.6

③取:用四舍五入法取商的近似数。

板书4(张海滨,2021年)

　　　　商的近似数

保留两位小数　　　　　　　保留一位小数

19.4÷12≈1.62（元）　　　19.4÷12≈1.6（元）

计算钱时,保留两位　　　　计算钱时,保留一位

小数,表示计算到分。　　　小数,表示计算到角。

板书5(胡友群,2021年)

　　　　商的近似数

(1)19.4÷12＝1.616…≈1.62(元)

保留两位小数表示计算到分。

(2)19.4÷12＝1.616…≈1.6(元)

保留一位小数表示计算到角。

小数除法中求商的近似数的方法

一看:看需要保留的小数位数。

二除:除到比需要保留的小数位数多一位。

三取:根据"四舍五入"法求出商的近似数。

以上五个板书,体现了这样一些共同点。

一是大多数的板书都有用四舍五入法求商的近似数的方法提炼。板书1的落脚点放在每一个要求的具体保留方法上,如保留整数除到小数点后一位,但是还可以进一步提炼也就是在保留中只需要除到比保留的数位多一位就可以了,另外还可以把"四舍五入"这个方法进行板书,因为整节课的学习就是在研究用四舍五入法求商的近似数;板书2归纳了三点方法,先算出商,计算到比保留的小数位数多一位,再用四舍五入法取商的近似数,最后提醒横式要用"≈"连接,让学生明白算出的商是一个近似数,不能用等号连接;板书3中求商的近似数的方法有"看、除、取"三步,看需要保留几位小数或整数,也就是先要明确要求,看清楚题目,这其实也是在培养学生认真仔细审题的好习惯;再除到要保留位数的下一位,这是用四舍五入法求商的近似数区别于求积的近似数的地方,让学生知道不需要算出很多位的小数,最终提炼取近似数所使用的是四舍五入法;板书5的方法提炼与板书3一致。可见在这节课中,方法提炼是非常重要的,有了这些方法学生在用四舍五入法求商的近似数时相当于有了一根拐杖,能支撑学生自主进行问题解决。

　二是大多数的板书都有算式板演。板书3给出一个循环小数的横式计算的结果,也就是19.4÷12＝1.616666……,得数保留一位小数是1.6,保留两位小数是1.62;板书4留下两个横式,即19.4÷12≈1.62(元),19.4÷12≈1.6(元),并配合文字说明让学生明白保留一位小数和两位小数的最终结果;板书5与板书4类似,只是在每个横式中多了用等号连接的循环小数,再通过观察这个循环小数得数具体的算式,如,19.4÷12＝1.616…≈1.62(元),19.4÷12＝1.616…≈1.6(元);最特殊的是板书2,不仅完整演示竖式计算的每一步过程,并且一直除到小数点后面第三位,接着再根据这个算式按照实际情况保留整数、一位小数和两位小数,再板演三个横式,19.4÷12≈2(元),19.4÷12≈1.6(元),19.4÷12≈1.62(元)。这

样的做法其实是在渗透表格式算式的算法,具体见图 5-1,这类题目的特点是给出一个算式要求分别保留一位小数、两位小数、三位小数,那么学生在计算中是每看到一个要求列一个竖式完成一个要求,然后看到数位不够再把这个竖式往下算?还是根据保留位数最多的要求,一口气完成整个竖式的计算,再根据具体的保留要求进行保留,从而完成一道题目的三个要求?有了课上这样的学习体验,在做表格式问题中,学生就能进行学法迁移,看似表格中有 9 个结果,其实只要完成三个算式再根据具体要求进行相应位数的小数保留就可以了。

③ 填表。

算式	得数保留一位小数	得数保留两位小数	得数保留三位小数
40÷14			
26.37÷31			
45.5÷38			

图 5-1　人教版 2022 年第 36 页练习八中的习题

此外,板书 4 和板书 5 还有一个相同之处,就是结合计算羽毛球单价的实际情境,说明"计算钱时,保留两位小数,表示计算到分;保留一位小数,表示计算到角",这也体现了数学与生活的实际联系,让学生明白,例题教学中没有给出具体保留几位小数,但是我们可以根据生活实际,根据人民币单位的使用情况,把单价精确到角或分,这就是算式之所以保留一位小数或两位小数的依据。

思考

上面的这些板书你最喜欢哪一个?如果是你又会怎样设计呢?

我们都知道教学有法,但教无定法,贵在得法,板书也没有统一的模板,但它在一堂课中的作用却是不可忽视的。在数学课堂上,老师写板书的过程,就是引导学生观察、思考、分析、理解、内化教学内容的过程,这也是学生认知不断发生、发展的过程。

综上所述,作为教师,在备课中不仅要备教材、备学生、备教法,还要备板书,在板书设计上用精炼、概括、科学、图文并茂的方式呈现课堂教学的重点、难点,给学生更多感性认识与理性概括的机会。

5.1.2　用进一法和去尾法解决问题教学设计综述

在人教版 2022 年五年级上册"小数除法"这单元教学中,最后四个例题是这样安排的:先学习用四舍五入法求商的近似数,再学习循环小数和用计算器探索规律,最后再学习用进一法和去尾法解决实际问题。那么在老师们设计的"用进一法和去尾法解决实际问题"教学中,又能带给我们哪些启发与思考呢?

1.教学目标综述

(1)教学目标(陈娥,2014 年)

①学会根据实际情况采用"进一法"和"去尾法"取近似值。

②会解决简单的问题,体会"进一法"和"去尾法"在现实生活中的应用价值,提高解决问题的能力。

③感受数学知识与实际生活的联系,培养学生应用数学知识分析问题的方法,同时体验解决问题的乐趣,激发兴趣。

(2)教学目标(谢彪,2016年)

知识目标:让学生在解决实际问题的过程中,进一步理解有时需要用"去尾"和"进一"的方法求商的近似值,使学生进一步理解小数近似值的含义。

能力目标:引导学生应用所学的计算解决一些简单的实际问题,进一步感受数学知识的实际应用价值,提高解决简单实际问题的能力。

情感目标:让学生感受数学与现实生活密切相关,培养学习数学的兴趣,让生活因为数学而精彩。

(3)教学目标(雷顺华,2016年)

①通过组织学生讨论,让学生充分感受到在解决实际问题时,要根据实际情况用"进一法"或"去尾法"取商的近似值。

② 进一步巩固小数除法。

③培养学生联系生活实际灵活解决问题的能力,体会"进一法"和"去尾法"与现实生活的密切联系。

(4)教学目标(汪太荣,2016年)

①在解决实际问题的过程中,使学生体会有时需要使用"去尾法"和"进一法"来求商的近似值才合理,掌握具体求商的近似值的方法。

②引导学生运用所学的知识解决一些简单的实际问题,培养学生根据实际需要灵活处理信息的能力。

③使学生在学习活动中体验成功的喜悦,感受数学与生活的密切联系。

④培养学生探究发现、灵活解决问题的能力。

(5)教学目标(付建国,2016年)

①在实际应用中,会灵活地选用"去尾法"和"进一法"取商的近似值,培养学生解决实际问题的能力。

②在对生活实际问题的讨论过程中,培养学生分析、比较、灵活解决实际问题的能力,并学会与他人合作,提高与人交流的能力。

③通过对不同生活情境的分析与思考,体会近似值的生活意义。

(6)教学目标(余振兴,2018年)

①通过对不同生活情境的分析与思考,体会近似值的生活意义,并根据实际需要,选择"去尾法"或"进一法"解决生活中的实际问题。

②在对生活中的实际问题的解决过程中,培养学生分析问题、解决问题的能力,丰富解决问题的策略,进一步发展学生的思维能力,并学会与他人合作、交流。

③通过对不同生活情境的分析比较,感受数学与生活的实际联系,并在学习活动中体验到成功的喜悦。

（7）教学目标（虞赛红,2019 年）

①在具体情境中,引导学生根据实际情况采用"进一法"或"去尾法"取商的近似值。

②在活动中,提高学生灵活应用所学知识解决实际问题的能力,体会"进一法"和"去尾法"的应用价值。

③在解决问题中感受数学解题策略的巧妙运用,体验数学乐趣。

④培养学生学会合作、乐于交流的学习能力和认真审题、细心计算、及时检验的良好习惯。

（8）教学目标（涂建勇,2019 年）

知识与技能:掌握进一法和去尾法的含义,会灵活选用"进一法"和"去尾法"取商的近似数,培养学生解决实际问题的能力。

过程与方法:经历对实际问题的讨论过程,培养学生分析、灵活解决问题的能力,并学会与他人合作,提高与人交流的能力。

情感、态度与价值观:通过学生对不同生活情境的分析与思考,体会近似数的生活意义。

（9）教学目标（韩春霞,2020 年）

①掌握"进一法"和"去尾法"的含义和运算方法。

②学会根据实际需要用"进一法"和"去尾法"取商的近似值,培养学生运用知识灵活解决生活中的实际问题。

③培养学生联系生活实际灵活解决问题的能力,体会"进一法"和"去尾法"与现实生活的密切联系。

（10）教学目标（陈红梅,2021 年）

①通过对不同生活情境的分析与思考,体会近似值的生活意义。

②在实际应用中,会灵活选择用"去尾法"和"进一法"取商的近似值,培养解决问题的能力。

③经历和探寻解决实际问题的过程,培养分析、比较、灵活解决问题的能力,并学会与他人合作交流。

④通过例题和习题的学习,感受数学与生活的紧密联系,体会数学的价值。

在上面的这些目标中我们可以读到如"掌握进一法和去尾法的含义,会灵活选用 进一法和去尾法取商的近似数,培养学生解决实际问题的能力、学会根据实际需要用进一法和去尾法取商的近似值,培养学生运用知识灵活解决生活中的实际问题"等,虽然大多数教学目标都归结为三点,但在这些教学目标中,只有第 8 个教学目标是分"知识与技能,过程与方法,情感、态度与价值观"进行叙述的,第 2 个教学目标与它类似,也是通过三个维度进行叙述,但是仔细去解读,实际上这些目标大同小异,几乎都是从三维目标进行叙述,其中"知识与技能"都是要求掌握用进一法与去尾法去解决问题,"过程与方法"都体现学生经历自主探究、与他人合作,同时体现过程性目标,如"经历和探寻解决实际问题的过程,培养分析、比较、灵活解决问题的能力","经历对实际问题的讨论过程,培养学生分析、灵活解决问题的能力"。因此,细读上面的教学目标,我们可以发现一些共性。

一是结果性目标非常明确。课程标准（2011 版）在结果目标中使用了"了解、理解、掌握、运用"等行为动词。对照上面的结果性目标,很明确可以发现通过本节课的学习,学生要掌握用进一法和去尾法解决生活中的实际问题,正因为有了这个目标导向,每一个教学环节,都始终围绕这个目标,在上面的目标中出现了"学会、理解、掌握"等词语,通过开展师生双边活动努力达成这些目标。

二是注重过程性目标。我们知道数学教学不仅是结果的教学,更重要的是过程的教学。课程标准(2011版)明确了"过程"本身就是课程目标,并通过"经历(感受)、体验(体会)、探索"等行为动词继续描述,在上面的这些教学目标中,这样的动词几乎都有。对学生来说,他们的数学学习并非被动吸收知识的过程,而是根据已有经验主动建构知识的过程,这种建构活动在特定的社会活动即"课堂"中进行,也就是在教师和学生组成的学习共同体中进行,学生在这个过程中,会主动交流、表达、质疑、修正,在这些过程中学生获得基本的活动经验,这正是基于动态的教学观,对学生来说则是一种充满情感、富有思考的经历、体验和探索活动。小学数学教学中,教师要特别重视根据课程内容以及学生的实际水平,通过设计和组织特定的数学活动来实现过程性目标。

三是注重学生情感体验。我们知道学生学习的过程是他们带着原有的知识经验自主建构知识的过程,在这个过程中,学生带着积极的情感进行探究学习,这将会使学习获得事半功倍的效果。因此在老师们的教学目标中,往往会重视情感体验,如上面的这些教学目标,有些在目标的第3点,有些在目标的第4点,如"体验解决问题的乐趣,激发兴趣","感受数学知识的实际应用价值","体验成功的喜悦,感受数学与生活的密切联系","感受数学与生活的紧密联系,体会数学的价值"等,正因为有了这样的教学目标,课堂教学更有生气,也更充满活力。

四是注重解决问题能力的培养。在上面的课程标准中我们会看到"培养分析、比较、灵活解决问题的能力;培养学生联系生活实际灵活解决问题的能力"等目标综述,这主要是体现学生发现问题、提出问题、解决问题的能力,也是强调数学学习过程以及培养学生解题策略及方法的要求,正如大家都熟悉的一句话"授人以鱼不如授人以渔",它的意思是说传授给人既有知识,不如传授给人学习知识的方法。道理其实很简单,鱼是做事目的,捕鱼是做事的手段,一条鱼能解一时之饥,却不能解长久之饥,如果想永远有鱼吃,那就要真正学会捕鱼的方法。在解决问题教学中,交给学生捕鱼的方法也就是问题解决的策略是非常重要的,这也是数学学习的核心素养所在。

思考

比较了这些目标,你在上这节课时又会提出怎样的目标呢?

(2)教学过程分析

①导入方式

导入,又称"导课""开讲"或"开场白"。课的导入是课堂上正式教学的启动,它指课堂教学开始之时,教师有意识有目的地引导学生进入新的学习状态的教学组织行为,是教学过程中的开始环节,导入拉开了一堂课的序幕,能否在一开始上课便将学生课前分散的注意力即刻转移到课堂上,并使其处于积极状态,是能否上好这堂课的首要问题,从某种意义上说,导入是否引人入胜直接影响着整堂课的效果。有效的课堂导入,往往会带来如下的作用:一是能够激发学生学习兴趣,激发学生内驱力;二是能够吸引学生注意力,集中学生思维;三是能沟通新旧知识,构建知识桥梁;四是能够明确目标,学习指向性强。与前面的用四舍五入法求商的近似数相比,用进一法和去尾法解决问题的教学在导入上又会采取哪些方法呢?

◎复习导入

在每堂课开始,教师通常采用复习上一课的内容作为导入新课的方法。这种方法便于学生巩固已学知识,便于将新旧知识系统地联系起来,循序渐进地开展教学,这样既复习了上一课的内容,又很自然地导入新课,不失为一种承上启下的好方法。让我们看一看一位老师的导入。

导入(汪太荣,2016)

同学们,首先让我们来复习一下怎样求商的近似数。

信息呈现:在 2004 年雅典奥运会上,我国的刘翔在 110 米跨栏比赛中仅用了 12.91 秒,获得了奥运冠军。刘翔平均每秒跑 110÷12.91=8.520526……米,保留一位小数是(　　　),保留两位小数是(　　　),保留三位小数是(　　　)。

问题设计:用什么方法求商的近似数? 板书:四舍五入法。

教师归纳:今天我们继续来学习跟商的近似数有关的知识。

很明显,教师利用刘翔跨栏比赛的素材,帮助学生回忆保留一位小数、两位小数、三位小数的方法,并板书四舍五入法,然后顺着这个方法告知学生今天继续学习求商的近似数的方法,在此已经引起学生思考:求商的近似数还有哪些方法?这些新方法能够解决怎样的问题?等等。并且我们可以想象,当完成进一法和去尾法的教学后,老师一定会对新学的两种方法与四舍五入法进行比较,学生在比较中会更加明确每种方法运用的实际情境,这样的复习导入是把所学知识纳入结构化的教学中,让学生的知识能够连点成线、连线成面、连面成网。

◎故事导入

小学生都喜欢听故事,教师可充分利用学生的这一心理特点,在正式讲授新学内容之前,通过讲述一个与教学内容相关的故事导入新课。当然,这样的故事,要适当结合教学内容,恰当穿插一些趣味性较强且寓意深刻的材料,这不仅可以活跃课堂气氛,还可使学生的精力高度集中,学生带着这份聚精会神的劲头开始新课学习,会产生浓厚的兴趣和求知欲,这样的开头可以说这堂课已经成功了一半。看看一位老师的故事引入。

导入(雷顺华,2016 年)

四舍五入的烦恼:这几天,四舍五入被人狠狠批评了几次,一直闷闷不乐的。数学王国最有智慧的山羊伯伯看到了,问是怎么回事,四舍五入向山羊伯伯哭诉:一次,有人要运 624 千克粮食,每袋装 100 千克,我一想 624÷100=6.24≈6,所以拿了 6 个袋子,最后袋子不够,骂我没用;还有一次,有人要把 200 张纸订成每本 12 张的本子,我一想 200÷12=16.66……≈17,按说可以装 17 本,最后只装订成 16 本,这人也骂我没用。我是不是真的很没用呢?山羊伯伯听到这里,给四舍五入讲了几句话,四舍五入立即转悲为喜,你们知道山羊伯伯讲了哪些话吗？通过今天的学习，你们就知道了。

这个故事采用了拟人的手法，赋予了"四舍五入法"以生命，老师在编故事中，编排了进一法和去尾法的素材，四舍五入两次被人骂没用，是因为按照"四舍五入"这个方法，把 0.24 舍去后，在实际生活中没能把所有的粮食都装进袋子里，袋子是不够用的；在碰到装订本子的问题时，按照四舍五入法确实是能够装 17 本的，但实际上却只能装 16 本。故事讲到这里，学生也会发现解决这两个问题，如果用四舍五入法，真的是不行的，而山羊伯伯的话能够让四舍五入转悲为喜，这就引起了学生的好奇，到底山羊伯伯会讲什么话，而此时老师又设悬念"通过今天的学习你们就知道了"。这样的故事引人入胜，并始终吸引学生牢牢听课，在课的结尾一定会头尾呼应，老师会让学生猜山羊伯伯说了什么，通过学生的叙述再出示山羊伯伯的话。雷老师的教学设计最后是这样的：山羊伯伯说"人们一般求近似数的时候都是用到四舍五入法，可是在生活实际中，有时候你就不起作用了。比如说主人要你准备袋子，6 个袋子只能装 600 千克，当然不够装 624 千克的粮食了，也就是要准备 7 个袋子，这就叫做进一法。装订的时候 12 张纸才能订成一本，余下的几张纸不能订成有 12 张纸的本子，所以一共只能订成 16 本，这就叫作去尾法。至于四舍五入，进一法和去尾法，究竟用哪一种，要看具体情况灵活使用了。听到这里，四舍五入转悲为喜，赶紧去找进一法和去尾法，讨论以后的合作问题了"。这个故事真的挺有意思，这样的结尾也有别于一般课堂以总结方式作为一节课的结尾部分，虽然这里也进行了知识总结，但是这里的总结借助了山羊伯伯的话，让枯燥的知识变得生动有趣。

◎情境引入

情境是知识转化为素养的主要途径之一，教师有目的地引入或创设具有一定的情绪色彩，并以形象为主体的生动具体的场景，能吸引学生学习，引起学生共鸣。当然导入情境的创设要尽可能贴近教学内容，尽量与学生的日常生活联系起来，让情境自然贴切合情合理。让我们一起看看两位老师的导入。

导入 1（俞赛红，2019 年）

师：同学们，首先老师要告诉大家一个好消息，下星期学校要组织去秋游了！一提到秋游，很多同学的脸上马上露出兴奋的表情！501 班的小强也特别开心，他和妈妈一起走进超市购物，为秋游做准备。看他们遇到了什么问题？

导入 2（涂建勇，2019 年）

师：同学们，数学明星小强过生日了，他想邀请你们参加他的生日 party！想去吗？我们快去买礼物吧！出示：一共有 17 人，每辆车坐 4 人，需要几辆车？

师：怎样列式？商几余几？需要几辆车？为什么？

生：剩下的 1 人还要坐一辆车，所以需要 5 辆。

师：这里还是四舍五入法取近似数吗？看来生活中一定还有别的方法取近似数，今天我们就一起走进生活，瞧瞧生活中的近似数。（板书课题）

两位老师创设的情境都是学生熟悉也是学生所喜欢的，比如秋游购物以及给同学过生日，在导入 1 中"小强和妈妈为秋游做准备，他们遇到了什么问题"，这样的情境能够紧紧抓住学生的眼球，他们会联想起自己秋游购物的情境，想知道他们遇到的问题自己是否也会遇到,这就能引起学生的共鸣,让学生带着探究展开新课学习;而导入 2 中呈现的是过生日买礼物坐车的情境,帮助学生回忆二年级学过的有余数的除法,并且根据生活经验很容易理解多出来的 1 人还需要一辆车,让学生思考这里是用四舍五入法取近似数吗?学生通过思辨明确了这里不是用四舍五入法取近似数,老师进一步提示"生活中一定还有别的方法取近似数,今天我们就一起走进生活,瞧瞧生活中的近似数",这样的思维冲突能够引起学生深入思考,也便于学生带着这种思考迫切地去探究生活中其他取近似数的方法。由此可见,贴近学生生活经验以及学习经验的情境导入,更有利于激发学生的探究欲望,学生的内驱力更容易被激发,他们的课堂学习参与度也会更高。

◎开门见山导入

"开门见山"导入法是指在上新课前,不加其他环节,由教师直接引出新授课内容,这种导入法可以让学生在最短的时间内明确本节课的学习任务,直接明了,简单高效,节约大量课堂时间,还能有效地把握学生的学习起点,突出从学生已有的生活经验出发,让学生亲身经历将实际问题抽象成数学模型并进行解释与应用的过程。因课堂教学时间有限,在课堂导入中,老师们都很不愿意看到"开篇千言、离题万里"的导入,因此往往会选择简洁明了直接进入文题、干脆利落交代学习内容的导入方式,因此这种像"凤头"一样小而精的开门见山式的导入方式,也是日常教学中老师们喜欢的导入方式之一,我们来看看一位老师的导入。

导入(康绩,2019)

数学来源于生活,也要应用于生活。在生活中,我们经常要运用所学的数学知识来解决问题,这一单元我们主要学习的是小数除法,这节课我们就利用所学的知识解决问题。(板书课题:解决问题)

从这个案例可以看出,老师用寥寥几句话就点明学习要求,即用所学的小数除法来解决问题,让学生明白数学来源于生活,也要应用于生活,数学是与生活紧密联系的。这样的导入,是基于学生已有的学习经验小数除法,也基于学生解决问题的经验,因此这样的导入学生会觉得很亲切、很自然,进入新课学习的节奏会更快。

②例题教学

教材是知识的载体,是教师进行课堂教学的依据。教材中的内容只是提供学生学习活动的基本线索,而在新课程改革下,教材有很大的开放性和弹性,给老师留出了开发和选择的空间,也为学生留出选择和拓展的空间,以满足不同学生的学习和发展的需要。在用进一法和去尾法解决问题的新课教学中,老师们又是怎样进行教学的?

◎例题内容与教材一致

教学 1(谢彪,2016 年)

出示:小强的妈妈要将 2.5kg 香油分装在一些玻璃瓶里,每个瓶子装 0.4 千克,需要准备几个瓶子?

汇报:$2.5 \div 0.4 = 6.25$(个)　$2.5 \div 0.4 \approx 6$(个)　$2.5 \div 0.4 \approx 7$(个)

说说思考方法

生 1:第一个式子虽能除尽,但没考虑瓶子不能存在一部分。

生 2:第二个式子,瓶子不能有 6.25 个,应取整数,按"四舍五入"法取近似数,结果应是

6 个。

生 3：第三个式子，6 个瓶子不能装下 2.5 千克香油，剩下的 0.1 千克还需要一个瓶子，所以需要 7 个瓶子。

小结：根据实际情况取近似数时，不管省略部分首位上的数是多少，都向前一位进 1 的方法，叫作"进一法"。

教学 2（洪虹，2013 年）

出示：

例 1：小强的妈妈要将 2.5 千克香油分装在一些玻璃瓶里，每瓶最多可盛 0.4 千克。需要准备几个瓶子？

例 2：王阿姨用一根 25m 长的红丝带包装礼盒，每个礼盒要用 1.5m 长的丝带，这些红丝带可以包装多少个礼盒？

学生先试做，再请两位中等水平的学生到黑板上板演。

$2.5 \div 0.4 = 6.25 \approx 6$（个）

$25 \div 1.5 = 16.666\cdots \approx 17$（个）

引导学生判断算式列得是否合理，并质疑怎么你们都笑呢？

生 1：如果用"四舍五入法"取第一个问题的近似值，只需要 6 个瓶子，但 6 个瓶子只能装 2.4 千克香油，剩下的 0.1 千克香油也要拿 1 个瓶子装，所以需要 7 个瓶子。

生 2：第二题当包装完 16 个礼盒后，还剩的丝带不可能再包装一个礼盒，用"四舍五入法"不合适，所以要把小数点的尾数去掉，约等于 16。

师：非常感谢板演的两位同学，是他们让我们清楚地知道这两题采用"四舍五入法"取商的近似值不合适，所以在解决实际问题时，要根据实际需要取商的近似数。

这两个教学设计，例题素材都来自课本，第一个教学是把教材中的两个例题分开教学的，第二个教学是把两个例题一起教学的，两个教学设计都充分考虑以生为本的理念，在呈现例题后先放手让学生自己试做，再把学生做的不同结果呈现出来，在第二个教学设计中还特意挑选了两个中等学生的做法，这样做的目的都是引起学生思考，造成思维冲突，从而让学生自己体会在解决实际问题时，根据实际需要取商的近似数的必要性。

◎例题内容进行改编

教学（汪太荣，2016）

出示：儿童乐园门票 45 元一张，300 元最多可以买多少张？

学生活动安排：列出算式后，学生在练习本上试做并与同桌交流自己的想法。

生 1：$300 \div 45 = 6.6666\cdots$（张）

生 2：$300 \div 45 \approx 7$（张），因为 $300 \div 45 = 6.6666\cdots$；用四舍五入法取商的近似值，所以最多买 7 张。

生 3：$300 \div 45 \approx 6$（张），因为 $300 \div 45 = 6$（张）$\cdots\cdots 30$（元），30 元不够买一张，所以最多买 6 张。

辨析：为什么要把商保留整数？那么除到哪一位就可以了？

教师归纳小结，并板书。

在取商的近似值时,我们要考虑到实际情况,不管余数是几,都只能把它省略,要自觉地取整数商,在竖式上只要除到个位就够了。我们把这种取近似值的方法叫"去尾法"。

思考

> 如果你去上用进一法和去尾法解决问题的课,你又会对例题做怎样的改编呢?

这个教学设计例题没有选用教材中的内容,而是进行了改编,把原先教材中安排的王阿姨用红丝带包装礼物的情境改为了儿童乐园购票的情境,从学生的角度去思考,确实买门票的情境更加符合学生的生活经验和兴趣爱好,并且教学中对结果进行了辨析,明确 6.6666……如果按照四舍五入法就是 7 张,但是现实生活中多余的 30 元钱不能再买一张,只能舍去,同时进一步引发学生思辨"商为什么要保留整数?除到哪一位就可以了?"。教师作为学生们学习的指导者,在深入研读课标、专研教材和了解学情后,才能够达到从"教教材"到"用教材教"的转变,从而让教材更好地为教学服务。

③练习设计

在数学课堂教学中,新课学习与自主探究只是让学生对所学知识有初步的领会和识记,还未达到对数学知识的深度理解、巩固和灵活应用,要达到对所学知识的深入巩固,则必须借助于教师精心的练习设计与有效的教学组织,教师通过设计有针对性、探究性、实践性融于一体的练习,让学生巩固当天所学的知识,并内化于心提高学习效率。用进一法和去尾法解决问题可以设计哪些基本练习呢?

练习 1(雷顺华,2016 年)(节选)

1.将表中的数按要求保留整数。

	进一法	去尾法	四舍五入法
10.567			
6.49			
9.9			

2.判断下列各题用什么方法取近似值。

(1)张明用彩纸折叠纸飞机,每 5 张纸折一架,34 张纸可以折几架? （   ）

(2)校办工厂把 1010 个乒乓球装箱,每 20 个装一箱,需要多少个纸箱? （   ）

(3)一件衬衫要订 8 个纽扣,100 个纽扣能订多少件衬衫? （   ）

(4)1 袋大米 48.5 千克,如果每天吃 3 千克,够吃多少天? （   ）

3.运用新知,解决问题。

现有煤 32 吨,如果卡车每次只能运 5 吨,要几次才能运完?

练习 2(汪太荣,2016))(节选)

1.先判断用什么方法取近似值,再回答下列各题。

(1)一块布可以做 6.7 套西服,实际做(   )套。

(2)252 名学生乘坐旋转木马,每次最多可以乘坐 12 人,实际需要(   )次才能让每个孩子都乘坐旋转木马。

（3）王老师带 100 元去为学校图书室买新词典，每本《汉语词典》的单价是 18.5 元。他可以买（　　）本词典。

2.选择合适的方法解决实际问题。

（1）新美心蛋糕房特制一种生日蛋糕，每个需要 0.32 千克面粉。李师傅领了 4 千克面粉做蛋糕，他最多可以做几个生日蛋糕？

（2）小红家装修新居，在客厅里铺地砖，客厅长 12 米，宽 3.6 米，每块地砖的面积是 1.4 平方米。小红家至少要买多少块地砖？

练习 3（谢彪，2016 年）

1.判断下列各题，对的打"√"，错的打"×"，并改正。

（1）蛋糕房特制一种生日蛋糕，每个需要 0.32kg 面粉。4kg 面粉最多可以做几个生日蛋糕？ $4 \div 0.32 = 12.5 \approx 13$（个）……进一法。

（2）果农们要将 680kg 的葡萄装进纸箱里运走，每个纸箱最多可以装下 15kg，需要多少个纸箱？ $680 \div 15 = 45.333 \cdots$（个）$\approx 45$（个）……去尾法。

（3）一种橙子粉，每冲一杯需要 16g 橙子粉，450g 橙子粉最多能冲多少杯橙子水？ $450 \div 16 = 28.125$（杯）≈ 28（杯）……去尾法。

（4）一次运走 23.1 吨货物，需要载重量是 2.5 吨的汽车多少辆？

$23.1 \div 2.5 = 9.24$（辆）≈ 10（辆）……进一法。

2.算一算，比一比（分组计算）。

（1）有 15 名男生和 12 名女生到公园游玩，大家准备乘船，每条船最多乘坐 6 人，这些同学要租多少条船？

（2）张老师用 80 元钱为运动员买奖品。他先花 45.6 元买了 8 本相册，并准备用剩下的钱买一些笔，每支笔 2.5 元，可以买多少支这样的笔？

上面的三份基本练习设计都选用了 2016 年的，它们有以下共同点。

一是都有方法的判断。三份练习设计都有根据实际情境要求学生判断运用了什么方法的内容，这些情境有购物、装箱、做蛋糕、运货、做衣服、钉纽扣等，计算结果都需要用整数表示，但也有不同，练习 1 和练习 2 算式和方法都要求学生自己思考并解决，练习 3 则是给出算式和方法让学生直接判断。

二是都有问题解决的情境。练习 1 中安排了运货的情境，练习 2 中则安排了制作蛋糕和铺地砖的情境，练习 3 中安排了租船和购物的情境，并且这两个情境中给出的信息相对复杂，每道题目至少有 3 个信息，学生在解决问题中需要认真思考相关信息再进行有效解答。

除共性外，练习 1 还有自己独有的特点，比如它的第 1 题是一道填表题，题中给出了三个小数，分别是一位小数、两位小数和三位小数，要求根据这三个数分别求出用四舍五入法、进一法和去尾法的结果，把这节新课的学习与前面学习的四舍五入法有效联结，便于学生对三种方法进行巩固与比较。

但是不管怎么说，上面三份练习的设计，都是紧扣新课教学内容，学生通过这些练习，对进一法和去尾法各自的适用性更加明晰，更加能够根据具体情境，透过现象看本质，这个本质就是建模能力,也就是学生在实际应用的过程中,意识到到底是选择进一法还是去尾法,实际上就是看剩余的部分是"要"还是"不能要",如果剩余的部分需要装完,就用进一法取值,如果剩余的部分不够用,就用去尾法,从而使学生建立数学模型。这一过程,学生要结合题目中的问题和模型的构建模式进行分析和总结,以此来拓展自身的数学思维,提高自身的数学能力,最终解决数学问题。可见,这个过程就是保证学生在理解知识的基础上,运用所学知识经过求解模型得出问题求解的过程,从而顺利达成了本节课的教学目标,这正是有效设计练习的意义所在。

5.2 同课异构研究

同课异构是指同一节内容,由不同老师或者同一位老师根据自己的理解、学生的实际水平、现有的教学条件,采用不同的结构来教学。由于不同教师或同一教师对教材把握的不同思考,所备所上的课的结构、风格,所采取的教学方法和策略各有不同,这就构成了同一内容用不同的风格、方法、策略进行教学的课。同课异构在对教材的把握和教学方法的设计上强调"同中求异、异中求同",让我们清楚看到对同一教材内容的不同处理,采取不同的教学策略所产生的不同教学效果,并由此打开了教师的教学思路,彰显教师教学个性,体现资源共享,优势互补。但是同课异构不是进行比较和甄别,而是基于先前的上位知识、课程标准、教材研究、学生研究等的思考,对商的近似数这节课进行梳理和重构,使课程呈现不同的教学结构。何克抗教授认为:"教学结构是指在一定的教育思想、教学理论和学习理论指导下的在一定环境中展开的教学活动进程的稳定结构形式,是教学系统四个组成要素(教师、学生、教材和教学媒体)相互联系、相互作用的具体体现。"简单地说,教学结构就是指按照什么样的教育思想、教与学的理论来组织教学活动进程。

在人教版教材中,求商的近似数的方法是分两节课进行教学的,先教学用四舍五入法求商的近似数,然后学习循环小数和用计算器探索规律,再来学习用进一法和去尾法解决问题,因此在下面的同课异构中,分别进行用四舍五入法求商的近似数和用进一法和去尾法解决问题的教学设计。

5.2.1 用四舍五入法求商的近似数

1. 基于学生"自学·讨论·引导"的教学设计

小学数学教学面临着新的挑战,培养学生的核心素养,提升学生的数学探究和自学能力,成为数学教学的主要目标。自学是指一个人较少依赖别人帮助而独立地掌握知识、应用知识以及获得技能的自觉学习活动。自学在人的一生中起着非常重要的作用,新课程改革提出新的教学目标,以培养全面高素质人才,需要终身学习,而实现终身学习需培养学生自学能力,让学生能通过自我阅读、独立思考来获取知识、解答问题。在培养自学能力的基础上开展教学,可实现教学效果最优化。"自学·讨论·引导"这种学习方式可以分三个阶段:第一阶段,学生自学并提出问题,同时可以结合学习单进行;第二阶段,小组交流讨论,整理与问题有关的自学所得,逐步形成相对集中的问题并进行研讨;第三阶段,教师引导,在学生知识学习的重难点处、疑问处进行适时的点拨、引导,以解决问题,达成学习共识。在这样的课堂上,老师要树立生本意识,做好角色转换,突显学生的主体地位,老师要始终成为学生学习的引领者和陪伴者,把学习的主权还给学生。具体来说,要做好以下三点:一是注重学生兴趣的培养,学习兴趣能激发学生学习内因,只有调动了学习内因,才能提高学生的学习积极性,进而提高学生自主参与学习的意识;二是要交给学生自学的方法,并经常性地提供给学生自主学习的机会,逐渐帮助学生掌握自学方法;三是要培养学生的质疑意识,将不能理解的内容变成问题及时记录,并主动地去探究与寻求合作帮助,最终解决问题,同时收获解决问题的方法。

> **思考**
>
> 你觉得基于学生"自学·讨论·引导"的教学设计能培养学生自主学习的能力吗?

【教学目标】

(1)通过自学,自主探究用四舍五入法求商的近似数的方法,体会四舍五入法广泛的应用性。

(2)培养学生自主学习、合作交流的能力,以及分析、比较、判断的能力。

(3)培养学生解决问题的能力,能多角度思考问题,并灵活地取商的近似值。

【教学过程】

(1)自主学习,初步感知。

师:同学们,大家已经能用四舍五入法求一个数的近似数了,那么你能用四舍五入法求商的近似数吗? 请大家先自主学习,并完成学习单。

商的近似数学习单

1. 自学教材第 32 页的内容。

2. 当小数除法无法除尽又不需要求得精确值时,可以用( )求出它的近似数。

3. 试着算一算:19.4÷12 $12\overline{)19.4}$

(1)根据计算结果你会取哪些近似数?

(2)每一个近似数分别表示什么意思?

4. 在用四舍五入法求商的近似数时,保留整数要除到( )位,保留一位小数要除到( )位,保留两位小数要除到( )位。

5. 通过自学,我的收获是( ),
我的疑问是:( )。

学生自主学习,教师巡视,并为学习有困难的学生提供帮助。

设计意图:自主学习是学生参与课堂学习的一种重要方式,是现阶段新课程改革的重要目标。数学作为一门基础性学科,是锻炼学生自学能力的有效途径,同时自学能力的提高也可以反过来提升学生的数学学习效率,增强他们对知识的掌握,形成良性循环。如果学生没有自学能力,他的终身学习能力就会减弱,也无法适应信息时代的快速发展。作为五年级学生,已经有了一定的学习能力,并且对用四舍五入法求一个数的近似数已经有了一定的学习经验,也掌握了小数除法的计算方法,因此本环节的设计,就是想在数学课堂教学中,摒弃单一讲授的方法,而是采用多样化的措施来培养学生的自学能力,帮助学生逐步学会学习、学会思考,提高学习主动性与创造性。

(2)小组交流、讨论、整理问题。

组内4人在组长的组织下,每个人根据学习单交流自己自学的结果,遇到不会做的内容先在组内互相帮扶,组长再汇总组内同学进一步需要请教大家的问题。

设计意图:小组合作学习模式是学生开展自主学习的一种重要方式,这一模式在小学数学教学活动当中的应用,既可以很好地培养学生的合作意识,同时又利于促进学生形成自主学习和自主探究的学习习惯,对于培养学生的综合能力也发挥着重要作用。在小组讨论中,每个学生都要交流分享自己的自学成果,这一方面提高了学生交流表达的能力,也使一部分学习相对弱一些的学生能够有机会寻求小组成员的帮助,学生能够相互监督、相互鼓励、分享学习经验,同时把小组汇总的问题进一步在班级反馈中进行交流,进一步培养了学生合作意识以及归纳提炼问题的能力。

(3)全班展示,解决问题。

师:下面以小组为单位来汇报你们的学习情况。

第一小组

生1:我们已经能用四舍五入法求一个数的近似数,当小数除法无法除尽又不需要求得精确值时,也可以用(四舍五入法)求出它的近似数,它们的方法是一致的。

师:你们听懂他的意思了吗?

其他组学生:他的意思是说用四舍五入法求商的近似数的方法与求积的近似数的方法是一样的。

生2:我们组算出19.4÷12=1.616……,如果保留整数是2,保留一位小数是1.6,保留两位小数是1.62。

师:老师把它记录下来,对于这些结果你们有不同意见吗?

板书:19.4÷12≈2(元) 19.4÷12≈1.6(元) 19.4÷12≈1.62(元)

其他组学生:我们也是这样的,也有学生表示只是保留了一位小数和两位小数,没有保留整数。

生3:因为问题求的是羽毛球的单价,如果保留整数表示精确到元,只要除到十分位就可以了,保留了一位小数表示精确到角,要除到百分位,保留两位小数,表示精确到分,要除到千分位。

师:他的观点你们认同吗?把这个观点和你的同桌交流一下。

生4:我来总结一下"在计算商的近似数时,只要除到比保留的位数多一位,然后再用四舍五入法就可以求商的近似数了",我们组想给大家提一个问题,用四舍五入法求商的近似数和求积的近似数有什么区别?

师:这真是一个好问题,大家先想一想,再在小组内交流一下吧。

生:其实用四舍五入法求商的近似数和求积的近似数方法是一样的,唯一的区别是在求积的近似数时,先要计算出准确的积然后再用四舍五入法求近似数,但是求商的近似数不用计算出准确值,只要计算到比保留的数位多一位就可以了。

设计意图:本环节的教学设计,体现"以生为本,以学定教,能力为重"的基本理念,也就是以学生的发展为本,为学生的发展而教。这里的"学"就是关注学生学什么、怎么学、学得怎么样,关注学生的学习基础、学习过程、学习方法,突出学生的主体地位,强调学生的有效参与,培养学生自主、独立获取知识的能力,一切为学而教。核心是进行价值本位的转移,从以知识为基础的价值取向,转变成以人的发展为基础的价值取向,改变课堂教学中的教师"主宰""控制"的意识,改变学生"顺从""依附"的地位,把课堂转变为"学堂",把讲台转变为学生的"舞台"。在这样的课堂上,教师的作用在于启发引导、点拨引领、释疑解惑,是真正的课堂组织者和引导者,课堂上更多关注学生的学习经验,关注学生的学习方式、独立思考、相互交流、思维碰撞等,把学生推到前台,让质疑、争辩、补充、修正等充盈其间。

(4)巩固练习。

①计算下面各题。

	保留整数	保留一位小数	保留两位小数
4.8÷2.3			
1.55÷3.9			
14.6÷3.1			

②想一想:
一个数保留两位小数后是 6.30,这个数最大是( ),最小是( )。

【课后思考】

《小学数学课程标准》指出:数学教学活动必须建立在学生的认知发展水平和已有的知识经验基础之上。在本课学习之前,学生已经学习了用"四舍五入法"求一个小数的近似值,以及求小数乘法中积的近似值,并掌握了小数除法的计算方法,面对学生已经具备的充分的知识起点,本节课正是基于学生的认识基础和新知识的生长点,采用"自学+合作学习"的方式,激发学生的学习积极性,给学生提供充分"做数学"的机会,让他们在数学活动中表现自我、发展自我,感受到数学学习活动的意义及重要性,在这些做数学的过程中,初步学会数学思考的方法,帮助他们在自主探索和合作交流的过程中真正理解和掌握基本的数学知识与技能、数学思想和方法,获得广泛的数学活动经验,形成从不同的角度分析同一个问题的辩证思考能力。

思考

这种教学方法你喜欢吗? 在日常教学中你又是怎样基于学生自学的课堂展开教学的?

2.基于生问课堂的教学设计

> **思考**
>
> 你一定听说过生问课堂吧？怎样用生问课堂的理念教学用四舍五入法求商的近似数呢？

2011版《数学课程标准》及解读指出："教师要积极引导学生初步学会从数学的角度发现问题和提出问题,学生自己发现问题和提出问题是创新的基础……,培养学生的问题意识是培养学生创新意识的好办法。"无论是过去还是现在,无论是数学课还是其他课,让学生养成敢提问、愿提问的意识,掌握能提问、善提问的方法,都是教学工作最基本的目标之一。浙江省特级教师顾志能老师的"生问课堂"给了老师们很多的启发,他在著作《问题点燃课堂——小学数学"生问课堂"教学模式的实践研究》中全方位介绍了"生问课堂",它是学生提出问题、生长问题意识的课堂。顾志能老师认为数学课堂,因其内容特点,更可引发学生的思考和提问,所以数学课堂是一个培养学生提问能力的绝佳载体,在"生问课堂"上,教师在教学中要依托一定的材料,把握合适的时机,采用恰当的手段,引导学生自己发现问题、提出问题,然后借助学生提出的问题,引领学习,推进教学,也就是学生提问,以问引学。"生问课堂"有多种结构,一是在课始提出多个问题,统领全课,逐个解决;二是全课开展多次提问,承启环节,有序推进;三是在课中一处关键提问,聚焦重难点,集中突破;四是在课始提问引入教学,课中提问完善认知,……在具体的课堂教学中可以根据教学需要采取不同的结构进行教学。

【教学目标】

(1)培养学生通过自主发现问题、提出问题厘清用四舍五入法求商的近似数的方法,并能正确运用。

(2)通过生活实例体会取商的近似数的实际意义,体会数学来源于生活,培养学生学习数学的兴趣。

(3)培养学生问题意识,提升思维能力。

【教学过程】

(1)自主提问,引发思考。

师:同学们,今天我们一起来探究用四舍五入法求商的近似数,看着这个课题在你头脑中产生了哪些问题呢?

生1:用四舍五入法怎样求商的近似数?

生2:为什么要学习用四舍五入法求商的近似数?

生3:用四舍五入法求商的近似数与求积的近似数一样吗?

板书:怎样求?　　　作用?　　　与积的近似数的区别?

师:这节课我们就带着这些问题一起来学习,看看最终能否解决这些问题。

设计意图:在课的开头,老师就开门见山抛出学习内容,让学生思考看着学习内容想到了哪些问题?这样的教学方式能够一下子聚焦学生的思维,学生会透过这个学习内容去思考它背后隐藏着的内容,他们积极思考提问,并且自己提出的问题,能引起老师的重视,老师郑重其事地板书下来,并打上一个个问号,成为课堂上同伴们一起探究的内容,最后自己又能获得深刻的理解。如此的学习,学生兴趣更高涨,参与更积极,效果更明显,这样的课堂,学为中心、生本课堂的特征更能充分显现。

(2)探究学习,解决问题。

出示:星期天,妈妈带小明到农庄采摘了0.9千克桃子,付了7.85元,每千克桃子多少钱?

师:请大家算一算,结果到底是多少?

学生计算,教师巡视。

师:在计算时你们遇到了什么困难? 大家一起来讨论。

生1:这个算式是除不尽的,不知道怎样写好这个商。

生2:每一次都是试商2,但是余数总是2,这样除下去,除不尽。

生3:$7.85 \div 0.9 = 8.722 \cdots \cdots$

师:好奇怪的现象,你们以前遇到过吗?

生:没有,但是书中说这样的小数叫循环小数。

师:你真棒,已经提前预习知识了,这个数就是循环小数。学到这里你又有什么问题呢?

生1:结果到底是多少呢?

生2:题目中没有要求用四舍五入法,但是结果又除不尽,到底保留几位小数好呢?

板书:商是几? 该保留几位小数?

师:现在我们又增加了两个问题,你们能自己试着解决这两个问题吗?

反馈:

生:虽然题目中没有让我们取商的近似值,但是生活中算价格最多精确到分,所以结果最多只保留两位小数,我觉得$7.85 \div 0.9 \approx 8.72$(元)

师:你是用什么方法取商的近似值的?

板书:四舍五入法

师:8.72元是怎么得到的?

生:计算结果是8.722……,保留两位小数就是,只要看千分位上的数,是2就舍去得到8.72。

师:还有其他结果吗?

生:我是保留一位小数的,只要看百分位上的数是2,也是舍去就得到8.7,这个表示精确到角。

生:还可以保留到整数,我们看十分位上的数是7就五入,得到结果是9,表示精确到元。

师:刚才提出的两个问题"商是几和该保留几位小数"这两个问题解决了吗?

生:解决了。

师:说说你的理解。

生:我知道了虽然题目中没有说要保留几位小数,但是我们可以根据元角分,知道价钱最多是两位小数,也可以是一位小数和整数,所以可以保留整数、一位小数或两位小数。

师:看来这两个问题解决了,那么我就把这两个问号擦掉了。

师:同学们,同一种桃子,出现了三种价格,你觉得这些价格分别是哪些人会选择的呢? 大家讨论一下吧。

生1:如果是桃子园的老板,会选9元的价格,因为它最贵,赚的钱比较多。如果是顾客, 会选8.7元的,因为这个价格最便宜,买桃子花的钱会最少。

师:那么8.72元呢?

生:这可能是超市里的标价,因为我发现超市里物品的单价都是两位小数的。

师:大家真有想法,看来每一种价格的存在都有其合理性。我们一起来比较一下,8.7 元和9元,1千克相差多少元? 10千克呢? 100千克呢? 1000千克呢? 10000千克呢?

师:想一想,这两种定价有什么相同和不同呢?

小结:求商的近似数可以采用"四舍五入法",计算到比保留的小数位数多一位,再将最 后一位"四舍五入"就可以了。

设计意图:在本环节中,教师抛出问题让学生自主解答,学生在解答中遇到困难,此时教 师在问题解决关键处再次开启"生问课堂"模式,让学生继续提问,聚焦重难点。学生敢提 问、会提问,是一种重要的学习方法,更是一种宝贵的学习能力。学生提出了"商是几、该保 留几位小数"等问题,再带着这样的问题继续探究,最终发现根据生活实际有三种结果,解决 了这两个问题也就达成了教学目标中的第一条,即"通过学生自主发现问题、提出问题厘清 用四舍五入法求商的近似数的方法,并能正确运用"。

(3)回顾总结,提升方法。

比较这三个近似值,想一想这三种定价有什么相同和不同之处呢?

生:这三种定价的相同点都是近似值,并且都是用四舍五入法得到的。不同点是,分别 保留了整数、一位小数和两位小数,表示精确到元、角和分。

师:学到这里,你对一开始大家提出的"怎样求、有什么作用、与积的近似数的区别"这三 个问题能解答了吗? 小组内先交流一下吧。

生1:我知道求商的近似数可以采用"四舍五入"法,只有计算到比保留的小数位数多一 位,再将最后一位"四舍五入"就可以了。

生2:我知道了在实际生活中,如果不需要得到准确数,那就可以用四舍五入法求商的近 似数,这就是今天学习的求商的近似数的作用,而且不同的结果会有不同的人喜欢。

生3:在求积的近似数时,是要先算出准确的积,再根据需要保留的位数用四舍五入法求 积,而求商的近似数不需要求出准确的商,只要除到比保留的数位多一位就可以用四舍五入 法求商了。

师:看来大家今天提出的问题都自己解决了,那么老师可以把这里的问号都擦掉了,你 们真厉害,自己提出的问题自己都解决了。

设计意图:在教学中,如果教师只关注学生的解题方法和结果是否正确,仅停留于就题 解题的层面,就会缺乏思维层面的反思、比较与提升。本环节的教学,是在学生积累一定的 解决问题的经验后,及时引导学生进行回顾与反思,把解决问题的过程与方法作为研究对象 进行思维碰撞,提升解决问题的能力,因此适时提出"比较这三种近似值,想一想这三种定价 有什么相同和不同之处呢?"引起学生对课堂学习过程的总结,同时首尾呼应,对课前学生自己提出的三个问题让学生自己解答,学生在对这三个问题的解答中,进一步进行思辨、交流,发现三种取近似数的方法都有其存在的合理性,不同的人从不同的角度去看,可以有不同的取近似值的结果,这也让学生进一步理解对商保留整数、一位小数、两位小数的实际意义,可见数学是与生活紧密联系的。此外又与积的近似数作比较,把学生的数学学习纳入结构化教学中,一方面做求同分析:知道求积和商的近似数都是用四舍五入法,同时这些结果都是用在不需要用准确数表示的实际问题中;另一方面做求异分析,虽然都是用四舍五入法,但是积的近似数是根据准确数求得的,而商的近似数不需要求出准确数,只要比保留的数位多一位就可以了。

【课后思考】

"生问课堂"注重的是对学生提出问题能力的培养。学生能发现问题,提出问题,说明是在真思考、真学习,因为原本需要教师讲解的重点、难点知识,有了学生提问的加入,学习就变成了学生自己的事情。"生问课堂"的价值在于有利于学生提问能力的发展,聚焦学生创新意识的培养,助力于课堂教学改革的探索。因此在教学活动组织过程中,教师要善于创设轻松、和谐的课堂教学环境,在一开始要鼓励学生多提问,树立提问信心,培养提问兴趣,如教师引导"谁还能提出更多的问题",到了一定的阶段后,则要从量的要求过渡到质的要求,鼓励和引导学生提出不同类型的问题,教师可以引导"谁还能从不同角度提出问题"发散学生思维,使学生的问题意识得以表露和发展,同时要鼓励学生敢于标新立异,敢于发表独特见解,从而增强发现问题和提出问题的能力。此外,教师要有效设计教学材料,恰当改造教材资源,精心创编冲突情境,让学生能够根据学习材料发现问题、提出问题。当然对于学生提出的问题,教师需要进行必要的选择与加工,把学生的问题引导到课堂重难点的突破上,教师也可自己补充非常重要但学生未曾提到的问题,让学生围绕问题交流探究结果,学生在释放思维、分享想法的过程中教师再恰当引领,久而久之,学生提问能力一定会提高。教师应该把怎样培养学生的提问能力作为小学数学教学研究的重要内容。

3.基于核心问题的四问四导教学设计

思考

你知道用核心问题引领的四问四导教学模式是怎样的吗?

"核心"一词在辞海中解释为"中心;主要部分",课堂教学中提出的"核心问题"是教学中牵一发而动全身的中心问题,它具有鲜明的指向性、高度的整合性和适度的开放性。马赫穆托夫的问题教学理论认为:问题教学的心理学依据是问题性思维理论,也叫创造性思维理论、能产型思维理论,即解决问题能激发人们的创造性思维和能产型思维。问题意识是一个人的灵魂,知识不够可以弥补,可以与他人合作解决,而问题意识的培养则是人创造能力培养的核心。数学课堂上核心问题的来源有四个方面,一是核心问题是从教学内容中筛选出来的概念中最本质、最初始、最重要的本质问题,后续的很多知识都因由它而生发;二是核心问题是知识体系中承上启下的内容中,那些常常具有牵一发而动全身作用的问题;三是核心问题是在有标志性提高或转折性变化的知识内容中隐藏着的关键性的问题;四是核心问题是源于学生实际,学生最难理解、最易混淆、频频出错的困难问题。基于核心问题的四问四导教学模式有四个步骤:一是准备、导入、发问阶段;二是学习、指导、探问阶段;三是交流、引导、释问阶段;四是巩固、导评、质问阶段。

【教学目标】

(1)借助核心问题引领,通过探究、感悟、讨论、辨析,掌握在小数除法中用四舍五入法求商的近似数的一般方法。

(2)通过生活实例体会取商的近似数的实际意义,感受数学与生活的联系,培养学生学习数学的兴趣。

(3)培养学生解决实际问题的能力,提升思维的灵活性。

【教学过程】

第一环节:准备、导入、发问阶段。

师:同学们已经学习了用四舍五入法求积的近似数,请大家来解决下面两个问题,你们可以吗?

(1)一幢大楼有18层,每层高2.84米,这幢大楼大约高多少米?(得数保留整数)

(2)丽丽8步一共走了3.07米,她平均每步长大约是多少米?

生:这两个问题都是求近似数,第一题是求积的近似数,可以用2.84×18计算出结果,再看小数点后面第一位上的数是几,用四舍五入法可以求出它的近似数,但是第二题求丽丽每一步大约长多少米,要用除法做,而且也是求近似数,但是题目中没有说要保留几位小数,所以我不知道怎么做。

师:你很有想法,你的问题就是这节课我们要研究的问题。

板书课题:用四舍五入法求商的近似数。

师:根据你们学习过的用四舍五入法求积的近似数的经验,你觉得用四舍五入法求商的近似数该怎么求呢? 同学们开动脑筋,尝试着提出一个有价值的问题来。

生1:第2题中没有说要保留几位小数,那就是要根据实际情况保留小数位数了,我提一个值得大家思考的问题是"怎样保留商的小数位数"。

生2:我的问题是"求商的近似数要除到小数的哪一位?"。

师:(确定本节课的核心问题)如果我们研究了"求商的近似数要除到小数的哪一位",那么"怎样保留商的小数位数"是不是也显而易见了。那么我们就以"求商的近似数要除到小数的哪一位"作为大家研究的核心问题好吗?

设计意图:问题是导向,是学习的起点,是教学的开端,更是建构课堂的脚手架。课标2011修订版把"双能"扩展为"四能",在培养学生分析问题和解决问题能力的基础上增加发现问题、提出问题的能力,表明了问题教学在促进学生发展中的迫切性和重要性,为课堂教学的进一步改革指明了方向。在教学中,抓住核心问题展开课堂学导活动,能改变课堂提问上存在的"繁、杂、小、碎"的弊病,如果一节课上提很多指向性不强的问题,学生会被一个个问题牵着走,小步子、密节奏的课堂教学提问使得课堂"学少导多",学生看似参与颇多实则思维肤浅。本环节的教学,让学生基于积的近似数的学习经验,自主迁移商的近似数的学习,学生发现有困难,最终确定"求商的近似数要除到小数的哪一位"为这节课的核心问题,在后续的教学中,将始终以该问题驱动,促进学生探究学习,为学生打开一个相对充裕、深入、自主的探究通道,使课堂教学围绕核心问题、凸现生本主题。

第二环节:学习、指导、探问阶段。

师:请大家先完成第 1 题,再带着"求商的近似数要除到小数的哪一位"这个问题,自己试试探究一下第 2 题,看看能否解决这个问题,如果自己探究有困难,可以相互合作,也可以请求老师帮助。

学生活动:学生有的独立探究,有的合作研究,通过计算、思考、交流,解决"丽丽每一步大约长多少米"的问题。

教师活动:巡视、鼓励、指导。

设计意图:《数学课程标准(2011 年版)》指出:数学教学必须建立在学生的认知发展水平和已有的知识经验基础上。在教学中,我们不能视学生为一张白纸,将一个个知识点传给学生,让学生被动接受、理解、掌握,而应该关注学生的现实基础,清楚学生的知识储备,准确定位教学起点,让学生在自己的最近发展区域进一步学习新知。本环节的设计就是让学生根据已有的学习积的近似数以及小数除法的学习经验,去自主探究商的近似数,这个探究活动也是学生积累基本活动经验的过程。我们知道数学基本活动经验的积累必须依靠丰富多样的数学活动的支撑,这里主要是伴随学生解决"丽丽每一步大约长多少米"的问题,经历的观察、试验、猜测、验证、推理与交流、抽象与概括、反思与建构等活动。在这些过程中,学生获得的不仅仅是认识相关的知识,得出相应的结论,更重要的是积累了如何去探索、去发现、去研究的经验。

第三环节:交流、引导、释问阶段。

师:同学们都研究得很认真,也有了各自的结果,下面大家来分享一下研究成果。

生 1:我计算后得出 3.07÷8=0.38375(米)。

生 2:虽然我计算的结果也是 0.38375,但是题目中要求的是丽丽每一步长度的近似数,这个是精确数,所以我的结果是 3.07÷8≈0.384(米)。

生 3:我想平时我们测量一步长度的时候,是用厘米来表示的,所以只要保留两位小数就可以了,算式是 3.07÷8≈0.38(米)。

师:大家真有想法,每个同学都有自己的道理,还有不同的结果吗?

生 4:我觉得也可以保留一位小数,也就是 3.07÷8≈0.4(米)。

师:同学们,这四个算式中,每一个商分别表示多少长度呢? 同桌之间交流一下吧。

汇报:

生 1:我们学过的长度单位中,比米小的单位有分米、厘米、毫米,看到这个计算结果就知道丽丽的步长没有到 1 米,那就是几分米、几厘米或者几毫米,所以说 0.38375 米这个结果肯定不合理。

生 2:我接着他的话说,"0.4 米"是保留了一位小数,表示 4 分米;"0.38 米"保留了两位小数,表示是 38 厘米;"0.384 米"保留了三位小数,表示 384 毫米。

生 3:我觉得 0.384 米也不太合理,一个人的步长用毫米作单位也不必要,用分米和厘米就比较合理。

师:听了大家的发言,你有什么想说的吗?

生 1:听了大家的分析,我明白了,原来这题中真的不用告诉我们需要保留几位小数,我们可以根据生活实际情境保留小数位数。

生 2:计算结果哪怕是能得到准确数,也要根据生活实际情况取近似数的。

师:现在大家达成了共识,认为丽丽的步长可以是 0.4 米,也可以是 0.38 米,那这些结果你们是怎样得到的?

生:因为 3.07÷8＝0.38375,保留一位小数只要看小数点后面第二位,也就是百分位上的数,是 8 就五入,然后把后面的数都舍去;保留两位小数只要看小数点后面第三位,也就是千分位上的数是 3,就把 3 和后面的数都舍去。

根据学生回答板书:

求长度:3.07÷8＝0.3 8̲ 3 7 5(米)　　　　　3.07÷8＝0.38 3̲ 7 5(米)

保留一位小数,看小数点后面　　　　保留两位小数,看小数点后面
第二位上的数,表示精确到分米。　　第三位上的数,表示精确到厘米。

师:通过同学们的探究、交流、讨论,你有什么新的想法吗?

生 1:我知道了,一个人的步长可以用分米或者厘米作单位,也就是说只要保留一位小数或者两位小数就可以了,所以在计算 3.07÷8 时不用把整个答案都算出来,只要除到比保留的位数多一位就可以了。

师:这个发现真了不起,老师为你点赞。

生 2:我还知道了求积的近似数是要把准确的积算出来的,但是求商的近似数不用算出准确的商,只要除到比保留的数位多一位就可以了。

生 3:是的,如果题目中要求保留整数那就太好了,只要除到小数点后面第一位就可以了,可以偷懒了。(同学笑)

师:从你们的笑声里老师知道你们真的理解了,那么这节课的核心问题"求商的近似数要除到小数的哪一位",你能回答吗?

生:在求商的近似数时,只要计算到比保留的数位多一位,再用四舍五入法就能求出商的近似数了。

生 2:我还想说,就跟积的近似数一样,在生活中有些商不需要用准确数来表示,这时候就可以用近似数来表示。

设计意图:教学心理学研究表明,教学效果往往更多地取决于教师的教学是否符合学生的心理需要和理解水平,学生"学的规律"既是学生寻求良好学习方法的依据,又是教师思考"教的规律"的基础。《数学课程标准(2011 年版)》中明确指出,数学教学活动是师生积极参与、交往互动、共同发展的过程。本环节通过解决"丽丽平均每一步大约长多少米"这个问题,把"数学思考"作为目标,激发学生探究核心问题的乐趣,课堂给学生足够的时间和空间,经历观察、猜测、推理、验证等活动过程,随着课堂教学不断深入,学生的潜能不断被开发,他们积极思考,大胆设想,放心回答,逐渐迸发出思维火花,学生始终是学习的主体,教师是学习的组织者、引导者与合作者,在生生、师生交流、思维碰撞中,理解并揭示求商的近似数的方法模型,也就是"求商的近似数时,只要计算到比保留的数位多一位,再用四舍五入法就能

求出商的近似数"。这样以一个核心问题统领的课堂,学生学习探究的兴趣更高,生本课堂有效落实,课堂学习的效果也更好。

第四环节:巩固、导评、质问阶段。

师:知道了求商近似数的方法,请大家完成下面的练习。

(1)完成下表中的练习。

	保留整数	保留一位小数	保留两位小数
40÷14			
26.37÷31			
45.5÷38			

师:你们是怎么计算的?

生:因为这里的每道题目最多要求保留两位小数,所以这三道题目只要算到小数点后面第三位,然后根据要求,看比保留的数位多一位上的数是几,用四舍五入法就可以了。

(2)一筒羽毛球有 12 个,一共要 21.06 元,每个多少钱呢?

师:问题中少了"大约"两个字,是不是就不用求商的近似数了呢?

生:21.06÷12=1.755 元是能够除尽的,虽然题中没有要求取近似数,但是由于人民币的最小单位是分,也要根据实际需要,最多保留两位小数。方法一:保留两位小数,表示精确到分,21.06÷12≈1.76(元)。方法二:保留一位小数,表示精确到角,21.06÷12≈1.8(元)。方法三:保留整数,表示精确到元,21.06÷12≈2(元)。

小结:同学们不仅知道了求商的近似数的方法,还知道了用小数除法解决问题时,即使能除尽,有时也要根据实际需要取商的近似数。真的很能干! 对于今天的学习,你还有什么想提问的吗?

生 1:求商的近似数还有其他方法吗?

生 2:有些小数除法计算后除不尽的,这样的小数叫什么小数呢?

师:能深入思考是一种学习的好习惯! 我们一定能把知识学得更透彻。大家可以带着这样的问题课后进一步去思考和交流。

设计意图:弗赖登塔尔说过"数学现实"的教学原则,即数学来源于现实,扎根于现实,应用于现实,让数学教学符合生活气息,充满生活气息,会使学生对数学有亲近感。确实,基于儿童的心理发展特点,学生的学习带有浓厚的情绪色彩,对熟悉的生活情境会感到亲切有兴趣。在本环节学习材料的选取上,第一题是每完成一道计算就能解决三个要求,这样的题目学生是喜欢的,因为只完成了三道题目的计算却解决了 9 个问题,学生心中会有小窃喜,在计算方法的交流汇报中,学生进一步明白做这类题的简便算法,而第二题的购买羽毛球的情境设计,选取的是学生熟悉的情境,在计算结果的处理上再一次引起学生思辨,这样的练习设计更加能够激发学生学习兴趣,练习效果也会更好。

【课后思考】

本节课通过核心问题的确定、探究,借助四问四导充分整合教学目标、教学时间、教学环节、师生资源,有效调动学生主动参与学习的积极性,学生在专注、有效、充分地展开学习的过程中,促进了知识的自主建构和能力的全面发展,落实课堂教学"学"与"导"的有机统一。在核心问题引领的课堂上,要用尽可能少的关键性问题或提问,引发学生对学习内容进行更集中、更深入的思考和探究,真正把学习的时间与空间交给学生,学生被推到学习的主体位置,学生成为真正的探索者,同时这样的课堂能为学生腾出尽可能多的思考与创造的时空,教师在课堂上更加退向后台,主导与主体相得益彰,都能很好地得到发挥,课堂教学能更好地呈现出"研究大问题、提供大空间、呈现大格局"的状态,这样的课堂会呈现基于"主要问题、核心问题"的研究探讨、立体交流、思维碰撞的大好局面,学生在课堂上表现出的探索分享、思辨交流、归纳提炼为课堂主轴,在这个过程中,教师会更加关注学生的独立思考、主动表达、立体分享和学习能力的形成,学为中心、以学定教、顺学而导将得到充分体现。

5.2.2　用进一法和去尾法求商的近似数

1. 基于学习经验的教学设计

> **思考**
>
> 你觉得学生在学习用进一法和去尾法解决问题之前已经有了哪些学习经验?

建构主义学习理论强调学习者的主动性,认为学习是学习者基于原有的知识经验积极主动生成意义、建构理解的过程。奥苏贝尔说过:"影响学生学习的最主要因素是学生已经知道了些什么,我们应当根据学生现有的知识状况去教什么。"在日常教学活动中,由于学生有着不同的认知能力和学习经历,在以前的学习中已经积累了不同程度的数学学习内容的相关经验,从而为某些数学内容的学习提供了基础支持。而这些已有的经验对学生的学习活动的支撑又依赖于我们教师对学生这些"已有经验"的把握程度。新课标明确指出:"要重视从学生的生活实践经验和已有的知识中学习数学和理解数学。"确实,学生的学习都是建立在已有的知识经验基础上的,在学习用进一法和去尾法求商的近似数之前,学生的知识储备不是一张白纸,学生的经验中,基础知识直接影响着学生学习的好坏,所以教师应深入研读教材,准确地了解学生已有的知识体系。分析教材我们知道在人教版 2014 年二年级下册教材"有余数的除法"单元中,在解决问题教学里编排了这样的例题:22 个学生去划船,每条船最多坐 4 人,他们至少要租多少条船? 通过学习,学生明确多余下来的 2 人还需要一条船,所以至少需要 6 条船,这就是进一法的学习内容,基于学生已有这样的学习经验可以设计如下的教学。

【教学目标】

(1)借助已有学习经验,自主探究用进一法和去尾法解决实际问题,理解小数近似值的含义。

(2)引导学生应用所学知识解决问题,进一步感受数学知识的实际应用价值,提高解决简单实际问题的能力。

(3)感受数学与现实生活密切相关,培养学习数学的兴趣。

【教学过程】

(1)复习导入

先画一画,再计算。

①18个同学去公园玩,他们准备租船,每条船能坐4人,至少需要几条船。

②18个同学参加跳绳比赛,每4人一组,这些同学最多能分成几组?

师:你们是怎样想的?

生:这两题都可以用下面的图来表示,算式都是18÷4＝4(组)……2(人)

但是第一题多出来的2人也需要再租一条船,所以需要租5条船,而第二题多出来的2人不能再组成一组去参加跳绳比赛要去掉,所以只能有4个组。

师:想一想,这两个问题有什么区别?

设计意图:虽然学生在二年级下册学习了用进一法和去尾法解决问题,但是到五年级上册再学习用进一法和去尾法解决问题时,中间间隔了整整两年多的时间,学生可能会遗忘,需要进一步借助生活经验唤起学生的记忆。我们知道在学生的生活实际中,学生确实是有"进一"和"去尾"的经验的,因此在课的开始就设计了租船和跳绳比赛两个学生熟悉的生活情境,让学生通过"圈一圈"来解决这两个问题,学生借助生活经验以及具体形象的画图结果,在思考对剩下部分的处理中,很容易就能把第一题"需多租一条船"和第二题"剩下的两人不能再组成一组就要去"的道理讲得清清楚楚,这样数形结合,借助具体形象的表征把抽象的道理阐述清楚,唤醒学生已有的学习经验,进一步感受在取整的过程中进一和去尾的实际意义,为后续进入到抽象的思维做好有效铺垫。

(2)探究新知

①用进一法解决问题

师:小强妈妈前几天买来了一桶香油,重2.5千克(出示图片),这么大的一桶油她使用起来很不方便,请你们帮她想一想该怎么办。

生:分装在小瓶里。

师:这个主意好!瞧,(出示小瓶子)老师找来了一些小瓶子,每个瓶子最多可盛0.4千克香油,那小强妈妈需要准备几个瓶子呢?

要求:先独立试做,完成后再在组内交流自己的想法。

师:大家的算式是怎样的?

生:2.5÷0.4＝6.25(个)

师:对这个结果有什么想法吗?

生:瓶子的个数都是整数,所以这道题目应该要取商的近似数。

师:怎样取近似值?

生1:用"四舍五入"的方法来取商的近似值,2.5÷0.4≈6(个)

生2:6个瓶子装不下,因为6×0.4＝2.4(千克),还剩下0.1千克没有装,所以需要7个瓶子,算式是2.5÷0.4≈7(个)

师:到底准备几个瓶子呢?请把你的想法与同桌交流一下。

小结:剩下的 0.1kg 香油,还要再装一个瓶子,所以是 7 个瓶子。

师:比较一下,这一题与刚刚两道题目中的哪一题相似?

生:跟租船是一样的,租船要给剩下的人多租一条,这里装油要给剩余的油多一个瓶子。

师:对了,虽然 6.25 的十分位的"2"比 5 小,但在这里仍然要向前一位进一。这种取近似值的方法称为"进一法"。

师:你能用自己的话说说什么是进一法吗?

生:只要算到整数部分,就知道还剩下 0.1kg 就要进一取整,直接约等于 7 个。

师:生活中哪些实际问题需要用"进一法"取近似数呢?

生:坐车、租船、装东西等。

②用去尾法解决问题

出示:王阿姨用一根 25 米长的红丝带包装礼盒,每个礼盒要用 1.5 米长的丝带,这些红丝带可以包装几个礼盒?

学生读题,并分析题意,独立尝试列式解答。

$25 \div 1.5 = 16.666\cdots\cdots$(个)

交流讨论:怎样取近似值?包装 17 个礼盒,丝带够吗?

生 1:如果包装 17 个礼盒,那么 $1.5 \times 17 = 25.5$(m),丝带是不够的,所以不能包装 17 个。

生 2:在第 16 个包装完后,剩下的是 0.666……个,说明还不到完整的一个,那就要舍去的,所以只能包装 16 个。

师:这道题目能用四舍五入法取近似数吗?

生:不能的,如果用四舍五入法取近似数,十分位上的数是 6 要五入的,那就变成 17 个了,但其实是只能包装 16 个的。

小结:只取商的整数部分,把小数点后的尾数都去掉,这种取近似值的方法叫"去尾法"。

师:比较一下,这一题与刚刚租船与跳绳分组的哪题类似?

生:跟跳绳分组类似,跳绳中多余的 2 人不符合 4 人一组的要求,就把 2 人舍去,这题中小数部分不能再完整地包装一个礼盒,所以也舍去。

师:生活中哪些问题需要用到去尾法?

生:比如包装礼盒、用布做衣服、用面粉做包子等。

比较:进一法和去尾法有什么不同?

引导学生发现去尾法的结果只取整数部分,进一法的结果比整数部分多 1。

设计意图:数学知识生活化,就是通过将数学教材中枯燥、脱离学生实际的数学知识还原,需要选取学生生活实践并具有一定真实意义的数学问题,以此来沟通数学与现实生活的联系,激发学生学习数学的兴趣。在复习引入环节采用的是图像加操作的情景,属于初步对此类问题有所感知,引发学生思维记忆,但这是不够的,本环节借助帮小强妈妈分装油和王阿姨包礼物的情境,使学生了解到所学习知识的用处以及如何灵活运用。其间通过学生自主探究以及与同伴交流研讨,尝试解释自己的思考过程,并与引入的两道题目进行比较,对比联系,让学生理解虽然情景不同、数据不同,但是属于同类问题,努力把教学第一环节得到的经验或理解转变成抽象的文字概括,使学生明确此类问题的特点是结果必须是整数,原因来自生活的经验,而要保留整数的方法要根据题意决定,有时要进一有时要去尾,帮助学生从数学的角度运用所学的知识和方法寻求解决问题的策略,从而促进学生问题解决能力的提高与发展。

（3）巩固应用

①美心蛋糕房特制一种生日蛋糕,每个需要0.32千克面粉。李师傅领了4千克面粉做蛋糕,她最多可以做几个生日蛋糕?

②水果店要将125千克的梨装进纸箱,每个纸箱最多可以盛下15千克,至少需要几个纸箱?

③李老师带100元去书店买字典,每本字典9.5元,他可以买几本?

设计意图:在学生厘清进一法和去尾法的实际意义后,本环节帮助学生再次回到现实生活,体现学以致用。这里呈现的三个问题都是学生非常熟悉的,这些真问题的解决,有意识地帮助学生把日常生活中的问题数学化,让生活问题与数学学习无缝衔接,让学生运用掌握的数学本领解决实际问题,使他们真正认识到数学是生活的组成部分,生活处处离不开数学,同时也是进一步巩固进一法和去尾法。

【课后思考】

数学学科有其严密的系统性和逻辑性,大多数数学知识点都有其前期的基础,以及后续的深化和发展。本节课从学生已有的生活经验和先前具备的知识入手,为新知学习打下基础。我们知道,给学生必要的知识和技能的准备是学生积极参与数学课堂学习的必要条件,相当于把新知识变成学生似曾相识的内容,这就有效找准了新旧知识的连接点,能激发学生学习的欲望。在新知学习中,从生活情境出发,让学生知道数学来源于生活,同时放手让学生自己去思考、交流合作,锻炼了学生的表达能力、逻辑思维能力以及自主探究问题能力,给了学生自我学习的机会,同时通过新旧知识的比较,找出两者的共同点与区别点,顺利地完成了正迁移,学生很容易理解进一法和去尾法的意义,并能够根据自身的学习经验去感悟与体会进一法和去尾法的实际使用价值。

> **思考**
>
> 如果基于任务驱动的课堂,学生在课堂上学习的内驱力是否可以更大发挥?

2. 基于任务驱动的教学设计

任务驱动教学法是一种建立在建构主义学习理论基础上的教学法,它将以往以传授知识为主的传统教学理念,转变为以解决问题、完成任务为主的多维互动式的教学理念,强调学生的学习活动必须与任务或问题相结合,以探索问题来引导和维持学习者的学习兴趣和动机。在教学中要创建真实的教学环境,让学生带着真实的任务学习,使学生拥有学习的主动权,并在主动建构自己的知识经验的过程中,通过新经验和原有知识经验的相互作用,充实和丰富自身的知识、能力。一般分以下三个步骤:一是创设情境,使学生的学习与现实生活基本一致或在相类似的情境中发生;二是确定问题(任务),让学生面临一个需要立即去解决的现实问题;三是自主学习、协作学习,学生通过自主探究与讨论交流,通过不同观点的交锋,补充、修正不断推进问题解决。

【教学目标】

(1)通过问题驱动,借助自主学习及同伴互助学习探究用进一法和去尾法解决实际问题,并能用这两种方法解决生活中的实际问题。

(2)培养学生自主探究能力以及与他人合作、交流的能力,提升问题解决能力。

(3)培养学生联系生活实际灵活解决问题的能力,发展思维能力。

【教学过程】

(1)问题驱动自主学习

同学们,我们已经学习了用四舍五入法求商的近似数,那么除了用四舍五入法求商的近似数外,你觉得求商的近似数还有哪些方法呢?请根据下面的学习单先自主探究,再小组交流讨论。

商的近似数学习单
1.自学教材第 39 页的内容。
我知道了把油装进瓶子是用(   )法,包装礼盒用(   )法。
2.我知道除四舍五入法外,求商的近似数还有(   )法和(   )法。
3. 我能举例子。
(1) _____
算式:_____,答:_____。这题运用_____法。
(2) _____
算式:_____,答:_____。这题运用_____法。
4.我的发现:_____。

设计意图:本节课让学生带着"求商的近似数还有哪些方法"这一问题驱动,展开自主学习与小组讨论,但是这一问题对学生来说有一定难度,并且问题指向性相对不是太明确,对一部分后进生有一定的困难,因此给出了"学习单"这一脚手架,学生可以借助学习单的引领开展学习。并且在学习单中又进行了分层:第一层次是自学教材内容,让学生对进一法和去尾法有了初步的认识;第二层次是学生自主编进一法和去尾法的题目,通过编题加深对进一法和去尾法应用的理解;第三层次是借助具体学习实例,抽象概括总结对进一法和去尾法的解释。此外,在学法指导上,先要求学生独立完成,再在组内交流自己的想法,这其实又是给学习有困难的学生一根拐杖,让他们在遇到困难时能够借助同伴的力量相互合作学习,这正是任务驱动教学所倡导的,为学生提供体验实践的情境和感悟问题的情境,围绕任务展开学习,以任务的完成结果检验和总结学习过程,改变学生的学习状态,使学生主动建构探究、实践、思考、运用、解决问题的学习体系。

(2)自主探究合作学习

学生根据学习单进行自主学习及同伴互助交流学习,教师给予有困难的学习帮助和指导。

（3）交流反馈突破重难点

生：我知道了把油装进瓶子是用进一法，包装礼盒用去尾法。

师：为什么把油装进瓶子是用进一法，包装礼盒用去尾法？把你的想法和同桌交流一下。

生 1：因为 $2.5÷0.4=6.25$（个），但是瓶子都是整数个的，不可能是小数个，如果用 6 个，还有油没有装完，所以是 7 个，用了进一法。

生 2：我算了一下，$0.4×6=2.4$（千克），也就是说 6 个瓶子只装了 2.4 千克的油，剩下的 0.1 千克油也必须装一个瓶子，所以是 7 个，那就是进一法。

生 3：我从结果 6.25 来说，这个结果就说明把 2.5 千克油都装进需要 6.25 个瓶子，其实就是说明瓶子要比 6 个多，那就是 7 个，所以也是进一法。

板书：进一法。

师：你们理解他们所说的意思吗？我们计算的结果是 6.25 个，但是实际需要的是 7 个瓶子，这个 7 就是 6.25 的近似数，这个近似数是用四舍五入法得到的吗？

生：如果用四舍五入法那只能是 6，所以它不是四舍五入法，而是进一法。

师：大家都理解得非常好，那么对于礼盒包装你们是怎样理解的？

生 1：$25÷1.5=16.666……$（个），结果是一个循环小数，包装礼物中礼物的个数也是整个的，所以必须取 16.666…… 的近似数，如果用四舍五入法，就变成 17 个了，所以不能用四舍五入法，只能用去尾法。

生 2：从结果 16.666…… 来看，这些彩带能完整地包装 16 个礼盒，剩下部分还不够再包一个，不管后面的数字是什么都要舍去。

生 3：我摆了竖式，我知道礼物包装都是整个的，所以当商的整数部分是 16，后面要出现小数时，我就不算了，因为它意味着不能再包装完整的一个都要舍去的，所以就知道答案是 16 个，用了去尾法。

师：同学们讲得都很有道理，那么现在你们能解决第二个问题了吗？

生：我知道除四舍五入法外，求商的近似数还有进一法和去尾法。

师：你们举了哪些例子呢？

生：我举的例子第一题是一批水泥有 30 吨，一辆车每次运 2.8 吨，全部运完这些水泥至少需要几次？算式是 $30÷2.8≈11$（次），这题用的是进一法；第二题是如果老师你带了 100 元钱去买皮球，每只皮球售价 7.2 元，你最多能买多少只？算式是 $100÷7.2≈13$（只），这题用的是去尾法。

师：为什么第一题用进一法，第二题用去尾法呢？

生：因为第一题多出来的水泥还需要一辆车，所以要加 1，而第二题剩下的钱不能够再买一只球，所以要去尾，只取整数部分。

师：看来同学们都很有自己的想法，下面请几位同学把你编的题目告诉大家，让大家一起来解答，你来看看大家做得对不对。

生 1：第一题是如果我们班 45 人去乘坐旋转木马，旋转木马每次最多可以乘坐 8 人，我们班需要乘几次？第二题是一种圆珠笔 2.5 元一支，12 元钱最多能买几支？

生2:第一题是一件衬衫要订8个纽扣,100个纽扣能订多少件衬衫? 第二题是服装厂做一件上衣用2.4米布料,现在有42米布料,可以做多少件上衣?

生3:第一题是水果店有96千克苹果,如果每个盒子里装7.5千克,至少需要几个盒子? 第二题是工厂有45个轮胎,每辆小车装4个,这些轮胎最多能装几辆小车?

…………

设计意图:人民教育家陶行知先生曾经说过,先生的责任不在教,而在教学,在于教学生学,教的法子要根据学的法子,学的法子要根据做的法子。"教"与"学"在教学过程中是不可剥离、相互锁定的有机整体,是一个"单位",教学过程是师生为了实现教学任务目标,围绕着教学内容,共同参与,通过对话、沟通和有效的合作活动,产生交互影响,以动态生成的方式推进教学活动的过程。本环节是学生在核心问题引领下自主探索合作学习后的情况反馈,他们按照"自学教材—得出方法—实践应用"的学习过程逐一反馈学习成果。在反馈中,伴随学生进一法和去尾法知识的学习而经历了观察、试验、猜测、验证、推理与交流、抽象概括、问题反思与建构等活动,在这些过程中,学生获得的不仅仅是习得进一法和去尾法的知识,更重要的是积累了如何去探索、发现,如何去研究的经验,如他们在反馈中有理有据,能与四舍五入法进行比较与区分、能够根据进一法与去尾法结合生活实际编排题目等,学生的主体地位明显体现。但是在这个过程中,教师也不是凭学生们无序交流而不顾,而是让学生各抒己见,重视学生在学习活动中的主体地位和作用,让他们主动参与、敢于质疑、掌握方法、学会学习,在其中教师又积极发挥主导和引领作用,激发学生学习兴趣、启发学生数学思维,提高学生解决数学问题的能力,把教学不断引向深入。

(4)对比分析抽象概括

师:看来同学们都掌握得很不错了,那么进一法和去尾法有什么相同和不同之处呢?

生1:相同点是它们都要用除法,计算结果都是用近似数表示。

生2:题目中都没有明确提出求近似值的要求,而是要根据实际情况取商的近似值,并且商都是整数。

生3:它们都是取近似数的方法,但是与四舍五入法都不同。

师:今天学习的内容不适用"四舍五入法"求近似值,这说明了什么?

生:要根据实际情况合理选择不同的方法来求商的近似数。

师:能说说它们的不同点吗?

生:在算出个位的商后,去尾法不管余数是几,都只能舍去,进一法不管余数是几,都要在商的个位上加1。

师:什么情况下用去尾法,什么情况下用进一法?

小结:如果买东西或做成一个东西,多余的部分都不能再买一个物品或做成一个东西,那么就要舍去小数部分,这时用去尾法;如果要装东西、租船等,多出来的东西或者人还需要一个容器或者船等,哪怕余下的不多,也要多算一个,这时用进一法。

师:同学们,今天这节课我们就是根据"求商的近似数还有哪些方法"这个核心问题,大家展开了研究和讨论,那么现在你觉得这个问题解决了吗?

生:解决了,在求商的近似数时,除了以前学习的四舍五入法,还可以用进一法和去尾法。

设计意图：本环节通过比较两种方法的异同，把学生原先对于进一法和去尾法零散的认知，纳入结构化体系中来。通过这样的比较，学生不仅清楚了进一法和去尾法两种方法的不同，也清楚了这两种方法与四舍五入法的不同，同时抽象概括出每种方法各自的适用性，这样的教学正如特级教师吴正宪所提倡的"建好承重墙、打通隔断墙"的理念，也就是说学生不仅清楚知道进一法和去尾法各自适用的题型，也就是建好了承重墙，同时通过三种方法的比较打通了知识间的联系，也就是打通了隔断墙，让学生真正体会在取商的近似值时，一定要根据实际情况合理使用，为本节课的教学起到了画龙点睛的作用。

【课后思考】

本节教学设计基于问题驱动理念，体现了"学生为主体，教师为主导，探究为主线"的教学理念，课上设计了两个大问题，问题一是通过"除用四舍五入法求商的近似数外，你觉得求商的近似数还有哪些方法？"让学生自主学习、合作探究解决问题，课上遵循学生能动手的放手让他们去操作，能发现的放手让他们去探究，能体验的放手让他们去经历，能实践的放手让他们去践行的理念，把课堂完全交给学生，在这样的课堂上更加注重让学生经历知识的产生和发展过程，注重学生能力发展和个性张扬，注重学习知识技能与学习方法、学习经验的密切联系，其间又充分发挥教师与学生在教学过程中协同活动的有效性，教师事先设计好学习单，学生可以根据学习单设置的步骤展开研究学习，让学生的知识习得不只是由教师讲授、由外到内的转移和传递，而是调动与激发学生学习的内驱力，让学生经历自主、自发探究、质疑知识习得的全过程。问题二是"进一法和去尾法有什么相同和不同之处呢"，这一问题的抛出，再次引发学生积极思考、大胆交流，而教师适时在知识的疑难处、教学重点处进行发问，引发学生进行思辨与交流，紧接着教师又根据学生的回答做点拨与指导，这样的过程不断把教学推向纵深处。最后又首尾呼应，问学生"你觉得这个问题解决了吗"，让学生回过头来思考，明确求商的近似数要根据实际情况合理使用三种不同的方法，体会每种方法各自的适用性。这样通过核心问题引领的教学，给学生更多的留白与思考空间，也避免了小步子、碎片化的一大堆思考价值不大的问题，因此，基于核心问题引领的课堂，是真正体现以生为本、学导结合的为学生可持续发展而教的课堂。

> **思考**
>
> 如果一节课的教学环节始终通过比较进行，你觉得这样的课堂样态会是怎样的？

3. 基于比较的教学设计

比较法是一种自然科学或社会科学的研究方法，它是认识事物的一种基本方法。在教学中，就是对彼此相互联系又互相区别的教学内容，引导学生通过观察、分析，找出研究对象的相同点和不同点，从而深刻理解所学知识，进而形成比较式思辨能力的方法。比较法充分体现了启发式教学的基本理念，是启发式教学的具体应用，学生在比较的过程中，能进一步提升比较思辨和整理归纳能力。乌申斯基说过："比较是一切理解和思维的基础，我们正是通过比较来了解世界上的一切的。"小学数学中有许多内容既有联系又有区别，所以在教学中教师可以运用比较的方法突出教学重点，突破教学难点，使学生更容易理解新知识，防止知识间的相互混淆,提高辨别能力,从而扎实地掌握数学知识,发展逻辑思维能力。

【教学目标】

(1)通过比较让学生自主探究进一法和去尾法的含义,充分感受在解决实际问题中要根据实际情况用进一法和去尾法取近似数的意义。

(2)通过对比联系,深刻理解进一法与去尾法的联系与区别,体会各自的适用性。

(3)培养学生比较分析概括能力,发展学生的思维能力及问题解决能力。

【教学过程】

(1)呈现习题,学生试做

①出示习题

a.小强的妈妈要将2.5千克香油分装在一些玻璃瓶里,每个瓶子最多可盛0.4千克。需要准备几个玻璃瓶?

b.王阿姨用一根25米长的红丝带包装礼盒。每个礼盒要用1.5米长的丝带,这些红丝带可以包装几个礼盒?

②学生尝试完成两题,教师巡视指导,并请不同答案的学生上来板演。

学生板演结果

第一题:

a. $2.5 \div 0.4 = 6.25 \approx 6$(个)

b. $2.5 \div 0.4 = 6.25 \approx 7$(个)

第二题

a. $25 \div 1.5 = 16.666 \cdots \approx 17$(个)

b. $25 \div 1.5 = 16.666 \cdots \approx 16$(个)

(2)对比联系,反馈纠错

①对比一

师:我们来看这两道题目,各有两种做法,它们哪里相同? 哪里不同?

生:在每道题目中,算式都是一样的,但是商不同。

师:那么大家对于每道题目的列式还有不同意见吗?

生:没有。

②对比二

师:我们先来看每道题目的第一种方法的计算结果。(很多同学都笑起来了)

师:怎么你们都笑了? 根据之前的学习经验,难道不对吗? 请把你的想法和同桌说一说。

反馈

生1:6.25 约等于6,这里采用的是四舍五入法,因为十分位上是2,比4小,所以舍去了,就是6个瓶子,但是6个瓶子只能装2.4千克香油,剩下的0.1千克香油还需要1个瓶子装,所以应该是第二个结果,也就是7个瓶子。

生2:是的,这个就像同学们去租船一样,最后多出来的人不管有几个还需要再租一条船,也就是整数部分要加1的,是用进一法。

生3:第二题的结果是16.666……,这个不能用四舍五入法取近似数17,因为当包装完16个礼盒后,还剩的丝带不可能再包装一个礼盒,所以要把小数点后面部分都去掉,结果也应该是第二个得数是16。

生4:这题用的是去尾法,就好像带了一些钱去买书,如果最后剩下来的钱不够再买一本时也是要去掉的。

板书:进一法　去尾法

师:感谢板演的同学和给我们指出正确算法的同学们,是他们让我们清楚地知道这两题采用"四舍五入法"取商的近似值不合适,而是要根据实际情况取商的近似数。

③对比三

2.5÷0.4＝6.25≈7(个)　　　(1)25÷1.5＝16.666…≈16(个)

师:请同学们仔细观察比较这两个算式,你有什么发现?

生1:这两道题目都是用除法来计算的,计算的结果都是整数。

生2:这两题的结果都不能用准确数表示,都要取近似数,而且都不能用四舍五入法,否则会闹笑话的。

生3:我在计算的时候还发现只要商到个位,后面都不用算下去了,因为这些余数不管是几都不重要,而是要看题目是要进一还是只要写上整数部分就可以了。

师:你们的发现真的太有价值了,通过比较,大家对这两题还有疑问吗?

设计意图:五年级学生已经具有一定的观察、分析、比较、表达、与人合作等基本能力,抽象思维水平也有了一定的发展。学生在学习用四舍五入法求商的近似数后,再来学习本节课的内容不会感到太困难,因此在课一开始就呈现两道例题让学生试做。学生在做题时,老师有意识地去巡视,并请不同做法的学生板演,为后续开展对比教学做好有效铺垫,紧接着安排了三个对比环节,第一个对比环节要求最低,让学生比较每道题中两种方法的异同,学生一眼就能发现算式相同,结果不同,然后达成共识,这样的列式是没有问题的;第二个环节的对比更进一步,主要是让学生通过对比来理解进一法和去尾法的含义,在教学引导上,教师故意让学生都先看第一个算式的结果,由于学生已经具备一定的生活经验以及知识储备,在他们的笑声中,进一步激发学生去辨析错误的原因,并且学生非常聪明,他们能够用生活经验做支撑,来否定在这两题中采用四舍五入法的合理性;第三个环节的对比又把学生的思维引导到进一法和去尾法的本质上来,学生通过比较发现这两题要用除法计算,结果都是整数,而且是不能用四舍五入法求得的近似数,并且聪明的学生已经能自主发现计算的窍门,也就是在解决这类问题时,只要计算到商的个位就不需要再往下除了,对于余数只要根据题目的实际情境采用加一还是舍去即可。这样的三个对比环节,层层深入,把原先老师要讲授的内容,在不断的对比思考中让学生自主发现并得出结论,也就是在取近似值时,不能机械地使用"四舍五入法",而是要根据具体情况确定是"舍"还是"入",这样的比较让教学不断向深处迈进。

④自主创编:你能举一些在生活中用进一法和去尾法解决问题的例子吗?

要求:a.先自主举例编题,再计算,并写一写取近似数采用的方法。

b.同桌互助交流,相互检查纠正所举例子、所写答案是否正确。

教师选择一部分学生编创的题目投屏,大家共同阅读题目,并说说用什么方法取近似数。

⑤对比四:进一法和去尾法有什么相同和不同之处?

生1:相同的地方是都用除法计算,都是舍去小数部分取整。

生2:都不能用四舍五入法求近似数。

生3:不同点是,不管小数部分是多少,进一法都是先向个位进一,再舍去小数部分;去尾法是直接舍去小数部分就可以了。

生4:两种方法都可以只算到整数部分,观察余数就能判断,只是进一法要进一,去尾法直接取整数。

生5:这两种方法都是根据生活实际情况取的近似数。

小结:用进一法和去尾法解决问题,都没有明确提出取近似数的要求,计算结果都是小数,而我们是根据实际情况自觉取商的近似数。

师:请大家再次比较,这两种方法与用四舍五入法求商的近似数又有什么相同和不同之处?

生1:相同之处是它们都要用除法计算,结果都不能用准确数,而是要用近似数。

生2:不同之处是四舍五入法要根据商保留到哪一位,在计算时要除到比保留的位数多一位,再用四舍五入法求近似数,而进一法和去尾法只要除到商的个位就可以了。

生3:进一法和去尾法用在商用整数表示的除法中,它的结果一定是整数,而用四舍五入法求商的近似数,结果可能是整数,也可以是一位小数、两位小数、三位小数。

设计意图:本环节安排了两部分内容。第一部分是学生自主创编生活中用进一法和去尾法解决的问题,并选择有代表性的习题让学生共同理解研讨,这样设计的目的是打开学生的思路,开阔学生视野,让学生感悟到进一法和去尾法在生活中广泛的应用性,同时也为后续比较做准备。第二部分再次把学生的视线集中到比较中来,让学生思考"进一法和去尾法有什么相同和不同之处",学生借助先前学习经验以及大量举例的内容,进一步概括抽象出两种方法的异同。他们一方面做求同分析,也就是解决这类问题要用除法、计算结果都适合用近似数表示;另一方面做求异分析,虽然此类问题的计算结果都适合用近似数表示,但取商近似数的方法各不相同,在不适合用四舍五入法取商的近似数时,还要用到进一法或去尾法,同时又把这两种方法与四舍五入法沟通比较,让学生在头脑中真正深刻建立进一法和去尾法的意义,学生的学习也在比较中层层推进。在这些学习过程中,学生的思维层次也不断地从具体到抽象,他们的抽象思维能力也得到有效培养。

(3)巩固练习、深化拓展

①出示:一瓶饮料1.5升,倒满一个纸杯是0.2升。

1.5升　　0.2升

根据这些信息,你能提出什么问题?

生1:倒完这瓶饮料至少需要几个这样的纸杯?

生2:这瓶饮料最多能倒满几个这样的纸杯?

师:比较一下,这两个问题不一样吗?请你想一想再算一算。

反馈：

生1：这两题都是求 1.5 里有几个 0.2，都是 1.25÷0.2 来计算。

生2：虽然算式都是 1.25÷0.2＝7.5，但是求"倒完这瓶饮料至少需要几个这样的纸杯"，应该用 1.25÷0.2≈8(个)，用的是进一法，而"最多能倒满几个这样的小杯"，是用 1.25÷0.2≈7(个)，用的是去尾法。

师：你们觉得对吗？

生：对的，因为"倒完这瓶饮料至少需要几个这样的纸杯"，是要把所有的饮料都倒在纸杯里，所以最后剩余部分也是需要一个杯子的，就用进一法，而问"最多能倒满几个这样的纸杯"，当剩余部分不能再装满一杯时就要舍去，所以用去尾法。

师：比较这两个问题，你有什么想说的？

小结：通过比较，我们再次理解了在计算结果需要取近似数的情况下，要合理选择取商的近似值的方法。

②出示：29÷3＝9.666……，29÷3≈9，29÷3≈10。

师：你能分别给 29÷3 提供一个现实情境，使商的近似值约等于 9 或约等于 10 吗？

设计意图：课堂练习是数学教学的重要组成部分，是学生掌握知识、形成技能、发展智力的重要手段，学生对知识的真正消化、理解、掌握往往是通过练习习得的，因此课堂的练习题设计要遵循由易到难、由基本到变式、由低级到高级的发展顺序，同时练习题的设计要注意体现目的性、阶梯性，富有启发性，帮助学生系统掌握所学知识，同时发展思维能力。本环节安排了两道习题，第一题是给出了两个信息要求学生自己提出问题并解答，我们知道让学生自主发现问题、提出问题我们重视得不够，但这恰恰是发展学生能力，提升学生数学素养的有效手段，因此这里安排的目的是既是培养学生自主提问的能力，同时也是要求学生根据不同的问题进行比较，最终发现可以用不同的方法进行解答，让学生进一步理解进一法和去尾法。而第二个问题的设计，难度更大，给出同一个算式，商有两种取近似数的方法，学生要根据算式自编排符合实际情境的素材，这里的目的还在于比较，让学生进一步体会与理解根据生活实际情境合理使用进一法和去尾法的重要性，或者说同样的情境，问题不同所采用的方法也不同，渗透具体问题具体处理的思想。好在有第一题做铺垫，学生有可以参考的样子，能帮助学生更好地思考和解决问题。这样两道习题的设计，紧扣教学重难点，也体现了练习设计螺旋上升的要求，学生的问题解决能力也得到进一步提升。

【课后思考】

俗话说："只有对比才能区分。"对比教学法是理解和思考的基础，在数学教学过程中，采用对比方法，将具有一定区别和联系的知识放在一起进行教学，引导学生对数量关系、概念及定义等进行比较分析，找出其中的相同点和不同点，更加方便学生记忆和学习。教师通过比较教学法将教学内容更加直观、形象地展示给学生，让学生的思维和认知更加丰富，这有利于培养学生良好的数学思维，构建高效课堂。本节教学设计，始终基于比较角度展开教学，主要有以下三个方面：一是导问，也就是由比较提出问题，比如在对比三中提出"进一法和去尾法有什么相同和不同之处"，通过将彼此相互联系又互相区别的进一法和去尾法作比较，让学生在比较中进行合理分析、综合提炼，也正是这样的分析与比较，让学生能够深入理解进一法和去尾法的本质,有效突破教学重难点;二是导学,也就是让学生结合问题的分析过程,结合所对比的内容,给出对比式问题,进行对比式讨论,比较思辨,培养学生分析问题的能力,比如在对比二中,同一个问题有两种答案,学生在对比、思辨、交流中逐渐理解多出来的油必须再装一个瓶子,剩余的红丝带还不够再包装一个礼盒必须舍去的道理,从实际情境中抽象出进一法和去尾法的意义;三是导思,也就是通过比较式教学提出问题、分析问题的过程,引导学生将相似而又不同的知识点进行对比分析后,弄清和掌握它们的异同关系,比如练习的第二题"你能分别给 $29÷3$ 提供一个现实情境,使商的近似值约等于 9 或约等于 10 吗?"这样鲜明的对比式问题的提出,目的是让学生在对比式分析中,把进一法和去尾法这两种对立的情境放在一起,激发学生进一步思考两种方法在现实生活中的适用情境,最终培养和提高学生的逻辑思维能力和问题解决能力,发展学生高阶思维能力。

> **思考**
>
> 在日常教学设计中,你会基于逆向设计教学吗? 逆向教学设计又是怎样的?

4.基于逆向的教学设计

在日常教学中,我们做教学设计时,往往是从教材、喜欢的方法和传统的活动开始的,很少是从终点——如内容标准和理解这样的结果目标开始的。波利亚在《怎样解题》一书中特别指出将"逆向思维"作为解决问题策略的提法可以追溯到希腊人:我们专注于预期的结果,并将我们期望的最终结果可视化,然后去思考,要到达最终的位置,我们之前要达到哪个位置。在《追求理解的教学设计》一书中,专门讲到了逆向设计教学,最好的设计应该是以始为终,从学习结果开始的逆向思考。逆向设计是一种设计课程或单元的过程,它是指在设计开始就已经在脑海中清楚其结果,并且为了达到该结果而进行设计,它之所以被称为"逆向的",是因为我们提倡逆转原来的习惯,从终点(预期的结果)入手,然后确定必要的证据来判定是否已经达到预期结果(评估),再明确预期结果和评估方法。设计者确定必须的知识和技能之后,才需要开展教学为学生表现提供支持。逆向设计有三个阶段。阶段1:确定预期结果,也就是学生应该知道什么,理解什么,能够做什么,什么内容值得理解,什么是期望的持久理解。阶段2:确定合适的评估证据。也就是老师如何知道学生是否已经达到了预期结果,哪些证据能够证明学生的理解和掌握程度。逆向设计告诉我们要根据收集的评估证据(用于证实预期学习是否已完成)来思考课程。阶段3:设计学习体验和教学。教师要思考几个关键问题,如果学生要有效地开展学习并获得预期效果,他们需要哪些知识(事实、概念、原理)和技能(过程、步骤、策略),哪些活动可以使学生获得所需知识和技能;根据表现性目标,我们需要哪些内容,指导学生做什么,以及如何用最恰当的方式开展教学;要完成这些目标,哪些材料和资源是合适的。根据书中的逆向设计模板,基于逆向设计的用进一法和去尾法解决问题的教学设计如下。

阶段 1——确定预期结果

所确定的目标

1. 通过组织学生探讨,培养学生在解决实际问题时要根据实际情况取商的近似值的应用意识。

2. 使学生能联系生活实际体会取商的近似值的不同情况,并能根据实际需要选择进一法和去尾法解决生活中的问题。

3. 培养学生联系生活实际灵活解决问题的能力,体会数学与生活的密切联系。

4. 培养学生发现问题提出问题的能力,初步具有模型思想。

我们需要思考哪些基本问题?	预期的理解是什么?
• 什么是进一法和去尾法? • 什么样的启发性问题能够促进探究、理解和学习迁移? • 进一法和去尾法分别在什么情况下使用? • 已经知道可以用四舍五入法求商的近似数了,为什么还要学习进一法和去尾法?	学生将会理解…… • 进一法和去尾法的含义。 • 进一法和去尾法两者的联系与区别。 • 根据实际情境正确使用进一法和去尾法。 • 能够用进一法和去尾法给算式讲故事。

作为课堂学习的结果,学生将会获得哪些重要的知识和技能?

学生将会知道……	学生将会能够……
• 进一法和去尾法用在结果是整数的除法计算中,结果都是近似数。 • 进一法的结果是用商的整数部分加 1,去尾法则就取整数部分,舍去小数部分。 • 进一法和去尾法与四舍五入法的相同之处是求得的结果都是商的近似数,不同之处是计算过程和计算结果都有所不同。	• 掌握用进一法和去尾法解决生活的实际问题。 • 通过自主学习以及小组合作探究用进一法和去尾法解决问题。 • 理解数学与生活的联想,并且根据实际情境正确使用求商的近似数的方法。

阶段 2——确定合适的评估证据

什么能够用来证明学生理解了所学知识?

表现性任务:

通过自主解决葡萄园情境中的两个问题初步感知进一法和去尾法。

通过同伴交流、合作、研讨,理解进一法和去尾法的联系与区别。

通过给算式讲故事,让进一法和去尾法应用于生活实际中。

学习后能对这两种方法与四舍五入法概括提炼区别与联系,学习有收获、有体会。

根据阶段 1 的预期结果,还需要收集哪些证据?

其他证据:

后测题——用进一法和去尾法解决商的近似数问题;

技能测试——口头解释进一法、去尾法和四舍五入法的联系与区别。

学生自我评价、小组互评及教师评价反馈:

评价指标		评价星级		
一级指标	二级指标	自评	小组评	教师评
情感态度	很喜欢本节课的学习,体验到学习成功的愉悦	☆☆☆	☆☆☆	☆☆☆
	比较喜欢本节课的学习,能体验到学习成功的愉悦			
	对本节课的学习兴趣一般,学习成功的愉悦感觉不明显			
自主探究	积极开展自主探究,有很多收获			
	认真开展自主探究,有所收获			
	有自主探究但收获不多			
合作交流	积极参加、大胆表现、获得好评			
	参加认真、大胆表现还不够			
	有参加但积极性不高			
课堂学习	认真参与、积极表现、学有所获			
	学习比较认真,也能回答问题			
	学习兴趣不高			

阶段 3——设计学习体验

教与学的体验顺序该怎样安排才有助于学生参与、发展和展示预期理解?下面将逐次列出关键教学和学习活动,同时以教学计划中的 WHERETO 为要素。

W——确保学生了解所学课程的目标以及原因。

H——从一开始就吸引学生并保持他们的注意力。

E——为学生提供必要的经验、工具、知识,以及技能来实现表现目标。

R——为学生提供大量机会来重新思考,反思自己的学习,并及时修正。

E——为学生评估进展和自我评估提供机会。

T——量体裁衣,反映个人的天赋、兴趣、风格和需求。

O——合理组织,以使学生获得深刻理解,而非肤浅了解。

＊＊＊＊＊＊＊＊＊＊＊＊＊＊＊＊＊＊＊＊＊＊＊＊＊＊＊＊＊＊＊＊＊＊＊＊＊＊

1.以一个问题切入,吸引学生自主探究学习。【H】

创设情境:葡萄园里的葡萄成熟了。第一批有 900 千克葡萄成熟了,把它们都装进纸箱里,每个纸箱最多装 8.5 千克。李叔叔带了 1500 元去买葡萄,装满的一箱葡萄要 80 元。

2.介绍基本问题,思考看到这些信息你能提出哪些问题并解答。【W】

3.学生先自主探究解答,把自主探究结果记录在学习单中,以便检查和评估,然后再小组交流讨论,教师巡视,为后续采集评估证据做依据。【E】

设计意图:问题是数学学习的关键,有了问题,学生才会探索。在小学数学课堂教学中培养学生的问题意识非常重要,当学生具备问题意识后,会主动去发现、提出和解决数学问题,从而加深对数学知识的认知和理解,实现对数学的深度学习。因此在课始就创设葡萄园的情境,并出现把葡萄装进箱子里和购买葡萄的信息,但是缺少问题。学生对物品装箱和购买物品这样的场景是比较熟悉的,与他们的生活实际比较贴近,这为学生自主提出问题减小了难度,因此在这里设计了开放的、自主的探究环节,放手让学生自己发现问题,提出问题并自主解答。

4.交流反馈,在这里提供教学大空间,让学生间交流合作,同时在学生的辨析和教师的引导中让学生不断反思自己的思考,并补充修正问题解决的结果。【R】

生 1:我提出的第一个问题是装完这些葡萄需要几个箱子,第二个问题是李叔叔能够买到几箱葡萄。

生 2:我还有补充,我的问题是这些葡萄最多能装满几个箱子。

师:这里有三个问题,你知道它们分别是指向哪些信息的?

生:第一个问题和第三个问题都是来解决葡萄装进箱子里的问题,第二个问题是解决李叔叔购买葡萄的问题。

师:对葡萄装进箱子里这件事情,有了两个问题,大家再思考一下,这两个问题解答的结果一样吗? 哪个小组来分享一下你们的研究?

反馈

生 1:我们组研究的结果是这两个问题都由 900÷8.5 这个算式来解决,结果无法除尽,商的整数部分是 105。

生 2:商的整数部分是 105,就说明这些葡萄能装满 105 个箱子,后面还有一些葡萄多出来,但是不能装满完整的一箱,所有舍去了,也就是第二个问题是 105 箱。

生 3:第一个问题求"装完这些葡萄需要几个箱子",根据刚才的算式,在装满 105 箱后还有一些葡萄多出来,也必须再装一个箱子,所以是 105＋1＝106 个箱子。

生 4:大家对我们组的研究还有什么补充吗?

师:这真是一个探究学习合作交流相当棒的小组,你们还有补充吗?

生 1:把小数部分去掉结果是 105,这里用了去尾法,把多余的再装一箱,答案是 106,这里用了进一法。

生 2:我用买葡萄来说明,李叔叔的钱 1500÷80＝18.75,这题是能够除尽的,但是这并不表示李叔叔能买 18.75 箱,因为箱子的个数是整个的,也就是李叔叔可以买到完整的 18 箱,但是后面的钱不能够再买一箱所以舍去,也是用了去尾法。

师:听了同学的发言,你还有什么疑问吗?

生 1:明明题目中都没有要求取近似数,但是这些题目计算的结果为什么都要取近似数?

生 2:能用四舍五入法取它们的近似数吗?

师:这真是两个好问题,你们同桌间讨论一下。

反馈:

生 1:这里不用说要取近似数的,因为我们知道箱子个数是整个的,所有无论装箱还是购买几箱结果都是整数,因此就自动取近似数了。

生 2:也就是说这两题的结果要和生活实际相结合。

生 3:如果用四舍五入法,根据 $1500÷80=18.75$,结果是 19 了,但是李叔叔的钱根本不够买 19 箱葡萄,所以不能用四舍五入法。

设计意图:我们知道让学生学会如何思考比思考什么更重要,如果学生学了如何思考,那么他们就具有了数学表征能力、建模能力、逻辑思维能力、问题解决能力以及推理与论证能力,这些对数学学习是非常有用的。在这个教学环节中,老师完全放手把课堂交给学生,课上学生根据自己的理解来交流与反思,在学生的不断交流、补充中,让学生拨开层层迷雾逐渐清晰问题结论,其间又设计进一步的提问环节,"听了同学的发言,你还有什么疑问吗",让学生的问题又直指教学重难点,他们在迷茫"为什么明明没有说要取近似数结果却是近似数"?而且还不能用四舍五入法来取近似数?这两个问题也是这节课的教学要解决的一个重要任务。可见学生的提问潜力是无限的,设想如果这两个问题由老师来提出,那么学生不会主动思考,他们的问题意识也得不到有效培养。这样的一个教学过程就是"基于学生认知—暴露学生思维—顺应学生思考—解决学生困惑—聚焦问题本质"的过程,真正做到了"为学生提供大量机会来重新思考,反思自己学习,并及时修正"。

5.巩固练习,这不仅是巩固所学知识,也是考察学生学习掌握程度,同时进一步厘清进一法和去尾法,为学生自我评估提供机会。【E】

(1)解决下面的问题,并说说用什么方法取商的近似数。

①学校组织 475 个同学去春游,除司机外每辆车可以乘坐 50 人,至少需要几辆车?

②一台电梯限载重量为 1100 千克,如果一个成年人的平均体重是 60 千克,一次最多可以乘几个成年人?

反馈并板书:$475÷50≈10$(辆) 进一法 $1000÷60≈17$(人) 去尾法

(2)在一张长 18 厘米、宽 8 厘米的长方形纸上,要剪出边长是 3 厘米的正方形,能剪出几个?

反馈:

生 1:$18×8=144$(平方厘米) $3×3=9$(平方厘米) $144÷9=16$(个)

生 2:我不同意这种做法,因为长是 18 厘米,小正方形的边长是 3 厘米,也就是沿着长边能放 $18÷3=6$ 个,但是宽是 8 厘米,只能放 2 个 3 厘米的正方形,多余的 2 厘米放不下一个正方形了要舍去,相当于是去尾法,所以只能剪出 $6×2=12$(个)正方形。

师:研究到这里,你知道进一法和去尾法、四舍五入法有什么相同和不同之处了吗?你又有什么新的启发?把你的想法在 4 人小组交流。

反馈:

生 1:相同之处是这三种方法都是求商的近似数。

生2:不同之处是用进一法和去尾法解决的问题商一定是整数,但是用四舍五入法解决的问题商可以是整数也可以是小数。

生3:我知道了这三种方法都有自己使用的地方,也就是在解决问题时要根据实际问题求商的近似数。

(3)请你举一些生活中用进一法和去尾法解决的问题,想一想进一法和去尾法可以使用在哪些地方? 把你的想法在组内交流。

反馈:

生1:我们小组交流后发现,进一法要用在把多余的部分不能扔掉必须再多一份的问题中,比如,装东西、租车、租船等,而去尾法要用在多出来的部分都必须舍去,比如用钱买东西、用材料做物品、捆扎东西等等。

生2:我们还知道了这两种方法都只要算到整数部分,进一法用整数部分加1,去尾法就直接用整数部分。

设计意图:本环节设计的三个练习层层推进,第一层次给出问题学生自己解答;第二层次在大长方形中剪出正方形,这是一道易错题,同时也是用去尾法解决问题的变式题,紧接着让学生对进一法、去尾法和四舍五入法进行异同比较,让学生对已经理解和尚未清楚的内容,在同伴互助交流中完成逐步清晰的认识,这一过程也是学生对自我的学习完成评估的过程;第三环节打开学生思路,让学生自由编生活中用进一法和去尾法解决的问题,并小组交流,在交流中大家会共享生活中进一法和去尾法应用的各种实例,丰富学生对数学来源于生活又应用于生活的认识,而最后的"想一想进一法和去尾法可以使用在哪些地方?"是帮助学生完成从具体实例到抽象概括的建模过程,在这之前学生通过大量的例子已经初步具有了进一法和去尾法的模型,但是这样的认识还不够,这里的重要环节是帮助学生深刻理解进一法和去尾法的模型,因此借助从具体到抽象,从独立思考到交流合作,意识到选择进一法还是去尾法,实际上就是看"剩余的部分是要还是不能要"的问题,如果剩余的部分必须要,就用进一法取值,剩余的部分不够用,就用去尾法取值,从而使学生有效建立了进一法和去尾法的数学模型。

6.拓展练习,安排算式给学生讲进一法和去尾法的故事,这样的安排体现了低门槛大空间的分层要求,学生可以根据自己的生活经验、兴趣、爱好以及自己的理解来创编故事。【T】

出示:请根据18÷7这个算式,讲一个应用进一法和一个应用去尾法的故事。

设计意图:到前面部分基本练习为止,本节课的教学目标已经全部达成,学生也掌握了用进一法和去尾法解决问题。但是学生层次不同,我们还可以设计怎样的教学内容来适应和满足多样化的学生发展需求? 我们该如何为学生量身定制学习,以便最大化地提升学生学习的参与度与有效性? 基于这样的思考就自然地出现了本环节的内容,即为算式讲故事。如果把"从情境到算式"的思考过程理解为"为问题找答案",那么反过来"从算式到情境"的思考就是"为算式找应用"。从情境到算式,其结果通常是确定的,但是从算式到情境就具有广泛的开放性和多样性,这也体现了学生个性化的学习要求。如果把情境看作现实世界中的具体问题,把算式看作数学中的抽象模型,这样的思路反映的就是现实世界中的具体问题和数学中的抽象模型相互作用、互为因果的辩证关系,我们的教学更多的是根据问题让学生找答案,因此学生也习惯了顺向思维,容易形成思维定式,但是给算式找情境,相当于逆向思维,能够强化学生的思维活动,是发展学生思维、提升数学素养的重要途径。

7.全课小结,总结提升,这样做的目的是让学生对本节课的学习做一个全面的回顾与提炼,以使学生获得深刻理解,而非肤浅了解。【O】

8.完成"学生自我评价、小组互评及教师评价"表。

【课后思考】

在日常生活中,人们往往习惯于沿着事物发展的正方向去思考问题并寻求解决办法,其实,有些问题,从结论往回推,倒过来思考,反而解决得更简单有效,这种执果索因的思维方式就是逆向思维。本节教学是基于逆向设计进行的,在开展教与学活动之前,先思考学习要达到的目的是什么,以及哪些证据表明学习达到了目的;先关注学习期望,然后设计合适的教学行为,这种理念与方法对于今天我们追求有意义的、有效的教学设计,以及思考和寻找教师教学行为转变的路径颇有启迪。此外在逆向设计教学中,要特别重视学生自主探究学习,老师在课上的作用是培养学生用表现展示能力的指导者,而不是将自己的理解告诉学生的讲述者,学生在探究学习中,逐渐形成重论据、有条理、合乎逻辑的思维品质,不断透过现实情境厘清进一法和去尾法所蕴含的数学模型,真正经历数学"再发现"的过程。我们知道"授人以鱼不如授人以渔",在教学设计中,如果教师能更多地从逆向设计出发,给学生更多自主发现问题、提出问题的机会,同时在问题解决过程中让学生自主去探究、经历、研讨、质疑,使更多的学生真正理解他们所学习的知识,并更加主动地参与到学习中,体验到学习数学的乐趣,这样的课堂就是成功的课堂。

6   大概念视角下的教材整合研究

在本章标题中有两个关键词，分别是"整合"和"大概念"，我们先来说说这两个关键词。

【整合】"优化整合"是新一轮基础教育课程改革提出的一个理念。《义务教育课程标准》提出，教师要"有意识、有目的地对课程进行有效开发和整合，以便更好地开展小学数学教学"。随着新一轮课改的持续推进，整合已经成为课改中的一种新思路，这就要求教师对教材资源进行深度把握、挖掘、整合，充分利用教材资源提升学生思维能力、发展空间观念、培养数学思想方法、提高应用能力等。对于教材，课堂教学不应仅仅停留在"教教材"的浅层面上，而应达到"用教材教"的深度，教材不是教学的全部内容，它被看作引发、指引学生学习的工具，是一种师生对话的文本，是可变的、发展的和开放的。正因为如此，就要求老师们在日常教学中要基于教材而又超越教材，需要根据教学内容的特征进行整合，优化教材结构，把拖沓的内容紧凑安排、把分散的结构紧致聚焦、把共通的本质归并组合，用适宜的结构统领整合主线，进一步形成符合学生认知规律的知识网络结构。当然教材的整合重组与开发基于教材原有的基本知识体系以及学生的认知结构，教材内容的重组和整合，是对课程教学目标、教学内容、教学方法的整合。目前"基于单元整体框架备课、单元模块教学、大单元备课"等的教学理念与实践有很多，归根结底都是要求老师们在日常教学中能够基于学生学情，以单元为核心，以整合为理念，基于整体视角，突出教材的系统性、有序性和结构化，打破原有的、按部就班的教学套路。

【大概念】教育领域内的大概念又称大观念，是指在某一学科中居于重要地位，对学科其他内容具有统摄力、关联性的概念。什么是数学大概念？查尔斯（Charles. R. I）将它定义为：对数学学习至关重要的观念的陈述，是数学学习的核心，能够把各种数学理解联系成一个连贯的整体。它反映学科本质，居于学科中心地位，具有较为广泛的适用性和解释力的原理、思想和方法。以学科大概念来统摄和组织教学内容，将更为充分地揭示知识间的纵横关系，有利于培养学生利用已有知识解决问题，进而生成新知识的能力。其中"结构、联系和迁移"是大概念内涵的本质。在学界，学科大概念教学兼具认识论、方法论和价值论三重意义，是构建学科知识框架的核心，是更能广泛迁移的活性观念，也为推动课程改革提供了新的教育视角和教学样态，在一定程度上成为促进学科课程教学的重要途径。大概念是更加抽象、上位的概念，数学大概念包括数学的核心概念、重要技能、主要思想方法、解决问题的一般思路、数学观念等类型。运用大概念教学能建构知识框架，厘清学习脉络，确定主题内容，作为教师，要以大概念为抓手，聚焦学生学习方向，优化学生学习路径，引导学生进行学习梳理，从而发展学生的高阶思维，催生学生的高阶认知。

有了对以上两个关键词的认识，我们再来看看 2021 版《义务教育数学课程标准》，《标准》指出：尤其要强化对数学知识的本质理解，提炼出能打通数学知识之间关联的、发挥核心作用的教学概念，建构起学习主题统整下的脉络清晰、条理分明、相互联系的数学知识体系，通过教学使学生形成简化的、本质的、对未来学习更有支持意义的、内在逻辑性较强的数学基础知识结构。这段话明确指出教师在教学中要有大概念统领,对碎片化的知识进行结构化教学。这就需要教师在教学中引导学生在概念、原理及法则之间组织起有效的认知结构,体会不同内容之间学习方法的一致性和可迁移性,帮助学生学会用整体的、联系的、发展的眼光看问题,形成科学的思维习惯,发展数学核心素养。

虽说进行教材整合是目前课改的一个重要手段,但是它没有统一标准,也没有可以复制的模板,但是如果能基于大概念视角进行教材整合,将有助于促进学生的学习从"知识覆盖"走向"观念统领",帮助学生实现意义理解及迁移应用,并且以大概念为视角的单元教学设计,也是当前国际教学研究发展的新趋势,它强调知识的理解、联结和迁移,为小学数学课程落实学科核心素养带来新的契机和可能,因此立足大概念的单元整体教学,是核心素养时代应有的实践样态,是符合学生数学素养整体发展的应然之举,也是有效提升学生数学学习能力的前瞻理念,它能从课时转向单元、从割裂走向关联、从散点走向统整。

> **思考**
>
> 你觉得基于大概念视角的商的近似数的教材整合研究可以怎样进行?

6.1　分析教材结构提出问题假设

在人教版 2022 年教材五年级上册"小数除法"单元教学中,教材是这样安排的:先学习用四舍五入法求商的近似数,再学习循环小数,学习用计算器探索规律,最后学习用进一法、去尾法解决实际问题,如表 6-1 所示。

表 6-1　人教版 2022 年教材中用四舍五入法求商的近似数到用进一法去尾法解决问题教材编排内容

内容	2022 版	
用计算器 探索规律		用进一法 去尾法 解决问题

　　面对这样的教材安排,我们思考:能不能跨越"第二节课循环小数和第三节课用计算器探索规律",把第一节课"用四舍五入法求商的近似数"和第四节课"用进一法和去尾法解决问题"整合成 1 个课时,也就是"商的近似数"? 这样的设想,正是基于大概念教学,想把碎片化的知识进行结构化教学,让学生能根据实际情境对商的结果进行合理处理,体会"四舍五入法、进一法、去尾法"各自的意义及适用性,从而打通三种方法之间的内在联系与转化,促进学生迁移能力的形成及意义理解。

> **思考**
>
> 　　要做这样的整合,你觉得需要哪些研究来说明可行性呢?

6.2　分析文本及学情厘清现实起点

　　想要说明这样的整合是否可行,不是教师凭经验、凭感觉就可以的,而是要通过实证研究来说明的。什么是实证研究呢? 它是指研究者亲自收集观察资料,为提出理论假设或检验理论假设而展开的研究,它具有鲜明的直接经验特征,强调知识必须建立在观察和实验的经验事实上,通过经验观察的数据和实验研究的手段来揭示一般结论,并且要求这种结论在同一条件下具有可证性。那么要把"用四舍五入法求商的近似数"和"用进一法和去尾法解决问题"整合成"商的近似数"一课,需要进行怎样的研究? 我们说教材整合的目的是着眼于从教学的角度促进学生整体发展,这种发展包括知识与技能、数学思考、问题解决和情感态度价值观。基于以上思考,就需要进行教材文本及学生学情的可行性分析研究。

6.2.1 文本可行性分析

（1）计算教学

要掌握商的近似数这节课，需要学生有小数除法计算基础，而在该单元的前面部分，教材安排的就是小数除法的内容，一共安排了五个例题，分别是小数除以整数编排了 3 个例题，紧接着编排一个练习进行巩固，再编排 2 个例题教学一个数除以小数，然后再编排一个练习再次进行小数除法的巩固，一共 6 个课时的教学，完成了小数除法各种情况的教学，学生完全掌握了小数除法的算理和算法，那么到了商的近似数这节课时，计算将不再是教学重点，而是既作为问题解决的一种手段，也是为进一步巩固小数除法提供机会。

（2）近似数教学

商的近似数这节课其中一块内容是要用到四舍五入法求商的近似数，那么学生对四舍五入法了解吗？能应用四舍五入法求近似数吗？能准确运用"≈"吗？翻阅本书第一章我们知道学生在三年级上册"多位数乘一位数"中第一次认识了"≈"；在四年级上册"大数的认识"单元，第一次出现"近似数"字样，教学用"四舍五入"法求近似数并且学习了求大数的近似数；在四年级下册"小数的意义和性质"中学习了求小数的近似数，知道怎样根据保留的数位不同确定精确度；在五年级上册"小数乘法"单元又学习了用四舍五入法取积的近似值。由此可见，用四舍五入法求一个数的近似数对学生来说也不难，因为经过先前大量的学习，学生已经完全掌握。

（3）进一法和去尾法教学

学生有进一法和去尾法学习经验吗？在二年级下册有余数除法单元教学中就编排了例题和一些练习专门学习进一法和去尾法，只是当时计算的结果商是整数，余数也是整数，但是道理是一致的，我们来看一下教材编排的内容，如表 6-2 所示。

表 6-2　人教版 2014 年二年级下册进一法和去尾法编排内容

类别	例题	做一做
题目	22 个学生去划船，每条船最多坐 4 人。他们至少要租多少条船？	1.有 27 箱菠萝，王叔叔每次最多能运 8 箱。至少要运多少次才能运完这些菠萝？ 2.有三种面包，第一种面包 5 元/个，第二种面包 3 元/个，第三种面包 4 元/个。（1）小丽有 10 元钱，买 3 元一个的面包，最多能买几个？（2）用这些钱能买几个 4 元的面包？说说理由。
方法	进一法	进一法、去尾法
类别	练习题	练习题
题目	1.要做 50 个灯笼，我每天最多可以做 8 个？需要多少天才能做完？	2.读书节儿童读物每本 4 元。一位学生带了 23 元，另一位学生带了 25 元。23 元最多可以买几本书？25 元呢？
方法	进一法	去尾法

类别	练习题	练习题
题目	8.玫瑰花有22枝,百合花有16枝,郁金香有10枝。请用7枝玫瑰花、3枝百合花、2枝郁金香扎成一束。这些花最多可以扎成(　　)束这样的花束。	10.一共有22只小动物。每间大房住6只,每间小房住4只。 (1)如果都住大房,至少要住几间? (2)如果都住小房,至少要住几间?
方法	去尾法	进一法

通过以上三个方面的分析,再加上在这节课学习中无须用"循环小数和用计算器探索规律"这两节课中相关知识做支撑,由此可见把"用四舍五入法求商的近似数"和"用进一法和去尾法解决问题"整合成"商的近似数"一课是完全可行的,这节课的重点放在引导学生能根据实际情境进行分析,选择正确的方法取商的近似数,并且在取近似数的过程中,要引发学生认知冲突,使学生明白生活中取近似数的方法不仅仅是四舍五入法,用进一法和去尾法求近似数解决实际问题在生活中大量存在。

6.2.2　学情可行性分析

虽然说从教材编排角度分析,我们已经知道把上面两节课整合成一节课是可行的,但是我们面对的是学生,学生对于这样的教材整合是否已经做好充分的准备,他们已有的知识经验是否能够支持整合后的课堂教学? 要回答这一问题,就需要对学生现有的水平进行调查,其中前测是一种行之有效的方法。

(1)实施前测

为后续进一步做分析和比较,前测选取了两个班级,分别是对照班和实验班,两个班级分别都是43人。前测卷一共有4个问题,第一题是提炼求近似数的方法,后面三题都是先解决问题,再写出采用的方法,分别是四舍五入法、进一法和去尾法。

> **思考**
>
> 你觉得学生前测的结果会如何? 是计算正确率高还是方法提炼正确率高?

(2)收集整理数据

① 总体情况分析

在第四章学生起点研究"4.2.2 用进一法和去尾法求商的近似数"的内容中,介绍了学生前测结果及错误原因,在此处对结果再做简单介绍,如表6-3所示。

表6-3　两个班级前测情况汇总表

题　　　目	正确	百分比
1.你知道求近似数有哪些方法?	31人	36.0%
2.一筒羽毛球有12个,需要19.4元,每个羽毛球需要多少钱?	答案:72人	83.7%
	方法:35人	40.7%

续　表

题　　　目	正确	百分比
3.果农们将 680 千克葡萄装进纸箱运走,每个纸箱最多能装 15 千克,至少要几个纸箱? 我是用(　　　)方法解决这个问题的。	答案:78 人	90.7%
	方法:38 人	44.2%
4.足球每个 45 元,李老师带了 300 元,最多能买几个? 我是用(　　　)方法解决这个问题的。	答案:82 人	95.3%
	方法:36 人	41.9%

观察上面数据发现:

一是学生解决问题的正确率都比较高。三道题目计算的正确率分别是 83.7%、90.7%、95.3%,可见学生对小数除法计算总体掌握不错。虽然在二年级下册学习了进一法和去尾法,后续一直没有再进一步学习,到五年级上册再运用进一法和去尾法解决问题,中间整整间隔了两年,但是学生有生活经验,并且三个问题情境也是学生生活中所熟悉的,这些原因都促进了学生计算解答的正确率。

二是学生方法提炼的正确率不高。其中第一题对求近似数的方法提炼正确率只有 36.0%,第二题是 40.7%,第三题是 44.2%,第四题是 41.9%,可见间隔两年后,学生对进一法和去尾法的实际意义遗忘较多,虽然根据生活经验,大多数同学能正确解答,但是结合实际生活情境对应具体的进一法和去尾法还需要进一步教学。

②实验班与对照班比

表 6-4　实验班和对照班前测情况汇总表

题目	实验班(43 人)		对照班(43 人)	
	正确	百分比	正确	百分比
1	15 人	34.9%	16 人	37.2%
2	算式:37 人	86.0%	算式:35 人	81.4%
	方法:17 人	39.5%	方法:18 人	41.9%
3	算式:38 人	88.4%	算式:40 人	93.0%
	方法:19 人	44.2%	方法:19 人	44.2%
4	算式:41 人	95.3%	算式:41 人	95.3%
	方法:17 人	39.5%	方法:19 人	44.2%

从表 6-4 可知:两个班级的学生无论在问题解决还是在方法提炼上都很接近,比如第一题正确率分别是 34.9% 和 37.2%;第二题计算正确率分别是 86.0% 和 81.4%,方法提炼正确率分别是 39.5% 和 41.9%;第三题计算正确率分别是 88.4% 和 93.0%,方法提炼正确率都是 44.2%;第四题计算正确率都是 95.3%,方法提炼正确率分别是 39.5% 和 44.2%。这说明两个班级学生的水平是相近的,为后续进一步开展课程整合研究提供了强有力的说服力。

（3）思考及对策

经过上面对教材文本和学生前测分析，我们可以初步得出如下结论。

一是绝大多数学生能准确求商的近似数。但是在具体运用中对于求商的近似数的方法无法准确提炼，也就是说对于算式和具体的方法还没能有效联结，学生还缺少从标准的数学运算到数学思维、抽象概括，以及透过现象看本质的能力，这就需要在课堂教学中，通过问题情境，让学生亲自体验"问题情境—建立模型"的解释、应用、拓展的学习过程，让数学运算以生活场景为背景，化抽象为直观，拉近学生与知识的距离，促进学生去建构自己的理解和意义，同时获得广泛的数学活动经验。

二是这一部分内容并不难。但是学生掌握还不够，课堂教学需要在学生的最近发展区上进一步帮助他们提升。我们知道人的认知水平可划分为三个阶段：现有水平、最近发展区、潜在发展区。这三个阶段之间循环往复，不断深化，螺旋式上升，数学教学的任务就是促进它们之间不断转化，促进学生自觉运用已有认知，不断地去同化新知识，从而达到调整、扩充和优化原有的认知结构，建立新的认知结构的目的。这样通过教材整合教学，学生在解决问题时，形成一种认知、生活、情感等协调互动立体型的生活大课堂，同时提升学生综合素养。

三是把教材中"用四舍五入法求商的近似数和用进一法和去尾法解决问题"整合成"求商的近似数"一节课进行教学是可行的。在具体教学中可以采用以学生感兴趣的话题为题材构成情景串，把知识赋予学生喜闻乐见的情境串中，学生在情境中观察、在情境中体验、在情境中探究、在情境中应用。这样基于学生的生活实践经验和已有的知识，来学习和理解三种取近似数的方法，体现"小课堂、大社会"的理念，让学生体会到数学就在身边，他们借助生活情境发现数学问题，运用所学的数学知识解决实际问题，从而把三种方法串联起来，并在比较中学习理解这三种方法各自的适用性，真正建立用四舍五入法、进一法和去尾法解决问题的数学模型。

四是教材整合后依旧安排两课时教学。原先教材中商的近似数编排的是一课时，用进一法和去尾法解决问题编排的也是一课时，现在把这两节课整合成一课时后，还多出来一课时，我们知道教材整合的目的是让知识结构连点成线、连线成面，最终形成知识网，但是多余的课时不是说安排其他内容，而是继续安排学习相关的内容，在这里多出来的一节课可以继续进行商的近似数相关内容的巩固和拓展练习，这样也是用两课时的教学时间，从宏观角度考虑整体、考虑发展性、考虑把知识纳入到结构体系。学生对商的近似数三种方法的掌握和运用会更深入，他们的理解和应用的层次也能不断由低阶向高阶发展。

6.3 基于大概念视角实施课堂教学

大概念视角下的数学教学，是立足结构论、系统论的视角来审视知识的，是一种大结构的数学学习。教师要立足数学的学科知识，从数学学科知识和学生数学素养生成发展的视角出发，重构数学知识与相关大概念的关联、对接，对学生数学学习的相关内容进行整合，帮助学生建构学习体系，引发自主思考、探究，促进学生提升数学学习力、发展数学核心素养。

6.3.1　商的近似数第一课时教学

【教学目标】

1.借助递进式的生活情境串,理解四舍五入法、进一法和去尾法在生活中的实际应用,体会具体问题具体解决的思想。

2.培养学生自主探究、合作讨论、比较、辨析的数学能力,经历问题解决的过程,发展思维能力和问题解决能力。

3.体会数学和生活的联系,发展数学建模能力,提升数学素养。

【教学过程】

一、引入真实情境,激发学习兴趣

同学们,学校的"飞羽俱乐部"是大家特别喜欢的一个羽毛球社团,今天这节课就让我们一起去看看赵老师在购买羽毛球时发生的一些事情。

【设计意图】

小学数学情境教学法是以情境认知理论与情境学习理论的基本观点为指导,在教学过程中,教师有目的地创设生活场景,激发学生情感体验,烘托和谐的学习氛围,让学生在与学习内容密切相关的情境中愉悦地学习。本环节通过学生熟悉的校羽毛球队赵老师购买羽毛球的情境展开教学,贴近学生生活实际,他们熟悉又感兴趣,且易于理解,这样的情境创设充分激发了学生的学习欲望,能有效辅助教学。

二、关联三种方法,厘清联系区别

1.用"四舍五入法"求商的近似数。

出示:赵老师去买羽毛球,他发现一筒羽毛球19.4元,有12个,请问每个多少钱?

要求:学生尝试独立完成问题解答,再进行小组交流。

师:你们在计算中遇到了什么问题?

生:算式除不尽,$19.4 \div 12 = 1.6166\cdots\cdots$,这到底是多少钱呀?

师:请你想一想,羽毛球的定价为多少比较合理?

四人小组讨论并发表意见。

生1:保留一位小数,一个羽毛球定价1.6元。

生2:还可以保留两位小数,把它定价为1.62元。

生3:把一个羽毛球定价为2元,这样算起来比较方便。

师:为什么不给羽毛球定价1.617元或者1.6167元?

生:1.61元就是1元6角1分,再往下就没法付钱了。

想一想:这三种价格你认为哪种比较合理?

生1:定价2元精确度不够高,定为1.6元比较合理,因为现在很少看到一分两分的钱了。

生2:定价1.62元比较合理,因为人民币的单位是元角分。

师:这三种定价有什么相同之处和不同之处呢?

生:都是采用四舍五入法。定价2元,保留到整数,表示精确到元;定价1.6元是保留一

148

位小数,表示精确到角;如果定价 1.62 元是保留两位小数,表示精确到分。

师:保留整数、一位小数和两位小数你们是怎么取近似数的?

生:保留整数只要看十分位上的数,是 6 就进入;保留一位小数看百分数上的数,是 1 就舍去,保留两位小数看千分位上的数,是 6 就进入。

师:在我们的生活中,常常遇到小数除法除不尽的情况,如果下次遇到同样的问题,你们会解决吗? 怎样解决?

生 1:可以用四舍五入法取近似值。

生 2:可以根据不同情况保留一定的小数位数。

师:如果一开始解决这个问题时老师规定保留一位小数,你会怎样摆竖式? 保留两位呢?

生:只要除到小数部分有三位就可以保留两位小数,小数部分有两位就可以保留一位小数。

师:综合大家的意见,既考虑精确度高一些,又考虑计算容易一些,我们把每个羽毛球的价格定为 1.6 元,你们赞成吗?

小结:求商的近似数可以采用"四舍五入"法,计算到比保留的小数位数多一位,再将最后一位"四舍五入"就可以了。

【设计意图】

本环节通过解决羽毛球价格的问题来学习用四舍五入法求商的近似数,在题目的问题表述中并没有出现"大约"一词,但是在问题思考与解决中却与"大约"紧密相连。整个教学板块就以一个核心问题"羽毛球定价为多少比较合理?"来引领,我们知道问题是大概念教学的重要载体,核心问题犹如一个结构性枢纽,不断驱动学生进行思考与交流,促进深度学习。这一环节的课堂完全交于学生,体现"变教为学"的课堂,在这样的课堂上,老师的角色可以概括为"导学、诊学、助学"。导学的目的有三个方面:一是让学生明白自己将要学什么做什么,也就是"知学",学生根据问题情境知道自己要通过除法算式计算羽毛球的价格;二是教师设法让每一个学生具有开展学习活动的机会,让学生"愿学",所以在这里给出问题后就要学生自己解决;三是让每一个学生知道自己可以自主学习也可以合作交流,也就是"会学"。而教师的任务就是"诊学和助学",比如教师提出"你们在计算中遇到什么问题",这就是教师事先考虑到这题没有要求保留几位小数,这对学生来说势必造成他们学习上的困惑,随着学生交流、辨析、补充的不断推进,教师又适时"助学",在关键处适时点拨与引导,最终学生在对羽毛球三种定价的充分辨析中,深入理解了用四舍五入法求商的近似数的方法,体会了这种方法在解决实际问题中的应用价值。

2. 用去尾法求商的近似数。

师:我们知道了每个羽毛球的价格是 1.6 元,赵老师带了 140 元,他最多能买回几个羽毛球?

要求:自主解答独立完成。

生:$140÷1.6＝87.5≈87$(个)。

师:看到这个算式,你有什么想说的?

生:因为 0.5 个羽毛球是没有的,也就是说后面的钱不能买回完整的 1 个,所以要采用"去尾法",取近似数 87。

师:在摆竖式的过程中,你有什么想法?

生:因为羽毛球的个数一定是整数,所以在计算时只要算到个位后面就不要再算了,都要舍去。

质疑:为什么这题不能用四舍五入法?

生:如果用四舍五入法那么答案就变成 88 个了,可是根据生活实际,多出来的钱不能够再买一个,所以一定要舍去,四舍五入法不是到处可以用的。

师:你分析得真有道理,那么第一题能用去尾法吗?

师:同桌交流,在生活中哪些方面需要用到去尾法?

小结:在购买物品、做衣服、钉纽扣等多余的部分不能够再完成一个任务时,就要用到去尾法。

【设计意图】

在上一个环节用四舍五入求羽毛球的价格后,本环节继续呈现买羽毛球的情境,把第一题的问题作为信息,再增加一个"赵老师带 140 元"这个信息,让学生计算能买几个羽毛球。购物情境对学生来说并不陌生,且学生也知道羽毛球都是整个的,不可能有小数个,因此根据生活经验,当计算出 87.5 后,学生自然就知道只能买回 87 个,采用去尾法,如果学习到这里就算完成任务,那样对学生思维提升没有帮助,因此教师紧接着又抛出问题"为什么这题不能用四舍五入法、第一题能用去尾法吗"这样的问题,旨在引发学生深入思考,初步体会在解决问题中,需要根据实际情境合理选用方法。

3.用进一法求商的近似数。

师:赵老师买的这 87 个羽毛球,营业员把它们每 12 个装一筒,你觉得至少需要几个筒?

要求:学生独立完成问题解答。

生:87÷12=7.25,说明 7 个筒没能把所有的羽毛球都装进去,因此至少需要 8 个筒,这样就能把所有的羽毛球都装进去。

师:你们觉得对吗?对这题的商采用了什么方法?

生:我认为是对的,虽然计算结果是 7.25,但 0.25 个筒是不存在的,所以采用了"进一法",7 加 1 等于 8 个筒了。

生:这题一看就知道多余的羽毛球一定还需要一个筒,所以在摆竖式时只要算出整数部分,再加 1,后面都不用算下去了。

质疑:在这里如果用四舍五入法、去尾法结果会怎样?

生:计算结果是 7.25,如果用四舍五入法那么结果是 7,用去尾法结果也是 7,但是这样的话就没有把所有的羽毛球都装进去,所以不能用这两种方法。

师:同桌交流一下,在生活的哪些方面需要用到进一法?

小结:在装东西时,最后所剩的货物无论多少,如果都必须装在一个容器中,在这种情况下,需要使用进一法,也就是把整数部分再加 1。

【设计意图】

本环节继续借助赵老师买羽毛球的情境,层层深入,让学生体会差不多的情境,由于具体解决的问题不同,所采用的方法也是不同的,并且逆向思考"如果用四舍五入法和去尾法结果会怎样",让学生发现这样的处理结果与生活实际相矛盾,这样从正反两方面让学生厘清用进一法解决问题的实际意义,再次体会在解决问题中要根据实际情境灵活合理选用方法。

4.比较。

小组合作:想一想,求商的近似数的三种方法有什么相同和不同的地方?

小结:

相同点:三种方法都是对除得的结果求近似数,都需要对商的尾数部分做处理,得到的都是一个近似的结果。

不同点:四舍五入法是求商的近似数时最常用的方法,可以按照题目的要求取商的近似数,去尾法和进一法与实际生活的联系更为紧密,它们一般用在商用整数表示的实际问题里。

师:大家有没有发现,这三题明明都没有出现"大约、大概、用近似数"表示之类的关键词,你们在解决问题中怎么都取了商的近似数?

小结:用进一法和去尾法解决问题,因为它的商是整数,所以一定要取近似数,不需要告诉"大概、大约"这样的词语,用四舍五入法取商的近似数,如果不出现保留几位小数,可能有多种答案,在问题解决中,需要根据实际情况合理取商的近似数。

【设计意图】

学生的理解是随着思辨的深入不断厘清的。在上述赵老师买羽毛球的情境中,学生有效理解了三种方法各自的适用性。而本环节的对比联系,再次引发学生思考,学生脱离实际情境抽象、归纳、提炼三种方法之间的联系与区别,帮助学生建构起学习主题统整下的脉络清晰、条理分明、相互联系的数学知识体系,使他们形成简化的、本质的、对未来学习更有支持意义、内在逻辑性较强的数学基础知识结构。最后一个问题"这三题明明都没有出现"大约、大概、用近似数表示"之类的关键词,你们在解决问题中怎么都取了商的近似数?",进一步激发了学生的思考,随着思考、辨析的深入,学生进一步明白在需要用估算解决的问题表述中,不一定非要含有"大约"之类的词语,关键要看问题的目标与情境的思考是否可以估算,也就是要让估算作为学生问题解决自然出现的需求,而不是用"大约"等词汇强迫进行估算。

三、根据实际情境,合理解决问题

1.有一种油桶,最多能装2.6千克油,现在要装下40千克油,需要这种油桶多少个?

2.一件衬衫要钉9粒纽扣,现有110粒纽扣,能钉多少件衬衫?

3.妈妈带了32.5元钱,买了1.6千克糖果,每千克糖果多少钱?(得数保留两位小数)

【课后反思】

教材整合是在不改变现行教材的教学目标、教学内容和授课时间的前提下,通过调整教学内容的顺序、呈现方式、结构体系等途径,达到学科内知识点的整合,使知识更具系统性,教师教学更具结构性。本节课就是基于大概念教学理念,把两节有相互关联的课整合成一个课时进行教学,这样整合的目的是促进学生对四舍五入法、进一法、去尾法的本质理解,知道具体问题具体对待,助力学生对知识结构的联结和辨别,推动思维向高阶发展。我们知道教材整合需要教师结合教学的实际情况,联系生活实际进行重组与开发,从而保证课程教材的教学效益最大化,推动学生的数学素养全面发展,因此在具体授课中,借助学校飞羽俱乐部赵老师购买羽毛球的情境,有效联结三种方法,引导学生整体分析问题情境、整体实施探究活动,并总结回顾学习过程,这样的教学指向具体情境背后更为本质、更为核心的意义理解,从而让学生有效建立三种取近似数的问题解决模型。

6.3.2 实施精准把脉的课堂观察

众所周知,在教师专业成长中,听评课是一项重要的活动,通过听评课既要促进教师发展,也要促进学生发展。但是平常在各级各类听课中,听课者的关注点往往是听上课老师的教学设计、课堂调控与有效生成、课堂教学的亮点、精彩部分等等,应该说这样的听课也是非常有意义的,但是这样的听课往往对学生参与学习的情况缺少关注,听课没有合作任务,没有明确分工,评课缺少基于学生实证的研究分析。基于此,很多学校都在转变研究方向,努力把研究的重点转变到学习共同体课堂观察研究中来。

那么上面的课程,整合后实施的课堂教学有效吗?显然通过课堂观察,用老师们观察到的学生的学习来说明课程整合是否有效更有说服力。为做好课堂观察研究,要分三步进行活动:第一步是进行课前会议,主要是上课老师陈述教学内容、学情分析、教学目标、教学环节等,再研讨观察视角,有效设计观察量表,以便观察员确定有针对性的观察点,这里的观察量表取自崔允漷、沈毅所著的《课堂观察走向专业的听评课Ⅱ》一书,最终确定"内容、实施、思考、互动"四个维度的观察视角;第二步是进行课堂教学,观察者根据观察视角进行课中观察,通过看、听、记、思进行实证收集,并记录下来,再完成自己的分析与思考;第三步是进行课后会议,先由上课老师反思自己教学所获所缺,然后各个观察员利用观察到的有效性证据与自己的思考进行定性或定量分析,并提出指向教学改进的建议和决策。在具体观察中,一位观察员观察一个小组的学习,并全程跟踪与记录学生课堂上的学习情况,课后学科组进行交流与研讨,因为细化观察点后每个教师只观察一个小组的学习,虽然精细但不是全貌,而通过教师的协作交流才能整体判断并及时发现学生学习问题,从而去反思、改进教师教学,最终指向学生发展。这种"基于证据、基于目标、基于标准"的课堂观察流程,以及把重心回归到课堂观察研究的做法能够深入了解学生学习情况,并且倡导在理解课堂、重在合作、关注学习、基于证据的听评课中,去改善学生学习,促进教师专业发展,促进学校合作文化的形成,有助于师生共同成长。

那么在商的近似数这节整合课堂教学中,观察员最终观察到的结果是怎样的,具体见表6-5。

表 6-5 商的近似数课堂观察汇总表

观察视角	观察点	观察者的反思（关键词记录）
内容	1.怎样处理教材？采用了哪些策略（增、删、换、合、立）？ 2.容量适合该班学生吗？如何满足不同学生的需求？ 3.这样处理后学习效果如何？	1.教师创设学校的飞羽俱乐部情境，通过"增"和"立"的整理策略，打破原先教学内容的次序，虽然教学容量增加，但是这基于学生已有学力，通过把解决问题中的"进一法"和"去尾法"内容前置，有效梳理商的近似数求法（四舍五入法、进一法、去尾法），凸显了文本之间的联系。 2.这样容量的安排比较适合学生实际水平，整节课饱满立体，特别是充分利用小组协同学习，满足了不同学生对学习的需求。 3.学生在参与学习活动中，根据实际情况求商的近似值，提高了分析问题的能力，以及在实际生活中合理、灵活应用的能力，体会了商的近似值在现实生活中广泛的应用价值。
实施	1.创设怎样的情境，结果如何？ 2.预设哪些方法？（讲授、讨论、活动、探究、互动）与学习目标适合度？ 3.怎样体现本学科特点？有没有关注学习方法的指导？	1.整堂课围绕学生熟悉的校羽毛球队的购球情境展开，贴近生活，学生易于理解，他们熟悉又感兴趣，这样的情境创设充分激发了学生的学习欲望，学习效果明显。 2.课中充分利用讨论、互动、合作等方法，学生间讨论互动及时、频繁、有效，与学习目标相吻合，有效达成学习任务。 3.在学习方法的指导上，通过"观察比较法""合作交流法"指导学生学习，培养了学生表达能力、概括能力，同时增强了学生应用能力，发展了思维，学法指导到位。
思考	1.怎样以问题驱动教学？ 2.怎样指导学生思考并解决问题？	1.整堂课老师利用解决飞羽俱乐部的三个问题（羽毛球单价、最多买几个羽毛球、至少需要几筒）进行有效串联，提出核心问题：你认为羽毛球价格定为多少比较合理？这三种方法有什么异同点？这样通过解释、评价和综合，层层深入，并迁移到其他的问题中，让学生体会到商的近似值应用的广泛性。 2.课堂指导学生联系生活独立思考，并同桌或小组交流实现沟通反馈，对待学生思考中的错误，利用同伴的学习进行纠正，再利用全班反馈进一步让学生明白答案的准确性与合理性。
互动	1.有哪些互动、合作行为？ 2.参与小组讨论情况怎样？ 3.出现了怎样的情感行为？	1.互动形式有：4人学习共同体合作交流（3次），共同体的展示活动（1次），3次同桌交流。 2.每一次4人学习共同体的合作交流是达成学习目标、突破教学重难点的关键环节，学生讨论中能做到有序表达。 3.一位观察员反馈：在具体的小组讨论活动中，每个孩子都能参与，有时是一起讨论，有时是在组长的带领下"你的意见呢？"。先完成的学生会先发表自己的看法，后完成的学生再做补充和调整，比较合理。小组整体氛围好，讨论热闹时还会相互提醒"声音再轻一些"，效果好。4人小组学习共同体中的3位几乎每个数学问题都能举手。其中一位发言5次，另2位各2次，第4位没有主动发言，但有1次合作展示。

根据老师们的观察，形成以下结论。

一是通过创设学生熟悉的"飞羽俱乐部"情境，让学生的学习置于熟悉的生活场景中，感受在同一情境下，具体问题具体解决的意义，较好地体现了"注重与现实生活联系"的课程理念，并且这样一个情境串联起三种不同类型的问题，这也是这节课的亮点之一。

二是课堂教学饱满有效。在整堂课中,容量的安排适合学生实际水平,教师创设的问题链逻辑性强,层次丰富,这样的课堂在对比联系中有效梳理了三种求商的近似数的方法,凸显了文本之间的联系,提高了学生分析问题的能力,以及在实际生活中合理、灵活应用的能力,为学习目标的达成提供有力支撑。

三是课堂中以生为本理念突出。课上多次安排小组合作学习,并且学生的合作学习已成为常态,每个孩子都能参与其中,同伴会互帮互助,相互提醒,教师适时点拨指导,课堂生态建构融洽。

思考

除了课堂观察外,还可以怎样进一步了解学生的学习效果呢?

6.3.3 后测及分析

(1)实施后测

课堂观察能够比较好地看到学生参与课堂学习的情况,但不能完全了解学生对所学知识的掌握程度,以及其是否能够独立完成相关学习内容。为更好了解课程整合后学生当堂学习效果,我们实施了后测。这份后测卷在实验班和对照班都进行了测试,实验班是在上述一节课教学后进行的,对照班则是根据教材编排的顺序,按照"用四舍五入法求商的近似数—循环小数—用计算器探索规律—用进一法和去尾法解决问题"这样四节课教学后再进行,在后测内容的设计上,根据前测卷中学生方法提炼不清、错误率高的情况,后测题舍去了解决实际问题的内容,而是注重方法的归纳与提炼,目的是比较在课堂教学后,学生在方法提炼上是否有更多收获,因此一共安排了两个问题,看似简单,实则开放性更大,如图 6-1 所示。

亲爱的同学:

你好!

通过这节课的学习,相信你有不少收获,把你的收获来写一写吧。

班级 _____ 姓名 _____

1.通过这节课的学习,我知道求商的近似数的方法有:_____

2.我能写出每种方法在具体问题中的应用:_____

图 6-1　商的近似数后测卷

(2)数据分析及整理

①实验班后测分析

实验班 43 个学生全部准确写出了求商的近似数的三种方法,其中"我能写出每种方法在具体问题中的应用"有 39 人全部正确,有一些是举具体例子,有一些是概括总结的,还有 4 个学生没有全部完成,有些表达不清,具体见表 6-6。再与前测比较,发现原先全班只有 34.9% 的同学能写对三种方法,教学后是 100% 的同学全部写对方法,原先对三种方法具体应用提炼正确的分别是 39.5%,44.2%,39.5%,教学后有 90.3% 的同学能具体应用,通过比较发现学生提炼能力有明显提升,可见学习效果还是不错的,具体见图 6-2,部分学生解答见图 6-3。

表 6-6　实验班商的近似数后测情况汇总

题　目	正确人数	百分比
我知道求商的近似数的方法	43 人	100%
我能写出每种方法在具体问题中的应用	39 人	90.3%

图 6-2　实验班前后测数据对比

②与对照班测试比较

对照班三种方法的正确率为 88.4%，与实验班的正确率相差了十多个百分点，三种方法的具体应用正确率是 79.1%，同样比实验班下降了十多个百分点，具体见表 6-7。

表 6-7　实验班与对照班后测数据比较表

题目	实验班(43 人)		对照班(43 人)	
	正确人数	百分比	正确人数	百分比
1	43 人	100%	38 人	88.4%
2	39 人	90.7%	34 人	79.1%

让我们来回顾一下整个做比较研究的过程，我们通过"前测分析比较—整合教材—实施教学—进行课堂观察—后测分析比较"这样的研究过程，在前、后测比较分析中用数据说话，得出了教材整合后实验班的课堂教学优于对照班的教学，进而得出把"用四舍五入法求商的近似数和用进一法、去尾法解决问题"整合成"商的近似数"一节课是可行且有效的，那么这样的教材整合也是有意义的。

思考

实验班还多余的一节课该怎么办？如果是你又会设计哪些教学内容呢？

在上面我们已经说明了教材整合后总课时是不变的，那么实验班还多出来一个课时，我们可以进行商的近似数相关内容的巩固和拓展性练习。具体是怎样的,让我们一起来看一看。

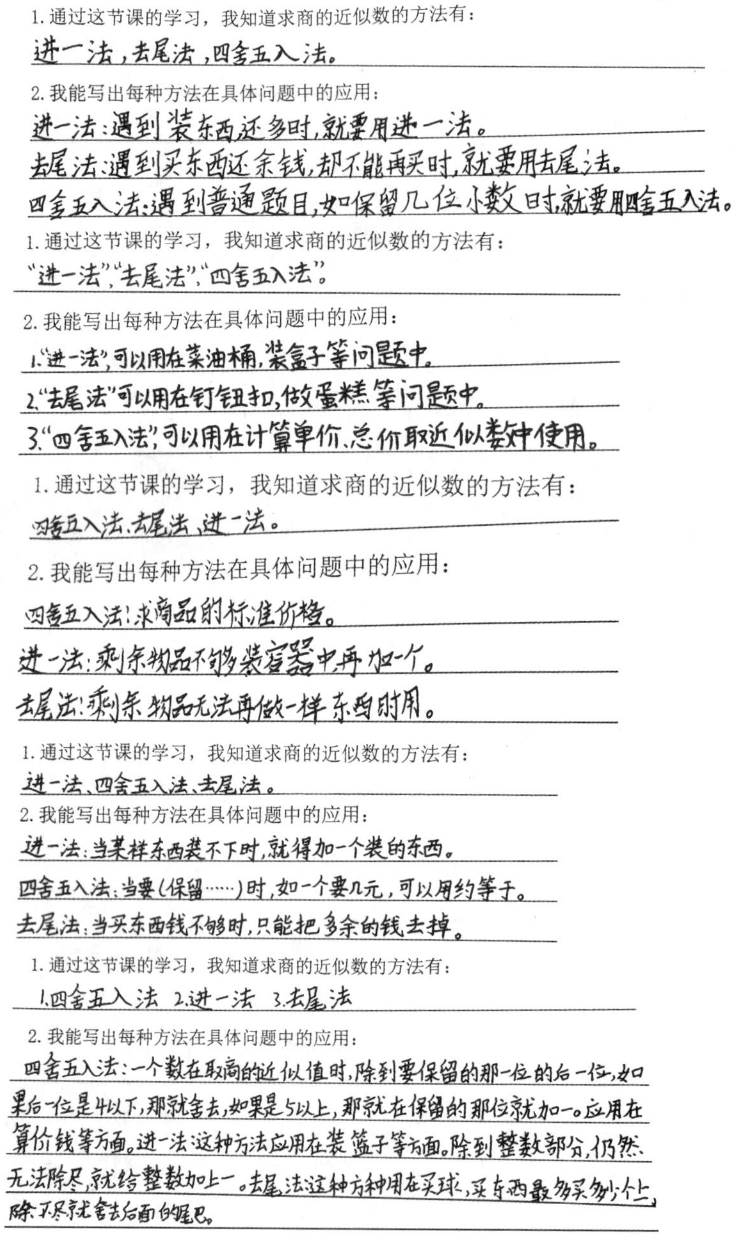

1.通过这节课的学习,我知道求商的近似数的方法有:
进一法,去尾法,四舍五入法。

2.我能写出每种方法在具体问题中的应用:
进一法:遇到装东西还多时,就要用进一法。
去尾法:遇到买东西还余钱,却不能再买时,就要用去尾法。
四舍五入法:遇到普通题目,如保留几位小数时,就要用四舍五入法。

1.通过这节课的学习,我知道求商的近似数的方法有:
"进一法""去尾法""四舍五入法"。

2.我能写出每种方法在具体问题中的应用:
1."进一法"可以用在菜油桶、装盒子等问题中。
2."去尾法"可以用在钉钮扣、做蛋糕等问题中。
3."四舍五入法"可以用在计算单价、总价取近似数中使用。

1.通过这节课的学习,我知道求商的近似数的方法有:
四舍五入法、去尾法、进一法。

2.我能写出每种方法在具体问题中的应用:
四舍五入法:求商品的标准价格。
进一法:剩余物品不够装容器中再加一个。
去尾法:剩余物品无法再做一样东西时用。

1.通过这节课的学习,我知道求商的近似数的方法有:
进一法、四舍五入法、去尾法。
2.我能写出每种方法在具体问题中的应用:
进一法:当某样东西装不下时,就得加一个装的东西。
四舍五入法:当要(保留……)时,如一个要几元,可以用约等于。
去尾法:当买东西钱不够时,只能把多余的钱去掉。

1.通过这节课的学习,我知道求商的近似数的方法有:
1.四舍五入法 2.进一法 3.去尾法
2.我能写出每种方法在具体问题中的应用:
四舍五入法:一个数在取商的近似值时,除到要保留的那一位的后一位,如果后一位是4以下,那就舍去,如果是5以上,那就在保留的那位就加一。应用在算价钱等方面。进一法这种方法应用在装篮子等方面。除到整数部分,仍然无法除尽,就给整数加一。去尾法这种方法用在买球,买东西最多买多少个上,除不尽就舍去后面的零星。

图 6-3 实验班学生后测题解答情况

6.3.4 商的近似数第二课时教学

【教学目标】

1.进一步掌握在实际情境中用四舍五入法、进一法和去尾法解决问题,感悟知识之间的内在联系与转化。

2.培养学生发现问题、提出问题的能力,打通解题技巧,促进学生迁移能力的形成。

3.培养学生用整体的、联系的、发展的眼光看问题,形成科学的思维习惯,有效发展数学核心素养。

【教学过程】

一、回顾整理,厘清方法

师:同学们上节课我们学习了求商的近似数的方法,让我们一起来回顾一下。

出示:赵老师给队员新买了1筒羽毛球。一筒羽毛球19.4元,有12个,每个多少钱?

师:通过计算19.4÷12≈1.6(元),我们把羽毛球的单价定为1.6元,这题采用了什么方法?

生:四舍五入法。

师:知道羽毛球每个1.6元,再添加一个信息"赵老师带了140元去买羽毛球",求他最多可以买回几个羽毛球? 这题是怎样解答的?

生:用去尾法,算式是140÷1.6≈87(个),能求出他最多买回87个羽毛球。

师:是的,算出赵老师买了87个羽毛球,再添加一个信息"每12个装一筒",至少需要几个筒呢? 这题又是怎样解答的?

生:这题用进一法,87÷12≈8(个)。

师:通过刚才的回顾,你有什么想说的?

反馈:

生1:这三题很有意思的,都是赵老师去买羽毛球,而且前面一题的问题在后一题就变成信息了。

生2:我接着他的话继续说,虽然只是又添加了一个信息,但是题目的意思完全改变了,要用不同的方法来解决问题了。

生3:也就是说这三种方法,只要改变其中一个信息,它们是可以相互转换的。

生4:这说明这三种方法之间虽然有区别,但其实也是有联系的。

【设计意图】

这个环节主要是让学生再现前一堂课学习用三种方法解决问题的情境,进一步体会在同一情境中,通过利用上一题求出的结果,再增加一个信息,能用其他求商的近似数的方法继续解决问题。这样的回顾与整理,让学生进一步对碎片化的知识进行结构化归纳与整理,感悟知识之间的内在联系与转化,这有利于学生打通解题技巧,同时促进对问题意义的理解,进而促进学生迁移能力的形成。此外这个环节的教学,进一步激发学生的元认知,为后续开展在同一个情境下改变其中一个信息进一步解决问题埋下伏笔,而教师在与学生对话中,更清晰地了解到学生知道了什么,理解了什么,掌握和具备了哪些能力,这样做的目的也是为教师后续开展教学提供调控和改进的依据。

二、添加信息,解决问题

出示:李阿姨带了100元钱去买红丝带,她买回来45米。

师:请你算一算,红丝带每米多少钱?(得数保留一位小数)

反馈:100÷45≈2.2(元),四舍五入法。

师:现在增加难度,请你选择"李阿姨带了100元钱和她买回来45米"这两个信息中的其中一个信息,自己再增加一个信息,并提出一个问题,而且需要用进一法或去尾法解决问题,你觉得能行吗?

要求:小组合作学习。

1.先独立思考,自己添加信息,提出问题并解决问题。

2.小组交流。

反馈:小组汇报。

生1:我们小组用"买回45米红丝带这个信息"。

生2:我们添加的信息是"包装每个礼盒要用1.7米长的丝带",问题是"这些红丝带最多可以包装几个礼盒"。可以用去尾法解答,45÷1.7≈26(个)。

生3:还是用"买回45米红丝带这个信息",我们觉得还可以添加信息"如果红丝带每4米装一包",问题是"至少要装几包才能全部装完"。那么这题可以用进一法解决,45÷4＝11.25≈12(包)。

生4:对我们小组的发言你们还有什么想法或者补充吗?

师:这个小组合作得很棒,组内的每个同学都代表小组发言,而且最可贵的是他们还能够提出问题让你们继续思考,那么你们的想法呢?

生:我给他们小组的发言点赞,你们是怎样想到这两个信息的?

生:我们小组在讨论时想了想真的去买红丝带的情境,而且还参考了赵老师买羽毛球的信息,就想到了一种用红丝带包装礼盒,还有一种是怎样把红丝带一包一包装好带回来,这样就可以添加这两个信息,提出两个问题了。

师:这个小组的学习方法真好,他们会根据已经学习的知识,再把问题情境放到实际生活中去,这样问题解决就变得容易了。

师:其他小组还有不同的想法吗?

生1:我们组用的是"李阿姨带了100元钱去买红丝带",增加的信息是"红丝带每米2.8元",可以买回几米红丝带?算式是:100÷2.8≈35(米),用了去尾法。

生2:我们组用的是"李阿姨买回来45米",增加的信息是"做一朵丝带花要用0.8米",这些红丝带最多能做几朵丝带花?算式是45÷0.8≈56(朵),也是用去尾法。

··········

【设计意图】

现代数学教育的基本任务是培养学生的创新意识,学生自己发现和提出问题是创新的基础,因此在数学教学中培养学生的问题意识、发展学生提出问题的能力至关重要。近年来老师们都非常重视对学生这方面能力的培养,在一些与此相关的研究成果中,我们经常能读到一些与提问有关的经典论述。比如爱因斯坦曾说:"提出一个问题往往比解决一个问题更重要。因为解决问题也许仅是一个数学上或实验上的技能而已,而提出新的问题,却需要创造性的想象力,而且标志着科学的真正进步。"但是小学生发现问题、提出问题的能力是比较弱的,因此我们必须转换课堂提问方式,把以教师提问为主的课堂转为以学生提问为主,培养学生想问、愿问、会问、善问的习惯。本环节就是基于这样的想法,创设了让学生根据已有信息,再增加信息并提出问题、解决问题的环节,这一步其实难度比较大,原因在于只根据一个信息,学生还要自己增加信息然后再提出问题,且解决问题要用到进一法或者去尾法,并且所增加的信息要符合生活实际,这就大大增加了学生提问的难度。因此创设了合作学习环节,让学生借助同伴学习的力量,互帮互学。在学生反馈中,我们发现学生的潜能是无限的,他们有自己理解问题的方法,比如"想象真的去买红丝带的情境,参考了赵老师买羽毛球中的信息",这说明学生已经具备了初步的自我学习能力、借鉴能力以及迁移能力,随着学生交流的深入,他们的思路不断被打开,学生感悟到添加不同的信息,就能用不同方法求商的近似数,再次打通三种求商的近似数方法之间的区别与联系,有效培养了学生发现问题、提出问题并解决问题的能力。

三、拓展延伸,提升能力

师:同学们提出问题、解决问题的能力很棒呀,请你继续挑战。

出示:服装厂做一套儿童校服要用2.3米布,现在有190.7米布料,可做校服多少套?

反馈:

生:190.7÷2.3≈82(套)。

师:大家采用了什么方法呢?

生:这题采用去尾法,因为多余的布料不能再做一套校服。

师:同学们,这题中原先已知两个信息,现在如果把"最多可以做82套校服"也作为一个信息,你能挑战下面两个问题吗?

出示:

(1)添加一个信息并用四舍五入法解答(得数保留一位小数):

_____

(2)添加一个信息并用去尾法解答:

_____

要求:先自己独立做,有困难再与同桌商量。

反馈:

生1:我根据"现在有190.7米布料",添加的信息是"把它们平均分给6个服装店,每个服装店分到布料多少米?"。用四舍五入法,算式是190.7÷6≈31.8(米)。

生2:根据"有82套校服",再添加"每个箱子装15套",问"这些校服最多能装满几个箱子?"用去尾法,算式是82÷15≈5(个)。

生3:我也是根据"有82套校服",但是添加的信息是"一共卖了3500元",问题是"每套校服多少钱?"用四舍五入法,算式是3500÷82≈42.7(元)。

师:对这题,你们有什么想法呢?

生4:校服没有这么便宜的,我妈妈刚刚给我买了一套校服,她说要200元钱。

师:是呀,我们在提信息的时候还需要联系生活实际。

生5:我也是用"现在有190.7米布料",添加的信息是"每60米捆一捆",问题是"最多能捆几捆?"。用的是去尾法,算式是190.7÷60≈3(捆)。

师:同学们真厉害,能想出这么多种方法。想一想,在用四舍五入法和去尾法解决问题时,所选择的和补充的信息有什么不同吗?

生:在用四舍五入法解决问题时,只要想把一样物品或者价格平均分,但是在用去尾法解决问题时要考虑,包装东西最后要把多余不能再装满一份的去掉。

【设计意图】

在上一个环节,学生初步感知的在同一个情境下根据两个已知的信息,再添加信息解决问题,并且是已知用四舍五入法解决问题,添加信息后要用进一法和去尾法解决问题。在这个环节,是利用已知的信息,并且把第一次解决的问题也作为信息,要求学生继续添加符合实际情境的信息,并提出用四舍五入法和去尾法解决问题,这样设计的目的是再次让学生综合运用三种方法解决求商的近似数的实际问题。相较于上一个环节,这题的实际情境更为复杂,学生添加信息的难度更大,非常考验学生读懂信息、提出问题、解决问题的能力,学生之间的思辨和交流不断深入,在学生计算出一套校服的价格为42.7元时,学生能够根据生活实际情境有理有据地说出这样做不合理,让学生再次感悟数学必须与生活实际紧密联系。随着知识交流、探讨的不断深入,学生的认知层层递进,逐级上升。这个环节的教学,也是基于系统角度,整体把握求商的近似数三种知识间的联系,让学生找出问题解决的基点,也就是他们已有的知识与经验相连的关键点,提升了问题发展的节点,也就是这三种求商的近似数知识与知识相连的契合点,引导学生在认识链的关键节点上找突破口,将三种方法建立关联,构成完整的求商的近似数的结构体系。这样的做法真正让学生在三种方法之间组织起有效的认知结构,体会不同方法的一致性和可迁移性,帮助学生学会用整体的、联系的、发展的眼光看问题,形成科学的思维习惯,有效发展数学核心素养。

四、总结回顾,提炼方法

师:同学们,通过今天的学习,你对合理运用商的近似数的方法解决问题又有哪些新的收获?

【课后反思】

纵观本节课,基于三种理念凸显教学。

一是基于理解学习数学。李士锜认为:数学理解是指当新的知识结构被原有的认知网络接纳,与原先的知识结合在一起形成新认知结构的过程。斯根普将数学理解分为工具性理解和关系性理解,其中工具性理解是指知道事物或某一知识是什么,但是不知道为什么这样做;关系性理解是指既要知道事物或某一知识是什么,也要知道为什么。学生真正的理解意味着需要从记忆性理解、解释性理解水平,努力达到探究性理解阶段。本次教学,就是基于学生理解角度,规避教学中覆盖尽可能多知识的做法,因为这样教无法落实学生对知识的理解和应用,会忽视知识之间的内在联系与转化,不能有效促进学生迁移能力的形成,因此在设计本节课教学中,就是基于理解的教学,用大观念统领,目的是把碎片化的三种求商的近似数的方法,进行结构化教学,同时重视增加信息、提出问题的通性通法教学,有效打通解题技巧,让学生围绕核心内容开展深度探究,从而促进学生的理解。

二是建立知识结构网。研究表明,当学习者所掌握的知识以一种层次网络结构的方式进行排列时,就可以大大提高知识的检索率,从而提高问题解决的能力。基于以上思考,在教学中,教师有意识地把四舍五入法、进一法和去尾法这三种割裂的、分散的知识从添加信息、提出问题角度联系起来,把教学纳入到结构化的体系中,使学生形成较为完整的求商的近似数的知识体系网络,从而透过现象看本质,深入到问题模型中去,提高学生解决问题的能力,达到培养学生数学素养、提升核心能力的目标。

三是注重学生提问能力的培养。我们知道提出问题、解决问题不仅是一项数学课程目标,还是一个发现和探索的过程,也是学生实现"再创造"数学的过程,因此如何有效地培养学生提出问题的能力,已成为当前数学教育研究中的一个重要课题。本节课按照"孕育—设疑—研讨—修正"的基本路径开展教学,从有利于学生掌握知识和发展数学思维能力以及解决问题出发,以问题的提出和解决贯穿始终,要求学生根据自身的经验,添加信息、提出问题,并对问题进行再加工,展开基于问题解决、以学生自主探究学习为基础的开放性的学习活动。在整个学习过程中,学生倾入了自己的热情、好奇、困惑、烦恼、欣喜等个人情感,在问题解决的同时提升了原有的认知结构,以有效知识表征的方式培养学生的数学思考能力、问题解决能力和积极的探究学习状态,这样的过程注重的正是学生发现问题、提出问题、解决问题能力的提升。

6.3.5 第二课时教学后的后测及分析

在完成第二课时教学后,我们思考这样的教学有效吗? 因此又展开了第二次后测及分析,如图 6-4、表 6-8 所示。

(1)实施后测

亲爱的同学:
　　你好!
　　通过这节课的学习,相信你有不少收获,请你试着解决下面的问题吧。
　　　　　　　　班级 ＿＿＿＿＿＿　　　姓名 ＿＿＿＿＿＿
　　做一个奶油蛋糕需要奶油 8.5 千克,现在有 165.5 千克奶油,最多可以做几个奶油蛋糕?
(1)＿＿＿＿＿＿＿＿＿＿＿＿＿＿＿＿＿＿＿＿＿＿＿＿＿＿＿＿＿＿＿＿＿＿＿＿＿＿＿
利用已有信息或第一题解答的结果,继续思考:
(2)添加一个信息,并用四舍五入法解答(得数保留一位小数):
＿＿
(3)添加一个信息,并用进一法解答:
＿＿

图 6-4　商的近似数第二课时教学后的后测卷

设计这套后测题的目的,是想了解基于第二节课学习,学生能否根据实际情境,添加信息、提出问题,并解决问题,这里采用的是做蛋糕的情境,第一题是用去尾法解决问题,对全体学生来说没有困难,学生知道 $165.5 \div 8.5 \approx 19$(个)。而有难度的是后面两个问题,其中第 2 题比第 3 题的难度更大,要求"利用已有信息或第一题解答的结果,继续思考",两题要求学生"再添加一个信息,并用四舍五入法和进一法解决问题",这里还是秉承同一情境下,信息之间可以相互转换,并且信息不同所采用的方法也不同,再次让学生感悟根据实际情境解决实际问题的重要性,同时也是进一步培养学生提出问题和解决问题的能力。

（2）后测数据整理与分析

实验班的学生在第二节课后进行后测,对照班按照教材编排在"用进一法、去尾法解决问题"学习后安排后测。实验班的学生没有给予任何提示,要求每题都只添加一个信息,他们也按照练习设计先做第二题再做第三题;但是对照班的学生由于没有经过这样相关联的教学,所以在第一题完成校对答案是 19 个蛋糕后,教师提示让他们先做第三小题,并且给予提示,要添加信息并用进一法解答,"可以把这 19 个做好的蛋糕怎样处理呢?"。有学生说可以按一定的要求把蛋糕装在盒子里,看看需要几个盒子,于是学生开始做;接着再让学生解答第二题。两个班后测结果见表 6-8,因为第一题比较简单就忽略不计,这里的数据主要根据学生做的第二题和第三题的结果收集。

表 6-8　实验班和对照班后测情况汇总表

情况描述	实验班（43 人）	对照班（43 人）
两题全空着	1	4
两题全错	2	3
一题错一题空	2	3
一题对一题空	2	5
一题对一题错	11	15
一题对另一题不完全对	5	4
两题全对	20	9

观察表 6-8,可以看到两个班级都有两题全部空着的学生,其中实验班是 1 人,对照班是 4 人;也有学生两题都做了,但是都做错了,这样的学生实验班有 2 人,对照班有 3 人;也有学生一题做错,一题空着,这样的学生实验班有 2 人,对照班有 3 人;在一题对一题空的学生中,实验班有 2 人,对照班有 5 人;在一题做对一题做错的学生中,实验班有 11 人,对照班有 15 人;在表格中还出现了一题对另一题不完全对的情况,其中实验班有 5 人,对照班有 4 人,这是什么情况呢?它主要是指学生其实理解意思,但是因为缺乏生活经验,添加的信息不太符合生活实际或者没有看清具体要保留一位小数,而是把结果保留整数了,如图 6-5 中的内容。

（2）添加一个信息,并用四舍五入法解答（得数保留一位小数）:

妈妈用了20块买了这些蛋糕,每个多少钱?　20÷19≈1（元）

（2）添加一个信息,并用四舍五入法解答（得数保留一位小数）:

把19个蛋糕卖出去,每个5.5元,赚多少钱?　19×5.5≈105元

（2）添加一个信息,并用四舍五入法解答（得数保留一位小数）:

一个蛋糕3元,7元能买几个?　7÷3=2.3（个）

（2）添加一个信息,并用四舍五入法解答（得数保留一位小数）:

蛋糕售价7元,有14元能买多少个?（得数保留一位小数）　14÷5≈2个

图 6-5　一题对另一题不完全对的答题情况

在两题全对的学生中,实验班有 20 人,将近有 50%,对照班有 9 人。那么实验班两题全对的学生又是怎样解答的? 见图 6-6。

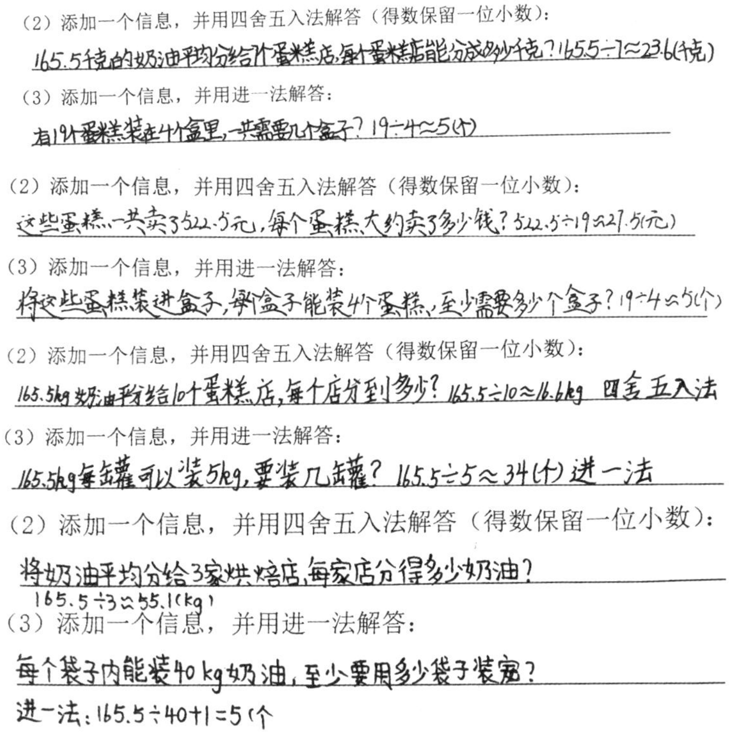

(2)添加一个信息,并用四舍五入法解答（得数保留一位小数）:
165.5千克的奶油平均分给什蛋糕店,每个蛋糕店能分成多少千克? 165.5÷7≈23.6(千克)

(3)添加一个信息,并用进一法解答:
有19个蛋糕装在4个盒里,一共需要几个盒子? 19÷4≈5(个)

(2)添加一个信息,并用四舍五入法解答（得数保留一位小数）:
这些蛋糕一共卖了522.5元,每个蛋糕大约卖多少钱? 522.5÷19≈27.5(元)

(3)添加一个信息,并用进一法解答:
将这些蛋糕装进盒子,每个盒子能装4个蛋糕,至少需要多少个盒子? 19÷4≈5(个)

(2)添加一个信息,并用四舍五入法解答（得数保留一位小数）:
165.5kg奶油平均分给10个蛋糕店,每个店分到多少? 165.5÷10≈16.6kg 四舍五入法

(3)添加一个信息,并用进一法解答:
165.5kg每个罐可以装5kg,要装几罐? 165.5÷5≈34(个)进一法

(2)添加一个信息,并用四舍五入法解答（得数保留一位小数）:
将奶油平均分给3家烘焙店,每家店分得多少奶油?
_165.5÷3≈55.1(kg)_

(3)添加一个信息,并用进一法解答:
每个袋子内能装40kg奶油,至少要用多少袋子装完?
进一法:165.5÷40+1=5个

图 6-6　实验班学生答题情况

从这些学生的解答中可以看出,学生已经能够根据已有的信息,添加符合生活实际的情境,并且不同的学生根据自己已有的学习经验,能够有不同的思考,这些学生对准确运用商的近似数的三种方法解决问题已经完全理解和掌握,并且他们提出问题和解决问题的能力也得到有效提升。

> **思考**
>
> 对于表 6-8 中的数据怎样做进一步分析呢? 通过什么方法能说明这样的教材整合是有效的?

（3）借助 SOLO 分类评价法进行评价

SOLO 分类评价理论是著名心理学家比格斯提出的一种学生学业评价方法,它是一种以等级描述为特征的质性评价方法。"SOLO"意为"可观察的学习结果的结构",即通过观察学生在解决某个具体问题时所表现出来的思维结构来间接测量学生的思维水平。比格斯把学生对某个问题的学习结果由低到高划分为五个层次,分别是前结构、单点结构、多点结构、关联结构和抽象拓展结构。从上述分类法中我们首先可以看到,这种思维分类结构是一个由简单到复杂的层次类型,具体说来就是从点、线、面到立体、系统的发展过程,思维结构越复杂,思维能力的层次也就越高,做这样的分层研究,有利于教师检测教学效果,因为它可以较清楚地显示学生对某个具体问题的认识水平,它为检测学生的高级思维能力提供了一个切实可行的思路。具体见图6-7。

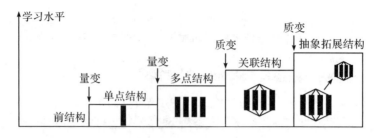

图 6-7　SOLO 分类评价理论的层级结构模型

对于这五个层级具体是怎样描述的? 我们来看一看表6-9。

表 6-9　SOLO 层次规则描述

SOLO 层次	规则描述
前结构	学生无法解决问题或只会重复问题,不能理解要点
单点结构	学生注意到了问题的一个相关特征,但事实或观点之间没有联系;理解是有名无实的
多点结构	学生找到了许多独立的相关特征,但还无法将它们有机联系起来
关联结构	整合各部分内容使其成为一个有机整体
抽象拓展结构	学生会归纳问题或重新概念化到更高的抽象层次

对两个班收集的数据,采用SOLO层次进行评价,可得如下结果。

把"两题全部空着"的归结为"前结构",这类学生根本没有理解题意,无从下手解决问题,也就是对问题处于不知道状态,分别有1人和4人;把"两题全做错和一题做错一题空着"的这两类归结为"单点结构",学生试着去解决问题,但思维结构还是散点的,还是无法解决问题,分别是4人和5人;把"一题对一题空和一题对一题错"这两类归结为"多点结构",这类学生虽然其中一题已经正确解答,但是他们的思维还是没能有效联结,处于只见树木未见森林的状态,分别是13人和20人;把"一题对另一题不完全对"这种情况归结为"关联结构",这类学生找到了问题解决的方法,并且思路清晰,但是因为缺乏生活经验,所提信息还未能完全符合生活实际,分别是5人和4人;把"两题解答都正确"归为"抽象拓展结构",这类学生不仅能准确解答,并能完全深刻理解在同一情境下通过添加信息把商的近似数的各种方法进行转换,知其然也知其所以然,能够抽象概括并深化问题,分别是20人和9人,具体见表6-10。

表 6-10　实验班和对照班后测结果用 SOLO 层次描述表

SOLO 层次	情况描述	实验班	对照班
前结构	无法理解题意、处于不知道状态	1	4
单点结构	试着解决问题,但思维散点	4	6

续 表

SOLO 层次	情况描述	实验班	对照班
多点结构	有所理解，但信息没能完全有效联结	13	20
关联结构	思路清晰、方法明确，但还不够全面	5	4
抽象拓展结构	知其然知其所以然，并能抽象概括	20	9

如果把 SOLO 层次中的学生进一步归结，可以把“前结构和单点结构”合并称为“低层次”，把“多点结构”称为“中层次”，把“关联结构和抽象拓展结构”合并后称为“高层次”，那么实验班和对照班数据见表 6-11。

表 6-11　实验班和对照班三个层次人数汇总表

层次	实验班	对照班
低层次	5 人	10 人
中层次	13 人	20 人
高层次	25 人	13 人

(4)借助卡方检验分析有效性

对这些数据进一步借助卡方进行分析，可得如图 6-8 的结果。

个案处理摘要

	个案					
	有效		缺失		总计	
	N	百分比	N	百分比	N	百分比
SOLO层次 * 班级	86	100.0%	0	0.0%	86	100.0%

SOLO层次 * 班级 交叉表

计数

		班级		
		实验班	对照班	总计
SOLO层次	低层次	5	10	15
	中层次	13	20	33
	高层次	25	13	38
总计		43	43	86

卡方检验

	值	自由度	渐进显著性（双侧）
皮尔逊卡方	6.941[a]	2	.031
似然比	7.050	2	.029
线性关联	6.097	1	.014
有效个案数	86		

图 6-8　卡方检验结果图

检验发现：$P=0.031<0.05$，说明效果显著。

也就是说在对商的近似数进行整合中，赋予“问题解决”一定的现实背景，让学生在解决简单实际问题的过程中，根据实际情境有效取商的近似数，同时打通三种方法之间的关系，让学生添加信息、提出问题，这样的做法是有效的。这不由引发我们思考，同样是两节课，教材整合后的教学，把教学内容从孤立的知识点，扩展到系统的知识面，进而促进学生对取商的近似数三种方法的知识建构，促进学生发现问题、提出问题能力的提升，他们的学习能力和综合素养得到有效发展，这说明这样的教材整合是可行且有意义的。也许你可能会说，这很正常,因为对照班的学生没有进行过这样的课堂教学,没有经历添加信息、提出问题的学习,而实验班的学生专门有一节课的时间来经历这样的学习。那么在这里我们想要表达的是,同样是两节课,对照班的学生按照教材编排进行学习,而实验班的学生使用的是整合后的教材,正因为教材整合,才可能空出一节课的时间让学生经历提出问题、解决问题的过程,显然在投入同样多的时间下,课程整合后学生的学习产出效果是明显的。

6.4　教材整合研究启示

通过这个研究,带来的教学启示是:在做教材整合时,要基于单元整体架构的备课思路,充分做好有效前测及分析,然后再有效整合教材,并精心设计教学,再在课堂教学中实施课堂观察研究,最后再进行后测分析。在这过程中关键是整合教材内容,理解教学目标,同时考虑教材生长的点、知识的序、教学的度和创新的点,也就是把整合后的教材纳入结构化的体系中,并且通过观察学生的学习去改进教师教学,最终促进学生学习,这也正是基于儿童立场,从儿童世界出发,以儿童的视角重新解构教材、解构学习过程,为学生的可持续发展而教。因此做教材整合,基于大概念统领非常重要,要在大概念统领下,有效整合教材,并做好一系列的实证研究,从而去发现教材整合的可行性,这样做研究的过程,才是严谨的、有据可依的、有意义的,也是与课程标准提出的"本质理解、核心概念、建构、内在逻辑、知识结构"等教学理念相吻合的,这正是真正基于儿童立场的教学。

参考文献

［1］课程教材研究所.20世纪中国中小学课程标准·教学大纲汇编(数学卷)［M］.北京:人民教育出版社,2001.

［2］《数学辞海》编辑委员会编.数学辞海(第1卷)［M］.太原:山西教育出版社,2002.

［3］刘久成.小学数学课程60年:1949—2009［M］.镇江:江苏大学出版社,2011.

［4］中华人民共和国教育部.义务教育数学课程标准(2011年版)［M］.北京:北京师范大学出版社,2012.

［5］人民教育出版社课程研究所小学数学课程教材研究开发中心.义务教育教科书教师教学用书(数学五年级上册)［M］.北京:人民教育出版社,2014.

［6］曹一鸣.十三国数学课程标准评介(小数、初中卷)［M］.北京:北京师范大学出版社,2012.

［7］鲍建生,周超.数学学习的心理基础与过程［M］.上海:上海教育出版社,2016.

［8］郜舒竹.小学数学这样教(第2版)［M］.上海:华东师范大学出版社,2021.

［9］格兰特·威金斯,杰伊·麦格泰勒.追求理解的教学设计(第二版)［M］.闫寒冰,宋雪莲,赖平,译.上海:华东师范大学出版社,2017.

［10］张天孝.新思维数学教学研究［M］.杭州:浙江教育出版社,2008.

［11］钱金铎.从良好数感到教学探究——小学数学课堂教学研究［M］.杭州:浙江教育出版社,2016.

［12］顾志能.问题点燃课堂——小学数学"生问课堂"教学模式的实践研究［M］.上海:上海教育出版社,2021.

［13］崔允漷,沈毅,吴江林,等.课堂观察Ⅱ走向专业的听评课［M］.上海:华东师范大学出版社,2013.

［14］朱乐平.圆的认识教学研究［M］.北京:教育科学出版社,2014.

［15］邵爱珠.比例的意义教学研究［M］.南昌:江西教育出版社,2021.

［16］郜舒竹,郑丽丽.课标估算例题之难［J］.教学月刊:小学版(数学),2012(12):16-19.

［17］何月丰."系列课"背景下《近似数与估算》起始教材比较与思考［J］.小学教学设计:数学,2018(32):14-16.

［18］刘久成.五国小学数学课程内容的比较及启示——基于现行中美澳英日小学数学课程标准［J］.外国中小学教育,2016(10):58-64.

［19］张文宇,张守波.台湾地区小学数学教科书的特色与启示［J］.数学教育学报,2014,23(1):92-95.

［20］赵占良.试论教材的功能定位［J］.课程·教材·教法,2021,42(12):4-10.

［21］吴燕斌.教材比较策略的研究［J］.福建教育,2013(40):45-46.

［22］司蕊. 近似数在生活中的应用与研究［J］. 经贸实践, 2018(2):334-336.

［23］闫晓娟. "自学·议论·引导"教学法在小学数学教学中的应用［J］. 新课程, 2022(1):132-132.

［24］王惠. 基于学科"大概念"的初中数学教学［J］. 教学与管理, 2021(8):64-66.

［25］黄伟红. 追本溯源——浅析学生估算能力弱的原因［J］. 小学教学(数学版), 2017(11):57-57

［26］吴国强. 比"练"更重要的是"思"——以"解决问题之取商的近似值"练习课教学为例［J］. 教学月刊:小学版(数学), 2018(11):49-52.

［27］曾春阳. 小学数学教学中的课堂导入研究［A］//中国智慧工程研究会智能学习与创新研究工作委员会, 《2021课程教学与管理论坛论文集》, 2021(4).

［28］黄成亮. 小学数学课堂导入教学策略探究［A］//四川省科教客研究会, 《2021年科教创新学术研讨会论文集(第四期)》, 2021(9).

后　记

当一个名字被人们耳熟能详的时候,这个名字就成为这个群体的主旋律进入我们的生活。"一课研究"这个名字就是这样的一个存在,它的出现,给每位小数人带来了一份精神大餐。在这份大餐中,透露着最前沿的课改信息,分享着教材研究、学生研究的方法步骤,展现着独居匠心的书稿写作,记录着研究人的累累硕果……,它诠释着小学数学教育研究的故事与精华,让仰望星空的小数人感受到教育研究是一条越走越宽广的铺满鲜花的路,它属于有追求、肯努力、会研究的教育人。

2017年7月第一次参加了一课研究培训,听到导师朱乐平老师说每一节课都值得研究,一课研究团队的目标就是把每一节课都写成一本书,这就需要日积月累不断学习、不断研究、不断反思。听到这段话,当时我一下子就蒙了,一节课怎么可能写成一本书? 想想都遥不可及。也正是在那次培训活动中,我知道了我们小组研究的内容是"估算与近似数",大家可以根据自己的研究与认知去选择相应内容。同年10月,在学校的校本研修活动中,我上了一节课,当时就是把"用四舍五入法求商的近似数"和"用进一法和去尾法解决问题"整合成"商的近似数"这一节课,听课后,老师们的反响还不错,至此正式开启了这节课的研究之路。

2021年7月在一课研究线下培训活动中,我做了题为《教材整合视角下的学生学习研究——借助"商的近似数"一课》的观点报告。在这个报告之前,朱老师一次次给予我帮助与指导,衷心感谢朱老师。报告后,朱老师说,你可以试着把这节课写成一本书。同样是德高望重的朱老师,同样是他说"把一节课写成一本书"这句话,但是前后经历四年,心境完全不同,当时就感觉可以坦然面对,欣然接受,因为有了这四年的研究与积累,心理感觉稍稍有点底气,也正是朱老师的这句话,让我醍醐灌顶,有了提笔写书的冲动,也成就了这本书稿,再次感谢朱老师。

但是真正提笔写这节课,感觉还是无从下手。幸亏在多次线下培训中,每次都会安排已有书稿出版的老师进行分享,如周晓琳老师在对《两位数加减两位数笔算教学研究》一书的分享中,他特别提醒大家一定要一边写作,一边以最规范的形式保存文稿中的表格、图片,以免后续需要另起炉灶时增加很多麻烦。他同时还提醒大家,编辑在审稿中的高标准和严要求。正是这样一位位大咖的写作经验分享,让我在写作中少走许多弯路。同时我手头也有多本关于一课研究的书,在对这些书的细细研读中,带着学习、借鉴、内化、迁移的心态,每一本书从封面一直到封底,我都细细地读着,发现随处有真知灼见在闪烁。在阅读中,我一路不断捡起撞击心灵的句子,把它们串成记忆的项链,储存在书稿写作之中,并从这些书中明确撰写的框架结构,也根据自己对商的近似数这节课的研究与思考,且读且思且行,确定了自己这本书的框架结构。

在动笔之前,大量阅读文献资料是必不可少的,毕竟只有输入才有输出。但是翻阅各级各类教育教学书籍、杂志,我发现研究这节课的人不多,因此感觉可以借鉴的资料很少,于是就慢慢积累,多做有心人;当自己发现对学生起点不清晰,教学设计综述缺少内容时,又不断系统阅读、静心思考,前测、后测、课堂观察、数据分析、学生访谈、同课异构等等轮番上阵;有时候,写着写着就写不下去了,那就调整心态,放慢脚步,继续查找资料,反思问题,梳理寻找写作的突破口,再次实践。就这样慢慢地积累着、积累着,资料就变得丰厚了;梳理着、梳理着,写作就有头绪了,有时候还会欣喜地发现,写着写着就文思如泉涌,于是挑灯夜战,把头脑中的想法都码成文字。就是在这样反反复复、曲折前行的时间流中,书稿就慢慢成形了。

书稿的撰写是一个慢工出细活的过程,其间有迷茫、有困惑、有顿悟、有欣喜,经历这样的一个写作过程,我也明白,对一节课,基于不同的理念实施教学会有不同的课堂生态,而基于大概念统领的教学,能够把握教材生长的点、知识的序、教学的度和创新的点,能够聚焦学生学习方法,优化学生学习路径,引导学生梳理学习,从而发展学生的高阶思维,催生学生的高阶认知。这也正是基于儿童立场,从儿童世界出发,以儿童的视角解构教材、解构学习过程,为学生的可持续发展而教。

李政涛教授在《教育与永恒》一书中写道:教育是一种对人生限度的克服方式和拓展方式,只有永不停歇地学习,永不间断地成长,才能拥有自信的源泉。确实,人生如白驹过隙忽然而已,但学习和成长,却是笃定的坚持,是生命的自我完善,如果不是朱老师的提点,让我有尝试写作的冲动,可能我至今都不敢去想象自己能把这一节课写成一本书。有这样一句禅语——每个人的心中都有一株妙法莲花,这是禅家站在理性的高度,以超越红尘的洒脱来参悟人生和自省生命。生命是美丽的,但它之所以美丽,正在于它有血有肉的过程。一课研究团队的老师们,边研究边思考,边写作边成长,留下身后许许多多的脚印。这些脚印是一个个生命的着力点,时间将它们连缀成一条路,在这路上,刻记着一课研究老师们生命成长的每一寸历程,每一份价值。

当我回顾这本书的写作历程时,真的感觉自己是幸福的,幸福于一课研究平台强大的力量。在此特别感谢朱乐平老师给予的鼓励、帮助与支持,感谢何月丰、方美华、周晓琳、邵爱珠等老师的帮助与支持,同时感谢出版社编辑的一次次审稿、指导与修正。

洛尔伽曾写过这样一句诗:"思想在高飞,我低着头,在慢慢地走,慢慢地走,在时间的进程上,我的生命向一个希望追求。"我想这句诗正好印证了我写这本书的过程。

黄伟红

2022 年 3 月于舟山